Das Karussell der Empörung

Arist von Schlippe

Konflikteskalation verstehen und begrenzen

Vandenhoeck & Ruprecht

Mit 27 Abbildungen und einer Tabelle

Bibliografische Information der Deutschen Nationalbibliothek:
Die Deutsche Nationalbibliothek verzeichnet diese Publikation in der
Deutschen Nationalbibliografie; detaillierte bibliografische Daten sind
im Internet über https://dnb.de abrufbar.

© 2022 Vandenhoeck & Ruprecht, Theaterstraße 13, D-37073 Göttingen,
ein Imprint der Brill-Gruppe
(Koninklijke Brill NV, Leiden, Niederlande; Brill USA Inc., Boston MA, USA;
Brill Asia Pte Ltd, Singapore; Brill Deutschland GmbH, Paderborn, Deutschland; Brill Österreich GmbH, Wien, Österreich)
Koninklijke Brill NV umfasst die Imprints Brill, Brill Nijhoff, Brill Hotei,
Brill Schöningh, Brill Fink, Brill mentis, Vandenhoeck & Ruprecht, Böhlau,
V&R unipress.

Alle Rechte vorbehalten. Das Werk und seine Teile sind urheberrechtlich
geschützt. Jede Verwertung in anderen als den gesetzlich zugelassenen Fällen
bedarf der vorherigen schriftlichen Einwilligung des Verlages.

Umschlagabbildung: svenkaiser2803/photocase.de

Satz: SchwabScantechnik, Göttingen
Druck und Bindung: Beltz Grafische Betriebe GmbH, Bad Langensalza
info@v-r.de

Vandenhoeck & Ruprecht Verlage | www.vandenhoeck-ruprecht-verlage.com

ISBN 978-3-525-40810-0

*Meinem Freund Jochen Schweitzer
in herzlicher Verbundenheit gewidmet*

Inhalt

Zum Geleit: Friedenslinde, Richard von Weizsäcker und
die »Blöde Ziege« 11
Eine Gebrauchsanleitung für dieses Buch –
anstelle eines Vorworts 14

Erster Teil: Keine Angst vor Theorie   19

1 Die Form des Konflikts 21
   1.1 Was ist eigentlich ein Konflikt? 21
   1.2 Symmetrie und Komplementarität 30
2 Erwartungen und Erwartungs-Erwartungen 38
   2.1 Die Unwahrscheinlichkeit von Ordnung und
       Verständigung 38
   2.2 Wir sind wechselseitig füreinander undurchschaubar 41
   2.3 Der Erwartungsbegriff 43
   2.4 Erwartungs-Erwartungen 45
   2.5 Ein kleiner Seitenblick 47
   2.6 Beziehungsstörungen und Metaperspektive 49
   2.7 Zwischenfazit 53
3 Empörung: Der Motor des Karussells 54
   3.1 Gefühle in der systemischen Therapie 54
   3.2 Das Wörtchen »sollte« und der moralische Anspruch 57
   3.3 Empörung und Gerechtigkeit 59
   3.4 Innere Kontenführung und Gerechtigkeit 62
   3.5 Ist Empörung ein Gefühl? Über affektiv-kognitive
       Eigenwelten 66
   3.6 Eine kleine Übung 69
4 Wie weiß die Kommunikation, wohin sie gehört? 71
   4.1 Der Kontext bestimmt die Bedeutung 71
   4.2 Kontextmarkierung 73
   4.3 Polykontexturalität 74
   4.4 Der Systembegriff der Systemtheorie 76
   4.5 Soziale Systeme sind unsichtbar 82

5 Der Erlebensdruck der Kausalität 84
  5.1 Die »Brille« Kausalität 84
  5.2 Tief in uns angelegte Erkenntnisschemata 86

Zweiter Teil: Karussellfahren – Los geht's! 89

6 Zirkularität und Interpunktion 91
  6.1 Wer hat angefangen? 91
  6.2 Das Paradox der Vereinfachung 95
7 Enttäuschte Erwartungen 98
  7.1 Die Kraft von Erwartungen 98
  7.2 Implizite Versprechen: Psychologische Kontrakte 101
  7.3 Enttäuschte Erwartungen und die »Tiefengeschichte« 104
  7.4 Der implizite Beziehungsvertrag bei Paaren 107
8 Es rumort: Erleben und Selbstwertgefühl 109
9 Der einäugige Blick: Wahrnehmung im Konflikt 119
  9.1 Der einseitige Blick (Folge 1): Personenbezogene
      Zurechnung und Motivunterstellungen 120
  9.2 Der einseitige Blick (Folge 2): Wahrnehmungs-
      verzerrungen 122
      Der fundamentale Wahrnehmungsfehler 122
      Der feindselige Wahrnehmungsfehler 124
  9.3 Der einseitige Blick (Folge 3): Absicherung überstabiler
      Muster 129
  9.4 Groupthink: Die Gleichschaltung der Kommunikation 130
  9.5 Zwischenfazit 130
10 Dumm, krank, böse: Dämonisierung 132
11 Aufpassen: Gefährliche Gedanken 139
  11.1 Der Glaube an den Mythos der Macht 140
  11.2 Das Denken in Kategorien von Entweder–Oder 144
  11.3 Die Idee der eigenen Überlegenheit und der
       Andersartigkeit des anderen 145
  11.4 Grundmisstrauen, Verschwörung und Heimlichkeit 148
  11.5 Die Notwendigkeit der unmittelbaren Reaktion 149
  11.6 Versunkene Kosten 150
12 Immer schneller: Hochgeschwindigkeitskommunikation ... 152
13 Das Gedächtnis sozialer Systeme: Die transgenerationale
   Weitergabe von Konflikten 158

14	Wir haben ein Haustier: Der Konflikt als parasitäres Sozialsystem	164
	14.1 Das Konfliktsystem	165
	14.2 Demoralisierung	168
15	Keinen Schritt weiter: Die apokalyptischen Reiter und der Abgrund	170
	15.1 Die neun Stufen der Eskalation	170
	15.2 Die apokalyptischen Reiter	175

Dritter Teil: Wege im Konflikt – Der mögliche Ausstieg   183

16	Rehabilitierung der Empörung	186
17	Wer herrscht, wenn Krieg herrscht? Gedanken über das Management von Konflikten	190
18	»Consciousness raising«, Entautomatisierung und Selbstarbeit	194
	18.1 Die Kunst der unerwarteten Antwort	195
	18.2 Die Erste-Hilfe-Pause	200
	18.3 »Weder zu viele noch zu wenige Worte!«	201
	18.4 Dem Sog der Dämonisierung widerstehen	203
	18.5 Sprachliche Sorgfalt	204
	18.6 Symbolische Gesten und gute Momente	205
	18.7 Bedauern	208
19	Positionen und Interessen: »Wofür ist Ihnen das wichtig?«	210
20	Die Balkonperspektive und der blinde Fleck	213
	20.1 Selbstbeobachtung	213
	20.2 Das Karussell der Erwartungen	214
	20.3 Reflektierendes Team	216
	20.4 Reflektierende Positionen	217
21	Das »dritte Element«	220
	21.1 Eine Person oder ein Prinzip als »das Dritte«	220
	21.2 Die Bedeutung einer großen Geste	223

Vierter Teil: Zehn Empfehlungen für den Umgang mit Konflikten   227

Literatur 230
Stichwortverzeichnis 243

Zum Geleit: Friedenslinde, Richard von Weizsäcker und die »Blöde Ziege«

Wenn Bücher Gewächse wären, dann wäre Arist von Schlippes Buch »Das Karussell der Empörung« vielleicht wie eine große, kraftvolle Friedenslinde. Die Wurzeln holen ihr Wissen aus der Tiefe von vier wichtigen Quellen: aus Theorie und Forschung, aus reicher Praxiserfahrung und kollegialem Austausch.

Friedenslinden sind historisch seit Jahrhunderten Orte für Konfliktverstehen und Friedensfindung. Unter dem freundlichen Blätterdach dieses Buches haben alle Platz: Konfliktprofis, Moderatorinnen, Mediatorinnen und Mediationssupervisoren ebenso wie Laien, die in Beruf und Familie, Sport und Politik verstehen wollen, in welche Dynamik sie selbst und andere geraten – und was sich tun lässt, um wieder herauszukommen.

Wir Leserinnen und Leser können uns nun gemeinsam vorstellen, oben geborgen und sicher auf einem dicken Ast dieses Baums zu sitzen, locker an den Stamm angelehnt und mit einem guten Überblick von oben auf das Karussell der Empörung zu schauen und jede Station des immer schneller sich drehenden Eskalationsgeschehens von oben genau zu erkennen.

Die einzelnen Elemente der Karussellfahrt sind mit Leichtigkeit und Frische in Erzählungen und Bilder eingebettet: Ob von Schlippe in einer seiner Praxisgeschichten so heftig auf den Tisch schlägt, dass seine besorgte Smartwatch laut und vernehmlich zu sprechen beginnt: »Offenbar bist du gestürzt, brauchst du Hilfe?«, was die in dem Moment angespannte Situation aller Konfliktbeteiligten in Lachen auflöst, oder ob der Blick der treffend-witzigen Zeichnungen seines Bruders Björn zwei Elemente gleichzeitig in uns anrührt …
Das vielleicht bedeutungsvollste Thema unserer Zeit, Konflikt, atmet im »Karussell der Empörung« Tiefe und Humorressourcen gleichzeitig: klar, strukturiert und nützlich.

Wenn Bücher Ereignisse der Zeitgeschichte wären, dann wäre das »Karussell der Empörung« in einigen Teilen wohl eine präzisierende Fortsetzung der großen Rede des Bundespräsidenten Richard von Weizsäcker vom 8. Mai 1985, die dieser vierzig Jahre nach Ende des Zweiten Weltkrieges hielt. Dort sagte er unter anderem:

> »Wir brauchen und wir haben die Kraft, der Wahrheit, so gut wir es können, ins Auge zu sehen, ohne Beschönigung und ohne Einseitigkeit ...«

und:

> »Es hilft unendlich viel zum Frieden, nicht auf den anderen zu warten, bis er kommt, sondern auf ihn zuzugehen.«

Als Studentin habe ich zu der Zeit damals für von Weizsäcker gearbeitet. Millionen Menschen waren berührt von seiner großen Rede. Die Rede war ein wichtiges Samenkorn. Aber wir wussten weder, wie Eskalation funktioniert, noch wussten wir, wie man aussteigen könnte. Wir wussten nicht einmal, dass wir nicht wussten, dass wir es nicht wussten:
- Was genau geschieht eigentlich in der Eskalation?
- Wie kommt man denn wieder heraus – oder wenigstens nicht tiefer hinein?
- Was ist ein fundamentaler Attributionsfehler und wie sorgt er dafür, dass wir in Eskalationen einsteigen?
- Was ist ein feindseliger Wahrnehmungsfehler und wie sorgt er dafür, dass wir nicht so leicht wieder herauskommen?
- Warum ist es so wichtig, dass wir die Mechanismen der Eskalation kennen?

Und wenn Bücher Speisen wären, dann wäre das »Karussell der Empörung« vielleicht »Blöde Ziege«. So heißt einer meiner Lieblingssalate, ein Ziegenkäsesalat mit besonders köstlichen Zutaten. Wir entdecken ihn an einem großen Buffet – gemeinsam mit Virginia Satir und mit Gregory Bateson, mit Niklas Luhmann und mit Ihnen, sehr geehrte Leserin und sehr geehrter Leser, und mit vielen anderen weisen Menschen, deren Wissen in das Karussell eingeflossen ist. Hier findet sich für alle Eskalationslebenslagen etwas Gutes. Denn ob »Blöde Ziege« der Einstieg in eine Eskalationsspirale der Beleidigungen ist oder der schmackhafte Ausstieg daraus, das können wir mitgestalten.

Langfristig jedenfalls – und da bin ich ganz mit Arist von Schlippe einig – ist es eine wesentliche Aufgabe in wohl allen gesellschaftlichen Feldern, mit der eigenen Empörung und der Empörung anderer so umzugehen, dass sich Wege des Vertrauens finden lassen. Denn diese sind – eine Quintessenz des Buchs – die Wege mit der größeren Reichweite.

Anita von Hertel

Eine Gebrauchsanleitung für dieses Buch – anstelle eines Vorworts

Die Aufgabe, Konflikte und ihre Dynamiken zu verstehen und Ideen zum Umgang mit ihnen zu finden, hat mich in den letzten Jahrzehnten zunehmend mehr beschäftigt. Ich habe bereits an verschiedenen Stellen dazu etwas geschrieben, vielfach mit einem Bezug zu Unternehmerfamilien, meinem Arbeitsfeld der letzten Jahre. Dieses Buch wird unter der Metapher des Karussells – ein Symbol für die zirkuläre Organisation der Prozesse in Konfliktsystemen – vieles aus diesen verstreuten Publikationen zusammenfassen. Die vielen Kolleginnen und Kollegen, von denen ich gelernt, mit denen ich zusammengearbeitet und auch gemeinsam an Texten geschrieben habe, hier aufzuzählen, würde zu weit führen. Stellvertretend für sie soll hier die Verbindung zu meinem Freund und Kollegen Haim Omer aus Tel Aviv hervorgehoben werden. Seine Überlegungen, Familien in hoch eskalierten Konfliktsituationen zu helfen, mit gewaltloser Beharrlichkeit der Zwickmühle zwischen entweder Nachgiebigkeit oder Eskalation zu entkommen, haben mich sehr geprägt.

Zum durchaus ehrgeizigen Anliegen dieses Buchs: Ich möchte Sie als Leserin und Leser in erster Linie persönlich erreichen, ganz unabhängig davon, ob Sie selbst in einem eskalierenden Konflikt gefangen sind, ob Sie sich hilflos fühlen, wenn Sie Ihnen nahestehende Menschen in Konflikten beobachten, oder ob Sie aus professioneller Perspektive als Vorgesetzte oder Beraterin beziehungsweise Berater mit konflikthaften Beziehungen – auf welchen Ebenen auch immer – zu tun haben. Ich würde mich freuen, wenn Sie möglichst oft bei der Lektüre nachdenklich werden und sich fragen, was das Geschriebene in Ihrem Alltag, in Ihren Familienbeziehungen und in Ihrem praktischen Umfeld bedeutet, wo der Text einen Unterschied herstellt zu der Art, wie Sie sich die Dinge vorher beschrieben haben (gelegentlich rege ich an, das eine oder andere ins eigene »Konfliktnotizbuch« zu übertragen; die Abbildung, hier am Rand macht auf diese Gelegenheit aufmerksam). Dabei geht es mir zugleich auch darum, Anregungen für den Umgang mit Konflikten zu übermitteln, sei es in der Art, wie man selbst das kleine eigene Konfliktboot in den Stromschnellen der Eskalation auf Kurs hält oder wie man als praktisch tätige Person andere genau dabei unterstützt. Schließlich möchte ich auch einen Beitrag zur wissenschaftlichen Auseinandersetzung zu dem Thema leisten und zeigen, dass die Ideen der Systemtheorie ausgesprochen hilfreich sein können, wenn es darum geht, Konflikte zu verstehen. Das ganze Projekt ist also ein Spagat: Laien und Praktiker nicht zu verschrecken und zugleich im akademischen Feld nicht unterm Radar zu laufen. Ich freue mich über Ihre Rückmeldungen. Für kritische Kommentare und Anregungen während der Entstehungszeit des Buches danke ich meiner Frau Rita und meinen geschätzten Kolleginnen Anita von Hertel, Franziska von Kummer, Lina Nagel, Barbara Ollefs, Susanne Quistorp sowie meinem ebenfalls hoch geschätzten Freund und Kollegen Jürgen Kriz herzlich.

Kommen wir zur Gebrauchsanleitung: Das Buch hat drei große Teile, die auch unabhängig voneinander gelesen werden können.

Der erste Teil ist mit »Keine Angst vor Theorie« überschrieben. Hm, ob das funktioniert? Also, ich habe versucht, so leserlich wie möglich zu schreiben und gelegentliche tiefer gehende Tauchgänge deutlich zu markieren, sodass jede und jeder, der oder die sich noch nicht so ins tiefe Wasser traut, den Teil auch getrost überspringen kann (oder davon – wir sind ja bei der Gebrauchsanleitung – nur jeweils zwei Seiten nach dem Abendessen lesen wird). Es ist auch möglich, den ersten Teil ganz zu überspringen oder hier nur das Kapitel über die Empörung zu lesen (vielleicht dann auch eher ab 3.2), das die Grundlagen dafür legt, den Motor des Karussells zu verstehen.

Oder man kann zum zweiten großen Teil gehen und gleich mit dem Karussellfahren beginnen. Hier beschreibe ich die vielen sozialpsychologisch gut untersuchten Vorgänge, die in unserem Fühlen,

Denken, Wahrnehmen und Erinnern ablaufen, wenn wir in konflikthafte Kommunikationszusammenhänge geraten. Diese uns Menschen aus Urzeiten mitgegebenen Mechanismen haben mich schon immer interessiert. Man muss hier nicht unbedingt die Reihenfolge einhalten, sondern man kann sich von einer der Überschriften anregen lassen: Wie beim Karussellfahren kann man sich auf das eine oder das andere Pferdchen setzen, es geht sowieso immer in die gleiche Richtung (manchmal überschneiden sich die Beschreibungen ja auch). Mit diesem Teil ist auch das zweite besondere Anliegen des Buches verbunden. Es geht mir darum, das Bewusstsein dafür zu schärfen, wie sehr wir in Konflikten in Gefahr sind, diesen Mechanismen einfach ohne Nachdenken zu folgen. Entstanden sind sie, um uns in gering oder mittelmäßig komplexen Umwelten, in denen es oft nur um die Alternative Tod oder Leben ging, zu helfen, schnell und ohne Zweifel zu reagieren. Daher tarnen diese Mechanismen sich auch so geschickt, dass wir denken, ganz rational und im Besitz aller unserer Sinne zu handeln, während wir zugleich vom Geschehen hypnotisiert sind und mit unseren Handlungen zur Steigerung der Eskalation beitragen. Es sind diese Mechanismen, die so gefährlich sind, im Kleinen wie im Großen, und die uns, wenn wir uns ihrer nicht bewusst sind, wie Schlafwandler in kleine und große Kriege führen können (eindrücklich bei Clark, 2013, für den Ersten Weltkrieg beschrieben; hoffen wir, dass wir heute ein wenig dazugelernt haben, ganz sicher bin ich mir nicht).

Warum ist mir das Bewusstsein für diese Prozesse so wichtig? Mich hat immer sehr überzeugt, was der amerikanische Anthropologe Gregory Bateson über die Prämissen unseres Handelns geschrieben hat: »Mit einem Wort: Ihre Wahrnehmungsmaschinerie, die Art, wie Sie wahrnehmen, wird von einem System von Voraussetzungen regiert, das ich Ihre Epistemologie nenne: eine ganze Philosophie tief drinnen in Ihrem Geist, aber jenseits Ihres Bewusstseins« (Bateson u. Bateson, 2005, S. 136, siehe auch Kapitel 18 in diesem Buch). Es ging ihm darum, die Bewusstheit über diese implizite Philosophie zu schärfen, im Wissen, dass dies immer nur begrenzt möglich sein kann, denn »[…] wir sind keineswegs die Kapitäne unserer Seele« (Bateson, 1981, S. 564).

Wer will, kann das Buch auch von hinten anfangen zu lesen und mit dem praktischen Ausblick im dritten Teil beginnen. Allerdings wollte ich ganz bewusst weder einen Konfliktratgeber noch einen Praxisleitfaden schreiben und schon gar nicht die verschiedensten Interventionsmethoden noch einmal neu erfinden. Dafür gibt es inzwischen viele gute Bücher mit sogenannten Werkzeugkoffern. Und wir verfügen auch über ein breites Wissen über praktikable Wege zur Konfliktlösung und Mediation. Methodisch habe ich da nicht viel hinzuzufügen. Ich möchte Sie eher mit *Denkwerkzeugen* versorgen. Daher ich habe in diesem letzten Teil einige Grundzüge systemischer Konfliktarbeit skizziert, die leicht nachvollziehbar sind und die in der Konfliktmoderation nützliche Dienste leisten können. In meinem ersten Buch über Konflikte (von Schlippe, 2014c) hatte ich eine Unterteilung vorgenommen in drei Perspektiven, wie man als Betroffene oder Betroffener oder auch von einem beobachtenden oder professionellen Standort aus das Konfliktgeschehen konstruktiv beeinflussen kann. Vielleicht gibt auch hier der dritte Teil einige Anregungen, ohne in die Falle der Machbarkeitsillusion zu geraten. Persönlich bin ich ohnehin eher vorsichtig, was die Erfolgsaussichten der Arbeit mit Personen in hocheskalierten Konflikten angeht. Es ist gut, keine Hollywoodlösungen im Sinne einer TV-Show (»Verzeih mir!«) zu erwarten, sondern eher die vielen kleinen Schritte zu würdigen, die manchmal die Lage einfach nur etwas verbessern. Damit allerdings will ich nur ausdrücken, dass man die Messlatte nicht zu hoch hängen sollte. Es ist nie vergebens, im Konflikt an der eigenen Bewusstheit zu arbeiten.

Erster Teil: Keine Angst vor Theorie

In diesem Teil habe ich vor, grundlegende Überlegungen anzustellen, die helfen können, Konflikte und ihre Dynamiken zu verstehen, und zwar, wie gesagt, aus der Betroffenenperspektive wie aus professioneller Sicht. Gerade weil normalerweise viele Menschen auf das Wort »Theorie« mit einer Mischung aus Respekt, Angst und Desinteresse reagieren, ist es mir ein Anliegen, das Thema so anzugehen, dass die Überlegungen unmittelbar auf das konkrete private und das professionelle Alltagsleben hin übersetzt werden können. Wenn eine Leserin oder ein Leser sich in den Ausführungen immer wieder zumindest punktuell wiedererkennt, ist dies gelungen.

Das Verständnis für Konflikte zu fördern, ist ein mir wichtiges Anliegen mit diesem Buch. Zumindest hier soll es weniger um Methoden und Tools gehen, mit denen wir – und dann auch möglichst schnell – Konflikte lösen können. Ich möchte vielmehr das Verstehen in den Vordergrund rücken. Wer die Dynamiken von Konflikten versteht, versteht vielleicht auch sich selbst besser. Die Fähigkeit, sich und andere zu verstehen, ist möglicherweise das beste Gegengift gegen destruktiv eskalierende Konfliktdynamiken. Jay Forrester wird der Ausspruch zugeschrieben: »Der menschliche Verstand ist nicht geeignet, menschliche Sozialsysteme zu verstehen« (zit. nach Riedl, 1981, S. 89). Aber das sollte meines Erachtens nicht heißen, dass man es nicht zumindest versuchen sollte.

1 Die Form des Konflikts

> »Wir leben nicht in einem solchen Universum, in dem eine einfache, geradlinige Kontrolle möglich wäre. Das Leben ist nicht so ...« (Bateson, 1981, S. 564).

1.1 Was ist eigentlich ein Konflikt?

Konflikte sind Teil des Alltags im menschlichen Leben. Sie gehören irgendwie dazu. Vielfach werden sie als etwas Negatives angesehen, doch kann man sie in den verschiedensten sozialen Situationen auch als den Motor von Veränderung sehen. Sie bringen Menschen dazu, klar Position zu beziehen und sich für den eigenen Standpunkt, die eigene Sicht der Dinge einzusetzen. Im Verhandeln, in der Auseinandersetzung kommt man in vielen Konfliktlagen zu tragfähigen Ergebnissen. Gerade Familien sind als Spielfeld für das Erlernen von Konfliktfähigkeit wichtig. Und in Organisationen gelten kognitive oder »Faktenkonflikte« um »tasks« (*was* ist zu tun) und Konflikte um »processes« (*wie* ist es zu tun) auch keinesfalls als problematisch, denn sie haben das Potenzial, positive Effekte zu bewirken sowie Kreativität und Innovation zu stimulieren (Jehn, 1997; Kellermanns, von Schlippe, Mähler u. Mähler, 2018). Es fällt schwer sich vorzustellen, wie sich etwa ein Unternehmen ohne diese Konflikte entwickeln sollte.

Doch sollten Konflikte auch nicht bagatellisiert werden. Wenn ein Konflikt erst einmal entstanden ist, kann sich die Dynamik leicht verselbstständigen, können die Auseinandersetzungen auf der Sachebene schnell umschlagen und statt »tasks« und »*processes*« rückt zunehmend die Beziehungsebene (»relationships«) in den Vordergrund. Es ist diese Art von Konflikten, die für das negative Image von Konflikten verantwortlich ist. Die Emotionen schlagen hoch und höher, die eskalierenden Verhaltensweisen der Akteure werden immer irrationaler (zumindest aus einer Außensicht), sie selbst glauben ja in der Regel, alles im Griff zu haben. Dabei sind sie schon lange nicht mehr Kapitäne ihrer Seele, sondern in einem Strudel von Teufelskreisen gefangen, wie es das diesem Kapitel vorangestellte Bateson-Zitat andeutet. Beleidigungen, Kränkungen bis hin zu physischen Angriffen beschädigen oft die Beziehung der Akteure nachhaltig, ob es sich um offen heiß ausgetragene oder verdeckte kalte Konflikte handelt (Glasl, 2014a, 2014b), der Schaden für die Beziehungen ist oft groß, soziale Systeme können auseinanderbrechen, man kündigt, lässt sich scheiden und vieles andere mehr.

Um diese Art von eskalierenden Konflikten soll es in diesem Buch vor allem gehen. Daher wird der Schwerpunkt der Aufmerksamkeit auf dem Verständnis und der Handhabung der destruktiven Seite von Konflikten liegen. Das bedeutet, wie gesagt, nicht, dass Konflikte grundsätzlich als etwas Negatives anzusehen wären. Im Gegenteil: Je besser man die Eigendynamiken kennt und versteht, in die sich eine an sich wichtige, sachliche Auseinandersetzung hinein verirren kann, desto konstruktiver kann gestritten werden. »Die Schwierigkeit, das positive, konstruktive Potenzial von Konflikten zu nutzen, resultiert daraus, dass das negative, destruktive Potenzial so groß ist. Daher wird oft die Chance, die im Konflikt liegt, nicht genutzt, um das Risiko, das damit verbunden ist, zu vermeiden« (Simon, 2012, S. 36). Es muss daher um einen bewussten Umgang mit Konflikten gehen, ein reines »Vertragt euch!« ist keine Option. Consciousness raising im Sinne von Sensibilisierung für die Entwicklung und Aufrechterhaltung der Konfliktdynamik ist die Aufgabe (Harvey u. Evans, 1994) oder, um es in Abwandlung eines Ausspruchs meines Kollegen und Freundes Jochen Schweitzer zu sagen: Die meisten Konflikte sind eine ungewollte Gemeinschaftsleistung und bedürfen zu ihrer Lösung oder Linderung einer gewollten Gemeinschaftsleistung.[1]

Genug der Vorrede, beginnen wir mit dem Moment, an dem deutlich wird: »Wir haben einen Konflikt!« Was »hat« man da eigentlich? Ein Konflikt ist ja keine Sache (wie Abbildung 1 nahelegt), kein Ding, das man vermessen könnte (obwohl man manchmal auch davon spricht, es sei ein großer, ein schwerer oder ein kleiner/leich-

---

1 Er sagt dies zwar etwas allgemeiner über psychosoziale Probleme, aber das sind Konflikte ja auch.

ter Konflikt, hat ihn noch nie jemand in Metern oder Kilogramm vermessen). Interessanterweise heißt es auch »*wir* haben«.² Irgendwie haben zwei oder mehr dieses »Es« gemeinsam – manchmal antwortet der andere zwar, dass er das anders sehe: »Wir haben doch keinen Konflikt, vielleicht Meinungsverschiedenheiten!« Aha, es gibt also offenbar graduelle Abstufungen.

Doch, wie auch immer, wenn es sich um einen »richtigen Konflikt« (hm, was ist das jetzt schon wieder?) handelt, ist meist die letzte Gemeinsamkeit beider Parteien, dass sie sich darin einig sind, sich uneinig zu sein. Vielfach gibt es auch gar keinen expliziten Anfangspunkt, man schlittert so hinein, ein Wort gibt das andere und der Konflikt entsteht – aus dem Nichts ist er da. »Nein, nein«, sagt der eine, »nicht aus dem Nichts, wenn Sie wüssten, was sie da gemacht hat …!« – »Moment«, sagt die andere: »Glauben Sie ihm kein Wort, das ist doch gerade das Problem, dass er alles durcheinanderbringt.

Abbildung 1: Ein »richtiger« Konflikt (Zeichnung: Björn von Schlippe)

---

2 Natürlich kann man auch mit sich selbst im Konflikt liegen, doch auch dann sind es zwei, die da miteinander im Clinch liegen. In diesem Buch soll es ausschließlich um soziale Konflikte gehen.

Er war es doch, der damit angefangen hat, und zwar war das so: ...« – »Halt!«, unterbricht der andere wieder:[3] »Genau das ist es doch, sie sieht einfach ihren Anteil an der Sache nicht! Wenn das so weitergeht, ist unsere Beziehung bald am Ende. Ich frage Sie im Ernst: Muss man sich das alles gefallen lassen?«

Also, was ist ein Konflikt denn nun – sind wir schon weiter? Ein wenig schon: Es ist kein Ding, sondern ein Etwas und zwar ein Etwas von einiger Intensität (eben mehr als nur Meinungsverschiedenheit), das sich zwischen zwei oder mehr Personen abspielt und das offenbar darin besteht, dass den Aussagen des jeweils anderen widersprochen wird, zumindest werden sie eher negiert als bejaht, ein Muster also. In diesem Sinn sind Konflikte auch alltäglich auftretende Erscheinungen, meist so schnell bereinigt wie entstanden. Von Interesse sind für uns die Konflikte, die nicht einfach wieder verschwinden. Aber verschwinden kann ja nur etwas, das da ist. In welcher Weise ist denn ein Konflikt »da«? Man kann ihn ja nicht sehen, man hört vielleicht, wie sich zwei Menschen anschreien oder sarkastisch entwerten, sieht verschlossene Gesichter, zusammengezogene Augenbrauen, blaue Flecken gar und Schlimmeres, aber den Konflikt selbst sieht man nicht in der Weise, wie man ein Ding sehen kann. Man kann ihn als Betroffener an sich selbst erleben, man kann ihn als Beobachter atmosphärisch spüren und entsprechend benennen (»Oh, dicke Luft hier!«) oder ihn auch als dynamisches Muster beschreiben, vielleicht sogar verschiedene Stadien der Eskalation (vgl. Glasl, 2014b; siehe auch Kapitel 15) unterscheiden. In jedem Fall wird deutlich: Da haben zwei (oder mehr) sich ein merkwürdiges (und zugleich ein aus vielen Beispielen vertrautes) Kommunikationsgebäude gebaut, aus dem sie nicht mehr, zumindest nicht so einfach, wieder herauskommen. Die Form des Konflikts scheint in dem fort-

---

3 Ich werde immer mal wieder Geschlechterbezeichnungen wechselnd verwenden, durchgängiges »Gendern« liegt mir nicht, auch wenn ich das dahinterstehende Anliegen, niemanden sprachlich auszuschließen, voll und ganz teile. Sternchen, Unterstrich und andere Zeichen sehe ich allerdings als problematische, eher ideologisch motivierte Eingriffe in die Sprache an, die ich nicht übernehmen möchte. Doch soll das Thema der unterschiedlichen Geschlechter durchaus im Buch immer wieder als Denkanstoß erkennbar werden, ohne dass die Sprache sich zu sehr verrenken muss.

währenden Widerspruch, einem dauerhaften Nein zu liegen, durch das sich das Kommunikationsmuster der Parteien, seien es Personen oder Gruppen, auszeichnet (Bonacker u. Imbusch, 2004, S. 196).

Zugleich scheint ein Konflikt (wohlgemerkt, der »relationship conflict«, bei dem die Sachebene mehr und mehr verschwindet) auch durch einen Prozess gekennzeichnet zu sein, in dem es vor allem eine Richtung gibt: Die Form der Widerspruchskommunikation tendiert dazu, sich zu verschärfen. Von sachlichen Differenzen geht es zu Entwertungen und »Angriffen auf das Gesicht« des anderen über. Und damit geht es dann immer weniger um die Sache, denn jetzt ist das Selbstwertgefühl der Betroffenen angegriffen: Das Ich ist »im Belagerungszustand« (Pfab, 2020, S. 2). Generalisierende Aussagen, die mit »immer« oder »nie« beginnen, werden getätigt, und das geht weiter bis hin zu Handgreiflichkeit und Gewalt. Die Kommunikation wird zwar kontinuierlich fortgesetzt – wie in jedem anderen Kommunikationssystem auch – aber es gehen Spielräume verloren. Der Möglichkeitsraum der Parteien, sich zu verhalten, wird immer enger. Es gibt nur noch einige wenige Varianten, deren gemeinsamer Nenner darin besteht, dem anderen ein Nein zu kommunizieren, also seine Kommunikationsangebote zu verwerfen. Kann man also sagen: Konflikt ist eine Dynamik der sich verschärfenden wechselseitigen Negation?

Ja, da ist was dran. Wie gesagt, einen Konflikt kann man nicht allein und nicht für sich allein haben. Nehmen wir an, der eine will im Urlaub an die See, die andere in die Berge (und sie wissen nicht, dass sie in Asturien in Nordspanien leicht beides zusammen haben könnten …). Solange beide diesen Wunsch für sich behalten, gibt es noch keinen Konflikt. Erst wenn der Wunsch in die Kommunikation kommt, besteht die Chance, dass sich ein Konfliktsystem bildet. Dazu braucht es den Widerspruch: »Berge?« – »Nein, See!« Okay, das allein ist noch kein Konflikt, es muss etwas dazukommen: Auf den kommunizierten Widerspruch muss wiederum mit einem Widerspruch geantwortet werden (Luhmann, 1984, 1996), es geht um die doppelte Verneinung: Das Nein wird negiert (Simon, 2012). Das Wort »Dynamik« weist bereits darauf hin, dass dieser Widerspruch nicht nur von dem einem kommt, sondern dass es ein *System* des Einander-Widersprechens ist: Ein Konflikt ist eine bestimmte

Form der Abfolge von Kommunikationen, die darin besteht, dass eine Kommunikation mit einer Negation beantwortet wird und auf diese wieder eine Negation folgt. Diese Art des spiegelbildlichen Aufeinander-Reagierens wird als »symmetrisch« bezeichnet: Formal reagiert man gleich, beziehungsweise mit mehr desselben, also einer Eskalation,[4] während das Einlenken komplementär genannt wird (Bateson, 1981; Watzlawick, Beavin u. Jackson, 1969; mehr dazu im weiteren Verlauf des Kapitels).

Erst wenn eine Kette solcher symmetrisch aufeinander bezogener Negationen erkennbar ist, »hat« man einen Konflikt: »Ich würde dieses Jahr gern im Urlaub an die See fahren!« – »Oh nein, da waren wir so oft, ich möchte mal in die Berge!« Das allein reicht eben noch nicht – es ist wie beim Feuer: Das Streichholz ist angezündet, aber das allein genügt noch nicht, und auch wenn schon das Papier brennt, muss daraus kein großes Feuer entstehen. Noch liegt die Möglichkeit des komplementären Ausstiegs zum Greifen nah: »Na gut, dann machen wir es eben so, wie du willst!« oder: »Wie wäre es denn diesmal mit einer Städtereise?« Wenn dann aber das dünnere Holz erst einmal Feuer gefangen hat, haben auch die dicken Scheite eine Chance. Von dort bis zum Waldbrand ist es noch ein weiter Weg, aber es beginnt immer so, mit dem »Streichholz des ersten Widerspruchs« und der dann folgenden Negation der Negation und daraufhin deren Negation: »Ich will aber an die See!« – »Was soll das denn jetzt schon wieder? Immer willst du deinen Willen durchsetzen!« (aha, merken wir uns auch das: Ein Konflikt hat offenbar manchmal eine längere Vorgeschichte, alte Rechnungen werden mit hineingezogen: Es geht nicht nur um das Urlaubsziel, sondern darum, dass sich aus der Sicht des oder der einen offenbar immer der oder die andere durchsetzt und dass ihm oder ihr das stinkt) – »Du doch auch, jetzt tu doch bloß nicht so scheinheilig!« – »Ich sag dir eins: Ich

---

4 In dem Sinn ist auch die kleine Übung in Eskalation, die man in einem Seminar gut durchführen kann, von der Form her symmetrisch: Die Teilnehmer stellen sich zu zweit einander gegenüber und beginnen eine »Ja!«-»Nein!«-Spirale, die sich in der Regel schnell in der Lautstärke steigert. »Nein« und »Ja« sind zwar komplementäre Worte, aber hier negieren sie einander als Widerspruch von der Form her. Eine komplementäre Antwort auf das Ja oder das Nein wäre etwa: »Na gut!« oder »Einverstanden!«.

fahre auf jeden Fall dieses Jahr nicht mit an die See, da kannst du dich auf den Kopf stellen!« – »Okay, wenn du mir so kommst, dann …« – »Nun werde doch nicht gleich wieder so aggressiv!« – »Ich b i n nicht aggressiv!« Man kann sich vorstellen, wie es weitergeht (meisterhaft etwa von Loriot beobachtet: »I c h s c h r e i e n i c h t !!!«).

Schon geraten wir – mehr oder weniger schnell – in gefährliches Fahrwasser: Die Positionen verhärten sich. Mit jeder Interaktion, bei der eine Kommunikation konflikthaft, also verneinend, abwehrend an die andere anschließt, verselbstständigt sich der Konflikt, gewinnt das entstehende Konfliktsystem an Einfluss: Ohne dass sie es merken, geben die Parteien ihre Kontrollfähigkeit ab und folgen dem Konfliktsystem, das sie – und das ist das Spannende an diesen selbstorganisierenden Dynamiken – ja erst selbst erzeugt haben. Man kann als Beobachter merken, wie immer wieder beide versuchen, die Dynamik zu steuern, den Konflikt zu deeskalieren: »Komm, lass uns doch vernünftig miteinander reden!« – aber das Muster lässt sich so einfach nicht auflösen, wie man schnell an der Antwort des anderen erkennt: »Klar, von mir aus! Dann hör doch endlich auf, immer solchen Blödsinn zu erzählen! An mir liegt's jedenfalls nicht!«, und das Konfliktsystem ist wieder in der Spur.[5] Nicht nur den Konfliktparteien, oft auch denen, die diese Muster beobachten,

---

5 Meisterhaft ist dies in dem Stück »Der Gott des Gemetzels« von Yasmina Reza eingefangen, das auch verfilmt wurde: Alle vier Personen (zwei Paare) sind wohlwollend und auf eine Lösung hin ausgerichtet. Es geht um einen Streit der Söhne beider Paare, der eine hatte dem anderen mit einem Stock die Vorderzähne ausgeschlagen und nun muss das Anschreiben an die Versicherung formuliert werden. Sie bemühen sich sehr, den Konflikt unter Kontrolle zu halten (»Wir können doch wie erwachsene Menschen darüber reden!« oder »Möchten Sie noch einen Schluck Tee?«). Doch es entsteht schnell ein Konfliktsystem zwischen ihnen. Es zeigt sich als eigene Kraft, die kurz vor einem konstruktiven Ende einer Szene immer wieder doch noch einen der vier zu einer eskalierenden Bemerkung veranlasst, etwa so: »Man muss aber doch sagen, was Ihr Sohn unserem angetan hat, war Gewalt!« – und schon geht es weiter, die anderen reagieren empört: »Also das müssen wir jetzt noch besprechen, das geht so nicht!«, man setzt sich und es geht weiter. Schließlich endet das Gespräch im Desaster, während man in der Schlussszene die beiden Jungs, um deren Streit es gegangen war, bereits wieder friedlich miteinander spielen (eine schöne Analyse dieses Films wurde von Wetzel u. Dievernich, 2014, vorgelegt).

fehlt es oft an Bewusstsein für die Macht interpersoneller Dynamiken. Diese stoßen ihrerseits innerpsychische Prozesse an, die uns dazu bringen, aus vielen verschiedenen Deutungsmöglichkeiten eine einzige bewusste »Realität« sozusagen (natürlich unbewusst) auszuwählen (Kriz, 2017b, S. 192 f.). Gerade von diesen soll in den späteren Kapiteln dieses Buchs ausführlich die Rede sein, denn sie sind es, die dazu beitragen, dass diese Muster so überstabil sind, sich also gegen Änderungen sperren. Bereits jetzt, obwohl wir erst in der Einführung sind, möchte ich der Versuchung nachgeben, eine Zeichnung zu zitieren, die das Verhältnis der einzelnen Elemente (die kleinen unteren Quadrate in der Abbildung 2) und dem System (das obere Viereck) beschreibt. Genauer: Es wird verdeutlicht, wie aus einzelnen kleinen Aktionen ein »Feld« oder auch ein System entstehen kann. Mir hat das Bild geholfen, das Phänomen der Selbstorganisation von Kommunikationssystemen im Allgemeinen und von Konfliktsystemen im Besonderen zu verstehen: Zwei Personen (oder, wie gesagt, Parteien, Gruppen oder Ähnliches, das werde ich nun nicht immer wiederholen) erzeugen aus ihren Interaktionen ein eigenes Kommunikationssystem (manchmal kann man in dem Zusammenhang auch scherzhaft sagen: »Ah, ich verstehe, Sie haben sich ›ein Haustier‹ zugelegt!«, um das Muster zu konfrontieren, das sie im Laufe ihrer Kommunikationsgeschichte erzeugt haben, siehe Kapitel 14). Wenn das erst einmal entstanden ist, und das ist das Interessante, beginnt es seinerseits die Interaktionen zu steuern, die Möglichkeiten der Beteiligten, sich zu verhalten, werden zunehmend begrenzt. Dies bringt Luhmann dazu, von einem »hochintegrierten Sozialsystem« zu sprechen, in dem die Möglichkeiten des Kommunizierens immer stärker eingeschränkt werden (Luhmann, 1996, S. 479).

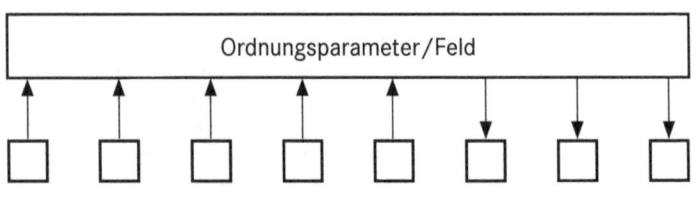

Abbildung 2: Musterbildung als zirkulärer Prozess (Kriz, 2004, S. 32)

Die kleinen Quadrate kann man sich jetzt bei unserem Thema, wie gesagt, als die einzelnen Interaktionen vorstellen, all die Beispielsätze, die oben angeführt sind. Das große Feld, das darübersteht, ist aus diesen Interaktionen heraus entstanden (Pfeile von unten nach oben) und hat sich damit als Ordnungsparameter entwickelt. Und obwohl es erst die anfänglichen Interaktionen gewesen sind, durch die das ordnende Muster, das Bedeutungsfeld, entstanden ist, bestimmt nach einiger Zeit dieses Muster wiederum die Interaktionen (Pfeile von oben nach unten). Man kann sich das ähnlich vorstellen wie eine Melodie, die ja anfangs aus einzelnen Tönen gebildet wird, aber nachdem sie einmal entstanden ist, bestimmt, welche Töne passen und welche nicht. Die Melodie »regiert« die Töne, ein Satz »regiert« die Worte und ein einmal entstandener Konflikt »regiert« eben auch die folgenden Interaktionen (natürlich ist der Prozess wesentlich komplexer als bei der Melodie). Kriz führt ein einfaches, besonders illustratives Beispiel an: Wenn nach einem Konzert geklatscht wird, kann es passieren – jeder hat das schon erlebt –, dass auf einmal, aus dem Nichts heraus, sich das Gefüge aus Hunderten unorganisierter Klatschbewegungen verwandelt und ein rhythmisches Muster entsteht: Alle klatschen in einem gemeinsamen Rhythmus. Und obwohl der Rhythmus aus den Klatschbewegungen heraus entstanden ist, kontrolliert dieser nun seinerseits die Klatschbewegungen. Das Muster entsteht spontan, es löst sich auch schnell wieder auf (Kriz, 2017b, S. 107).

Wir kennen ähnliche Selbstorganisationsphänomene auch aus anderen Situationen, etwa an einem Wochenendseminar, am Anfang sucht man sich seinen Platz, nach der Pause setzt man sich wieder dorthin, aber nach dem Mittagessen sitzt dort ein anderer. Eine Irritation entsteht: »Hey, das ist ›mein‹ Platz!« – wie es weitergeht, mag jeder sich selbst überlegen, je nachdem, ob es ein gruppendynamisches oder wirtschaftswissenschaftliches Seminar ist … Der wichtige Punkt: Durch die Art, wie gehandelt wird, wie kommuniziert wird, entstehen Muster. Und diese wirken auf die Handlungen und Kommunikationen zurück. Dies ist weniger problematisch bei einfachen, flüchtigen Mustern in Interaktionssystemen, kann aber, wenn sich zwei Parteien gemeinsam in ein Konfliktsystem hineinkommunizieren, auch ziemlich dramatisch werden.

1.2 Symmetrie und Komplementarität

Durch ihre Interaktionen haben die Akteure nun ein Feld, ein sich zirkulär selbst verstärkendes Konfliktsystem erzeugt, das in eine Dynamik von zunehmender Eskalation führt.[6] Man kann sich vorstellen, wie es weitergeht, wenn es keine Bremse gibt: Der eine hat ja bereits angedroht, gegebenenfalls allein an die See zu fahren, aus einem solchen getrennten Urlaub werden beide vermutlich keine netten Karten aneinander schreiben. So könnte man vielleicht am Ende schon die Trennung des Paares vermuten, also das Ende der Partnerschaft (die Liebe ist vielfach schon einige Zeit vorher auf der Strecke geblieben). Das wäre dann eine der möglichen Formen, mit der ein Konflikt endet: mit dem Auseinanderbrechen des sozialen Systems. Gregory Bateson prägte dafür den etwas schwer zugänglichen Begriff »Schismogenese«, also: Entstehung von Spaltung, von Trennung (Bateson, 1981, S. 107). Er unterschied dabei zwei Formen, wie man kommunikativ auf die Aussage/Position eines anderen reagieren kann: symmetrisch oder komplementär, je nachdem, ob die Grundlage der Beziehung zwischen den Akteuren auf dem Prinzip der Gleichheit oder dem der Unterschiedlichkeit aufgebaut ist.

Bateson stellte nun in seinen ethnologischen Forschungen, die er zusammen mit Margaret Mead an den Iatmul, einem Südseevolk, anstellte, fest, dass diese Völker sehr komplexe Regeln entwickelt hatten, um vor allem die Eskalation von Symmetrie zu regulieren. Als »symmetrisch« bezeichnete er, wie bereits erwähnt, eine Kommunikation, in der »Gleiches mit Gleichem« beantwortet wird, etwa die erwähnte Negationsspirale. In der *Symmetrie* »regiert« die Logik der Gleichheit: Gleiches wird mit Gleichem vergolten, mit der damit eingebauten Steigerungsdynamik, der Verschärfung und der Gefahr einer Explosion, falls keiner die Bremse zieht. Er fand auch ein zweites Muster, die *Komplementarität*, bei der deeskalierend reagiert wird

---

6 Es empfiehlt sich, sich als Beraterin oder Berater davor zu hüten, die in diesem Kreislauf ständig vorgenommenen Interpunktionen (»Wer hat angefangen?«) nachzuvollziehen: »Wenn man etwas im menschlichen Verhalten […] verstehen will, dann hat man es im Prinzip immer mit […] vollständigen Kreisläufen zu tun« (Bateson, 1981, S. 589, siehe auch Nagel, 2021).

(»Na gut ... Ich gebe nach!«). Auch dieses kann potenziell in Spaltung münden: Manchmal werden dabei nämlich »Rabattmarken« geklebt, die irgendwann einmal präsentiert werden: »Jetzt reicht's, immer soll ich nachgeben, du nie, jetzt ist Schluss!« Eine komplementäre Dynamik ist leiser, weniger auffallend, doch auch sie kann eskalieren, etwa indem der eine immer mehr fordert, der andere immer mehr gibt, bis einer zusammenbricht,[7] oder sie schlägt plötzlich in hohe Symmetrie um, wenn es dem Nachgebenden endgültig reicht (man spricht hier auch von heißen und kalten Konfliktdynamiken, siehe Glasl, 2014a, 2014b). Daher sollte man auch bei sehr viel einseitiger Nachgiebigkeit durchaus auf der Hut sein (der Klügere gibt ja bekanntlich so lange nach, bis er der Dümmere ist ...).

Für Bateson sind Symmetrie und Komplementarität die beiden möglichen Formen, die eine Interaktion annehmen kann (Nagel, 2021). Im Alltag können wir ein komplexes Wechselspiel von symmetrischen und komplementären Interaktionen beobachten. Meistens »spielen« beide Parteien intuitiv so auf der Klaviatur von Symmetrie und Komplementarität, dass destruktive Eskalation verhindert wird. Man gibt ein wenig nach, legt dann wieder zu und gibt wieder nach. Doch das Risiko, dass der Prozess durch irgendetwas entgleist, ist immer gegenwärtig. Problematisch ist nämlich die Einseitigkeit, also wenn ein System sich auf überwiegend symmetrische oder dauerhaft komplementäre Interaktionen festfährt. Glücklicherweise sind Menschen meistens in der Lage, potenzielle Eskalationen zu begrenzen. Wir lernen zu verhandeln, zu streiten und uns zu vertragen, Kompromisse zu schließen (»Okay, dieses Jahr noch einmal an die See, aber im nächsten Jahr ...«). Ohne Symmetrie würde es keine Änderung geben, würde man in »Fried-höflichkeit« (ein Begriff von Schulz-von Thun, 2014) erstarren, wäre es schwierig, zu einer gemeinsam ausgehandelten Entscheidung »an die Berge« –

---

7 Aus der Paardynamik sind solche komplementären Muster der »Kollusion« bekannt, wo die Partner einander über eine lange Zeit das geben, was der andere in seinem Leben schmerzlich vermisst hat (etwa wenn der eine es genießt, versorgt zu werden, der andere sich in der Rolle als »der Starke« wohlfühlt, der gibt). Solche Dynamiken können in depressive Muster umschlagen, der Schwache wird immer schwächer: »Wenn ich dich nicht hätte!«, der andere kommt an seine Grenzen (Willi, 1976).

»an die See« zu kommen (ohne dass einer der beiden ein Rabattmarkenheft führt). Dieser Aspekt ist wichtig, weil Konflikte damit auch ein wenig entdämonisiert werden: Sie erfüllen eben auch eine Stabilisierungsfunktion für ein soziales System, denn ein System, das nur auf Konsens beruht, ist sehr verwundbar, wenn dann einmal doch ein Konflikt auftritt und nie gelernt wurde, mit kommunizierten Widersprüchen umzugehen. Zudem erfüllen sie eine Alarmierfunktion (Luhmann, 1984, S. 525), d. h. sie machen deutlich, dass die Bedingungen der Beziehung einer Neuaushandlung bedürfen.

Umgekehrt gilt aber auch: Ohne Komplementarität, ohne dass man sich (am besten mal der eine, mal die andere) aufeinander zu bewegt, würde man sich nicht einigen. Wenn sich im Konfliktsystem ein Modus festfährt, sind die Mitglieder des Sozialsystems gefährdet – leiser und depressiver in der starren Komplementarität, lauter und heißer in der eskalierenden Symmetrie eines Machtkampfs. Eine Dynamik der unbegrenzbaren Eskalation kann zerstörerisch werden, sie kann Menschen zu Mord und Totschlag verleiten, ihre Dynamik kann in Kriege führen (Simon, 2001). Daher spricht Luhmann auch von parasitären Sozialsystemen (später dazu mehr). Diese tendieren »zur Absorption des gastgebenden Systems durch den Konflikt in dem Maße, als alle Aufmerksamkeit und alle Ressourcen für den Konflikt beansprucht werden« (Luhmann, 1984, S. 525).

Es ist also wichtig, Konfliktdynamiken verstehen zu lernen, um sie zu begrenzen. Ja, meines Erachtens ist es einer der wichtigsten Schritte in der Konfliktberatung, dass beide Parteien sich bewusst werden, dass es in erster Linie darum geht, die Eskalation einzugrenzen. Das kann gelingen, wenn beide das gemeinsam erzeugte Konfliktsystem (das »Haustier«, das sie »gezüchtet« haben) als die eigentliche Herausforderung sehen können.[8] Nicht zuletzt aus diesem Grund wurde dieses Buch geschrieben: Wer die Mechanismen kennt, die Konfliktsysteme mit sich bringen, die oft aus Urzeiten stammenden, tief in uns angelegten Reaktionsmuster aus Zeiten, in denen es täglich ums Überleben ging, der kann sie auch bei sich selbst registrieren und ist ihnen nicht, zumindest nicht ganz so,

---

8 Unschwer lässt sich hier eine Verbindung zur systemischen Intervention der Externalisierung erkennen (von Schlippe u. Schweitzer, 2012, S. 270 ff.).

unterworfen, als wenn er oder sie ihnen einfach nur unreflektiert folgt. Konfliktarbeit bedeutet damit auch, an der Erkenntnistheorie der beteiligten Personen zu arbeiten.[9]

Verschiedentlich hatte ich in früheren Texten Konfliktdynamiken mit einer Reise verglichen (siehe z. B. von Schlippe, 2019a), die verschiedenen Stationen folgt.[10] Hier soll einmal zusammengefasst die Metapher des Karussells als Ausgangspunkt genommen werden: Der Einstieg in ein Konfliktsystem gleicht dem Besteigen eines Karussells. Wer nicht merkt, dass er eigentlich Karussell fährt, der denkt, dass er alles im Griff hat, dass (nur) er die Lage richtig einschätzt und das Feuerwehrauto in die richtige Richtung steuert (siehe Abbildung 3). Aber »Das Leben ist nicht so«, um das Bateson-Zitat zu Beginn des Textes aufzugreifen. Oft hält er nur das Lenkrad eines Karussellautos in der Hand, die eigentliche Dynamik spielt ganz woanders. Das Karussell dreht sich nach seiner eigenen Logik, und ein Teil des Problems ist, dass die- oder derjenige, der oder die dort fährt, der Illusion verfallen ist, die Dynamik im Griff zu haben. Und meist sitzen eben zwei oder mehrere auf dem Karussell, sie jagen hintereinander her in der Erwartung, den anderen einmal überholen zu können. In einem Bonmot von Fritz B. Simon heißt es, dass ein Konflikt weiterläuft, solange jeder der Beteiligten noch irgendwo die Hoffnung hat, den anderen zu besiegen. Es könnte auch andersherum sein: Man sitzt auf dem Karussell und schaut ständig nach hinten aus Angst, vom anderen überholt zu werden. Dann kämpft man darum, nicht

---

9 In diesem Zusammenhang möchte ich die Unterschiede zwischen Erkenntnistheorie, Konstruktivismus oder sozialem Konstruktionismus nicht weiter diskutieren, das ist an anderer Stelle ausgiebig passiert. Im Kern geht es darum, dass das, was Menschen als »Wirklichkeit« erleben, nicht ein passives Spiegelbild der Realität ist, die »da draußen« passiert, sondern »Ergebnis einer aktiven Erkenntnisleistung« (von Ameln, 2004, S. 3). Für eine ausführliche Analyse der Zusammenhänge zwischen der kybernetischen Erkenntnistheorie Gregory Batesons und Konflikten siehe Nagel (2021).
10 Es wird natürlich einige Überschneidungen zu diesen früheren Texten geben (neben den bereits genannten Texten möchte ich noch mein Buch von 2014 erwähnen, in dem ich mich am Beispiel von Unternehmerfamilien ebenfalls ausgiebig mit Konfliktdynamiken befasst habe), gerade da, wo es um die spezifischen Mechanismen geht. Ich hoffe, dass ein wenig Redundanz auch erfahreneren Leserinnen und Lesern nicht schaden wird.

zu verlieren, was manchmal die Dynamik noch verschärft. In beiden Fällen handelt es sich um quälende Karussellspiele. In diesem Sinn ist dieses Buch eine Einladung zu einer Karussellfahrt, mit dem Ziel, das Karussell und seine Stationen kennenzulernen. Auf jeder Station kann man abspringen, um einen Schritt in etwas Neues, etwas anderes hinein zu wagen – oder eben weiterfahren und sich von der Konfliktdynamik weiter vereinnahmen lassen.

Abbildung 3: Das Empörungskarussell (Zeichnung: Björn von Schlippe)

Als Quintessenz der bisherigen Überlegungen können wir festhalten, dass man sich Konflikte sinnvollerweise als soziale Phänomene des Dazwischen vorstellt, also als Prozesse, die sich zwischen zwei oder mehr Parteien abspielen und die aus ihren Interaktionen (und den damit verbundenen Gefühlen) heraus entstanden sind. Sie tendieren dazu, sich als solche Konfliktsysteme selbstständig zu machen, also die Dynamik der Interaktion immer stärker zu bestimmen. Dieses Dazwischen, dieses selbstgeschaffene »Haustier« zu behandeln, ist Aufgabe der Konfliktberatung. Der große Vorteil eines systemtheoretischen Blicks auf Konflikte ist, dass er uns hilft, uns von der Idee zu lösen, der Konflikt würde irgendwo »in« der Person und ihren Fehlern liegen und es stünde in seiner oder ihrer Macht, ihn zu beenden (meist liegen ja ohnehin die Ideen, wer derjenige wäre, der sich ändern müsste, wie erwähnt, weit auseinander). In der Theorie sozialer Systeme wird davon ausgegangen, dass ein soziales System nicht aus Menschen besteht, sondern aus der Art und Weise, wie eine Kommunikation an die andere anschließt (Luhmann, 1984). Das gilt für jedes Kommunikationssystem (mehr dazu in Kapitel 4.4), nicht nur für Konflikte. Es entstehen Muster, die aber in der Regel genügend Spielräume für vielfältige unterschiedliche Anschlüsse erlauben. Im Fall eines hochintegrierten Konfliktsystems wird dagegen die Möglichkeit der Anschlüsse drastisch verringert: Man kann eigentlich, solange man sich in der Systemlogik des Konflikts bewegt, nur immer weiter eskalieren. Als Beraterin oder Berater erlebt man manchmal unmittelbar mit, wie verzweifelt die Akteurinnen und Akteure das entstandene System versuchen zu steuern – und immer wieder erleben, dass sich Kommunikation nicht einseitig steuern lässt, ja, dass auch die Klärungs-, Vermittlungs- oder Versöhnungsversuche oft scheitern (etwa am oben beschriebenen »feindseligen Wahrnehmungsfehler«), wie der folgende Cartoon zeigt (siehe Abbildung 4).

Abbildung 4: Der Wahnsinn (Zeichnung: Björn von Schlippe)

Eskalationen können eben als »unintendierte Handlungsfolgen« (Merton, zit. nach Ortmann, 2003, S. 13) auch aus den missglückenden Versuchen entstehen, einen Konflikt zu lösen. Der Vorteil dieses Verständnisses von (sozialen) Konflikten ist, dass es nicht in erster Linie nötig ist, auf Anlässe und spezifische Konfliktinhalte zu schauen oder mögliche Motive der jeweiligen Kontrahenten zu analysieren. Das mag helfen, in der Beratung zu versuchen, das Muster zu verstehen und sich nicht zu sehr von den jeweiligen Themen ablenken zu lassen. Konflikt ist die Form der sich selbstorganisiert fortsetzenden Negation der Negation, die den Konflikt ausmacht, und mit ihrer Unterbrechung/Beendigung endet auch der Konflikt. (Vorsicht, das klingt jetzt einfacher, als es ist!)[11]

Schauen wir uns zum Abschluss dieses Abschnittes mit diesen Überlegungen im Hinterkopf drei verschiedene systemische Definitionen aus der Literatur an:

- »[…] von Konflikten wollen wir immer dann sprechen, wenn einer Kommunikation widersprochen wird. Man könnte auch formulieren: wenn ein Widerspruch kommuniziert wird. Ein Konflikt ist die operative Verselbstständigung von Kommunikation. Ein Konflikt liegt also nur dann vor, wenn Erwartungen kommuniziert werden und das Nichtakzeptieren der Kommunikation zurückkommuniziert wird« (Luhmann, 1984, S. 530). »[…] Es sind hoch integrierte Sozialsysteme, weil die Tendenz besteht, alles Handeln im Kontext einer Gegnerschaft unter diesen Gesichtspunkt der Gegnerschaft zu bringen« (Luhmann, 1984, S. 532).
- »Als Konflikt soll ein Kommunikationsprozess (= sozialer Prozess) oder Denk- und Fühlprozess (= psychischer Prozess) definiert werden, bei dem eine Position (z. B. ein Wunsch, eine Handlungsanweisung, -option oder -wirkung, eine Sichtweise, eine Bewertung etc.) *verneint* wird und diese Negation ihrerseits *verneint* wird […] Dieser Typus von Sinnsystem, der durch einen Prozess fortgesetzter *Negation der Negation* gekennzeichnet

---

11 Ein schönes Sprichwort sagt: In der Theorie ist der Unterschied zwischen Theorie und Praxis viel kleiner als in der Praxis. Trotzdem – so die Hoffnung dieses Kapitels – kann Theorie auch für die Praxis hilfreiche Impulse setzen.

ist, soll Konflikt genannt werden. Sein Resultat ist ein Zustand der Unentschiedenheit. Er währt, solange der Konflikt dauert« (Simon, 2012, S. 11, Hervorhebungen im Original).
- »Soziale Konflikte bestehen, allgemein gesprochen, aus unvereinbaren Erwartungen wenigstens zweier Parteien. Diese Unvereinbarkeit muss von den Parteien als solche wahrgenommen werden und kann sich beispielsweise in Interessengegensätzen oder unterschiedlichen Auffassungen niederschlagen« (Bonacker u. Imbusch, 2004, S. 196).

Diese Definitionen passen ziemlich gut zu dem bisher Gesagten. Sie beschreiben, wie sich ein Interaktionsgeschehen durch einen Prozess des wechselseitigen Widerspruchs in ein Konfliktsystem hineinentwickelt, das – einmal entstanden – sich selbstorganisiert weiterführt und dabei verschärft. Am schwächsten wird dies in der dritten Definition erkennbar, die meines Erachtens ein wenig kurz greift (Interessengegensätze oder unterschiedliche Auffassungen sind ja nicht automatisch schon Konflikte). Dafür taucht dort ein Begriff auf, der in der ersten Definition bei Luhmann nur kurz gestreift wird, obwohl er in der Theorie sozialer Systeme eine große Rolle spielt: der Begriff der Erwartungen. Die Rolle, die diese für das Konfliktgeschehen als Motor der Dynamik spielen, soll uns im kommenden Kapitel beschäftigen.

2 Erwartungen und Erwartungs-Erwartungen

> »Soziale Ordnung, der haltlose Zusammenhalt der Gesellschaft, ist immer gestört. Regeln, merkwürdig genug, schließen ihre eigene Verfehlung mit ein« (Ortmann, 2003, S. 11).

2.1 Die Unwahrscheinlichkeit von Ordnung und Verständigung

Eine Frage, mit der sich die Soziologie generell und die Systemtheorie im Besonderen beschäftigt, ist die Frage danach, was gesellschaftliche Ordnung stiftet. Ein prominenter Vertreter, der diese Frage aus der Perspektive der Soziologie verfolgte, war Niklas Luhmann. Sein Ziel war es, Selbstverständlichkeiten unseres Alltags zu hinterfragen, die wir gemeinhin einfach hinnehmen, mithin also »Theorien zu suchen, denen es gelingt, Normales für unwahrscheinlich zu erklären« (Luhmann, 1984, S. 162). So fragt er beispielsweise, wie es angesichts der Unwahrscheinlichkeit der Kommunikation überhaupt gelingen kann, dass man sich verständigt (Luhmann, 1981). Wie gelingt es, durch geformte Laute und Zeichen gemeinsam Sinn zu erzeugen, wie kommt die Selbstorganisation des Sozialen eigentlich zustande? Die Tatsache, dass es Menschen gelingt, sich zu verständigen, ist bereits eine enorme Leistung: »Versetzt man sich auf den Nullpunkt der Evolution zurück, so ist zunächst unwahrscheinlich, dass Ego überhaupt versteht, was Alter meint – gegeben die Trennung und Individualisierung ihrer Körper und ihres Bewusstseins« (Luhmann, 1984, S. 217).[12]

Er stellt dabei drei Unwahrscheinlichkeiten heraus:
a) Es ist »unwahrscheinlich, dass einer überhaupt versteht, was der andere meint«;

---

12 Die Worte Ego und Alter werden von Luhmann verwendet, um »den einen« und »den anderen« zu benennen.

b) es ist »unwahrscheinlich, dass eine Kommunikation mehr Personen erreicht, als in einer konkreten Situation anwesend sind«, und
c) der Erfolg ist unwahrscheinlich, da trotz Verstehen und Erreichen nicht gewährleistet ist, dass die Kommunikation »auch angenommen wird« (Grizelj, 2012, S. 99; Luhmann, 1984, S. 216 ff.).

Auch wenn dieses Buch auf einer anderen Ebene als derjenigen der Gesellschaftstheorie unterwegs ist und wir uns vor allem mit kleineren sozialen Strukturen und den dort auftretenden psychologischen Thematiken befassen werden, ist doch auch hier das Ausgangsproblem gleich. Es ist das Problem der Kontingenz, die Tatsache der Undurchschaubarkeit des anderen.[13] Alles könnte »auch anders möglich sein« (Luhmann, 1984). Es ist eine der Grundbedingungen menschlichen Lebens, ja Lebens überhaupt, sich in sozialen Situationen, die zumindest anfangs völlig undurchschaubar sind, zurechtzufinden. So ist etwa bekannt, dass auch einfachste Lebewesen von Anfang an ihre Umwelt auf Ordnungsstrukturen absuchen und auf Änderungen (etwa des Tag-Nacht-Rhythmus) mit erkennbarer Irritation reagieren (Kriz, 2017b, S. 70 f.). Sich in der Ordnung der Welt zu orientieren, sie zu verstehen, ist überlebenswichtig. Für die Entwicklung des Kindes gilt dies ganz genauso; in unendlich vielen Lernschritten orientiert es sich über die Lebenswelt, in die es hineingeboren wurde (Stern, 2016). Anders als bei Einzellern geht es hier neben der Ordnung des Tagesablaufs, des Wetters, der Mahlzeiten usw. vor allem darum, sich zunächst in die sozialen Strukturen einzufinden, in denen sich der Alltag vollzieht, und dann zu beginnen, diese aktiv mitzugestalten. Dies ist eine enorme Leistung, die die Spezies Mensch im Laufe der Evolution erbracht hat, es ist die Fähigkeit entstanden, dass »zwei Individuen gewissermaßen eine Welt gemeinsam wahrnahmen und verstanden, während sie ihre eigene individuelle Perspektive nicht verloren« (Tomasello, 2020, S. 31).

---

13 Den Begriff »Kontingenz« hatte ursprünglich Talcott Parsons geprägt. Er wird in der Systemtheorie anders verwendet als etwa in der Verhaltenstherapie. Dort wird darunter die Wahrscheinlichkeit verstanden, mit der auf ein gezeigtes Verhalten eine positive oder negative Konsequenz folgt.

Doch wie gut man auch beobachtet und wie gut man lernt, sich in der Familie und später in größeren sozialen Zusammenhängen zu orientieren, man kann sich seines Gegenübers nie ganz sicher sein: Wir können eben einander nicht in den Kopf schauen (und wenn wir es täten, würden wir dort Biomasse finden, aber keine zu lesenden Gedanken).[14] Daher wissen wir nie, was im anderen genau vor sich geht – jede Kommunikation könnte auch anders gemeint sein oder anders verstanden werden (»Er lächelt, aber meint er es auch wirklich so?«). Unsere innere Welt ist in sich geschlossen, Gedanken schließen an Gedanken an, sie können nicht »die Schädeldecke durchschlagen«, wie Peter Fuchs es mal formulierte, der auch sagt: »Man kann niemanden fragen, was er denkt, ohne eine Antwort zu erhalten, die kein Gedanke ist« (Fuchs, 1993, S. 20). Es ist eben Kommunikation, und ob der andere »ehrlich« geantwortet hat oder nicht, kann nie ganz klar sein (Vorsicht ist ja immer dann geboten, wenn der Satz fällt: »Da bin ich jetzt ganz ehrlich ...«). Wir sind letztlich füreinander undurchschaubar (und nur darum müssen wir lernen, einander zu vertrauen).

»Stabile Ordnung scheint, strenggenommen, unmöglich« (Ortmann, 2003, S. 11), das gilt angesichts des Problems doppelter Kontingenz zumindest für Sozialsysteme. Menschen müssten doch eigentlich als Lebewesen von potenziell unbegrenzbarer Komplexität in ihrem Handeln sehr schwer vorhersagbar sein – sind sie ja manchmal auch (man braucht nur einmal einen Kindergarten zu besuchen). Doch warum gerät in der Gesellschaft nicht alles aus den Fugen, warum verhalten wir uns in vieler Hinsicht so koordiniert? Tiere lösen das Problem durch Instinkte und durch komplexe, meist angeborene Verhaltensweisen, mit denen sie das Verhältnis zueinander klären, während das »Social Brain«, mit dem Menschen ausgestattet sind, wesentlich komplexere Gestaltungsmöglichkeiten erlaubt (Kriz, 2017b, S. 47 ff.). Auch hier sind vermutlich, wie Kriz betont, einige »organismisch basierte Bedeutungs-

---

14 Es ist eine interessante Frage, ob die Neurophysiologie und -psychologie eines Tages das »Problem« auf ihre Weise gelöst haben werden. Die Vorstellung ist alles andere als erfreulich, es würde die Grundfesten unserer Existenz als soziale Wesen zerstören.

kategorien« angeboren, auf die wir zurückgreifen können, wenn es darum geht, uns in verschiedenen sozialen Situationen zurechtzufinden. Man denke beispielsweise an das »intuitive parenting«, spontan und intuitiv angewandte Verhaltensweisen, sobald Menschen, vor allem Eltern, mit einem Säugling[15] konfrontiert sind (vgl. etwa Papousek, 2001). Doch im Vergleich zur Tierwelt sind die sozialen Konstellationen unter Menschen viel zu komplex, als dass sie durch angeborene Schemata beantwortet werden könnten. Wie lässt es sich also erklären, dass wir weltweit täglich Milliarden von reibungslosen sozialen Situationen durchlaufen? Kinder gehen in die Schule und kommen (meist) ein wenig schlauer zurück, wir gehen zum Bäcker und, tatsächlich, wir bekommen Brötchen und keinen Haarschnitt, wir steigen in Blechkisten und vertrauen unser Leben einem Menschen an, den wir noch nie gesehen haben und der uns in der Regel sicher von A nach B bringt, all das funktioniert in der Regel. Okay, es geht genug schief in der Welt, aber wohl die meisten Vorgänge in sozialen Zusammenhängen klappen doch mindestens einigermaßen.

2.2 Wir sind wechselseitig füreinander undurchschaubar

Das Problem der Kontingenz ist der Ausgangspunkt der Luhmann'schen Theorie: Zwei oder mehr füreinander undurchschaubare Blackboxes, die sich beide im Medium »Sinn« bewegen, bekommen es miteinander zu tun. Durch die Fähigkeit, Sinn zu erzeugen, kommt Komplexität in die Welt. Wann immer erlebt, gehandelt oder kommuniziert wird, haben wir es mit Sinn zu tun und nicht einfach nur mit Naturabläufen (Schützeichel, 2004, S. 245). Und damit entsteht Kontingenz: Niemand kann die Gedanken des anderen lesen (und wenn wir ein wenig nachdenken, ist das auch gut so), und wir wissen, dass das so ist und dass auch der andere das weiß, daher wird oft auch von *doppelter* Kontingenz gesprochen: beide sind für-

---

15 Und auch der Säugling greift auf a priori erworbene Bedeutungskategorien zurück, »die bereits in der Architektur des menschlichen Organismus angelegt sind« (Kriz, 2017, S. 53). Kriz betont, dass »ein beachtlicher Teil vitaler Bedeutungen vor aller Begrifflichkeit liegt« (Kriz, 2017b, S. 45). Es geht hier also nicht um eine rein kognitive Theorie!

einander undurchschaubar. Die Fortsetzung von Kommunikation steht also immer unter einem gewissen Risiko, Kommunikation ist eben kontingent. Paare können sich hoffnungslos in der Frage: »Was denkst du gerade?« verlieren, weil die Antwort – besonders beliebt: »Äh, nichts!« – eben nie ganz zufriedenstellt. Die »Köpfe sind undurchsichtig« (Fuchs, 1993, S. 15), also könnte alles auch ganz anders sein; man weiß nie genau, wie das, was der andere sagt oder nonverbal kommuniziert, wirklich gemeint ist. Doppelte Kontingenz ist sozusagen das Grundproblem von Sozialität: Wenn wir genau wüssten, was im anderen vor sich geht, wäre Kommunikation unnötig, würden sich Vertrauen und Misstrauen erübrigen (aber wie langweilig wäre dann unsere Welt – na ja, vielleicht auch: Wie mörderisch wäre sie …).

»Kommunikation ist die Folge davon, dass sich Menschen als biologische und psychische Einheiten nicht anders miteinander koordinieren können als durch gegenseitiges Beobachten. Psychische Systeme sind füreinander intransparent, es ist ihnen nicht möglich, sich in direkter Weise aufeinander zu beziehen (auch wenn wir manchmal von ›Gedankenaustausch‹ sprechen). Menschen können keine Gedanken untereinander transferieren, sich nicht kognitiv von Bewusstsein zu Bewusstsein verkoppeln. Sobald Personen sich wechselseitig beobachten, läuft Soziales an, beginnt die Kommunikation […], die die basale Funktion hat, die doppelte Kontingenz sozialer Situationen zu bewältigen« (Kleve, 2017, S. 355 f.).

Doppelte Kontingenz wird auf der einen Seite persönlich als Freiheit erlebt (man muss dem anderen nicht alles sagen, »die Gedanken sind frei«). Wenn man sich auf ein Gegenüber bezieht, wird Kontingenz jedoch als Unsicherheit erfahren (»Meint er das wirklich, was er da sagt?«, »Wie echt ist sein Lächeln?«). Menschen sind kontinuierlich in ihren Beziehungen mit dem Thema der doppelten Kontingenz befasst: Wie sehr kann man dem einen, dem anderen vertrauen? Nicht einmal eine langjährige, vertraute Liebesbeziehung ist frei von Kontingenz: Man kann nie ganz sicher sein, ob nicht die Partnerin oder der Partner morgen kommt und gesteht, dass sie oder er schon seit Jahren ein Verhältnis mit einer anderen Person pflege und sich nun trennen wolle. All das kommt vor, eine lieb gewordene und als sicher angenommene Erwartung an den anderen wird durch ihn oder sie dramatisch enttäuscht. Die persönlich erlebten Kränkungen aus einem solchen Vertrauensbruch werden oft als besonders schwerwiegend erlebt.

2.3 Der Erwartungsbegriff

Das Beispiel führt uns zu dem Begriff, der in der Systemtheorie[16] dem der doppelten Kontingenz gegenübergestellt wird. Es ist der Begriff der Erwartung (z. B. von Ameln, 2004, S. 138 ff.; Luhmann, 1984, S. 362 ff.). Um die mit der Ungewissheit jeder sozialen Situation verbundene Unsicherheit zu verringern, entwickeln Menschen Vorstellungen darüber, die die Vorhersagbarkeit über das, was ihnen begegnen könnte, erhöhen. Sie beobachten einander und ziehen daraus Rückschlüsse über das künftige Verhalten des anderen, sie bilden Erwartungsstrukturen (also Erwartungen, die über die Zeit hinweg stabil bleiben).[17] Die Erwartbarkeit der eigenen Erwartungen ist dabei wechselseitig unsicher und enttäuschungsanfällig, denn, wie gesagt, die Menschen bleiben füreinander undurchschaubar. Als »sprechende Tiere«, als »Ich-Sager« machen wir uns Konzepte, Landkarten über uns und die Welt, die zwangsläufig nicht genau mit der Welt übereinstimmen (Vogd, 2015). Unsere Erwartungen passen also nicht immer, aber um miteinander klarzukommen, reicht oft auch eine »Konsensfiktion« (Hahn, 1983), also die Idee, dass man sich einigermaßen versteht.

In den Erwartungen verdoppeln wir Menschen sozusagen unsere Welt und erzeugen jeweils für uns ein Bild davon, wie die Welt und damit der andere ist beziehungsweise zu sein hat, was wir von ihm oder ihr erwarten können: »Erwartungen [sind] Sinnverdichtungen in Form von Generalisierungen« (von Ameln, 2004, S. 139). Diese Erwartungen schaffen einigermaßen Sicherheit, um sich in der phy-

---

16 Die Systemtheorie baut dabei auf den Konzepten des symbolischen Interaktionismus auf (vgl. Mead, 1973, S. 196 ff.).
17 Dies gilt für alle Sinn erzeugenden und verarbeitenden Vorgänge, also psychische und soziale: »Diese Erwartungen von Erwartungen bilden einerseits die Strukturen sozialer Systeme, andererseits […] die Strukturen psychischer Systeme (im einen Fall geschieht dies in Form von Kommunikation, im anderen Fall in Form von Bewusstsein)« (von Ameln, 2004, S. 139).

sischen und in der sozialen Welt zu bewegen. Wir wären von der Komplexität der Welt, also ihrer Undurchschaubarkeit (= Kontingenz) völlig überfordert, wenn wir nicht Erwartungen entwickeln würden, die uns Orientierung ermöglichen. Das läuft sozusagen immer, und es läuft mehr oder weniger von selbst ab, »Erwartungen bilden ist eine Primitivtechnik schlechthin«, sagt Luhmann (1984, S. 363). Man braucht sich nur vorzustellen, dass man in eine gänzlich unbekannte Gruppe kommt. Die Erwartung »sondiert« dann zunächst ungewisses Terrain. Langsam wird man sicherer, das Repertoire der Verhaltensmöglichkeiten wächst. Im Laufe der »eigenen Bewusstseinsgeschichte« werden die Erwartungen immer prägnanter und weniger willkürlich (Luhmann, 1984, S. 363). Aber, um es noch einmal zu wiederholen, so ganz sicher kann man nie sein.

Erwartungen können sich irgendwann zu Ansprüchen verdichten, dieser Aspekt soll uns später noch mehr beschäftigen, denn diese Verdichtungen können in Konflikten eine große Rolle spielen. Während eine anfänglich enttäuschte Erwartung noch als Information wahrgenommen werden dürfte, auf die man sich einstellt (»Aha, das funktioniert hier also nicht!«), wird auf die Enttäuschung einer stabilisierten Erwartung, vor allem wenn sie zu einem Anspruch geworden ist, mit entsprechend heftigen Gefühlen reagiert oder, wie Luhmann sagt, es »erhöht sich die Chance und die Gefahr der Gefühlsbildung«[18] (Luhmann, 1984, S. 364). Die Bedeutung der intensiven Empörungsgefühle bei enttäuschten Ansprüchen als Motor für das Konfliktkarussell sollte nicht unterschätzt werden.

Der Erwartungsbegriff könnte nun dazu verführen zu denken, es handle sich vorwiegend um zwar weitgehend nicht bewusste, aber doch bewusstseinsfähige Prozesse. Ein kritischer Vorbehalt dazu von Kriz macht noch einmal deutlich, wie elementar die Vorgänge sind, um die es hier geht. In der Welt, in die man als Lebewesen hineingeworfen wurde, Ordnungen zu erkennen, ist nämlich die vordring-

---

18 Angesichts der Rolle, die Gefühle in der (soziologischen) Systemtheorie spielen, ist »Gefahr der Gefühlsbildung« eine interessante Formulierung, die darauf verweist, dass das Thema der Gefühle in der Theorie sozialer Systeme als blinder Fleck unterrepräsentiert ist beziehungsweise eher als Störvariable gilt (Ciompi, 2004; Raisch, 2022, S. 59 f.), mehr dazu in Kapitel 3.1.

liche Aktivität eines jeden Lebewesens, auch wenn es nicht über ein Bewusstsein in unserem Sinn verfügt. Daher »ist auch ein kritischer Vorbehalt gegenüber der Vorstellung anzumelden, […] dass der Mensch […] erst durch seine Sprache, Kultur, Regeln etc. Kategorisierungen durchführe. Fraglos wird durch Kategorisierungen die Komplexität der Reizwelt erheblich reduziert – aber das gilt eben *vor aller Sprache* auch für den Einsiedlerkrebs oder noch einfachere Organismen. Denn diese ›unterscheiden‹ ja nur scheinbar mit ihren Verhaltensweisen zwischen Tag und Nacht, Ebbe und Flut oder den Jahreszeiten: in Wirklichkeit fassen sie die immense Vielfalt der Phänomene in der Reizwelt zu eben solchen Kategorien zusammen« (Kriz, 2017b, S. 70, Hervorhebung im Original).

2.4 Erwartungs-Erwartungen

Aber bleiben wir bei den Erwartungen, die für unser soziales Leben bedeutsam sind. Es ist nur sinnvoll, sie zu bilden, wenn man davon ausgeht, dass auch ein Gegenüber sich ähnlich orientiert wie man selbst. Damit kommt ein wesentliches Moment hinzu, denn auch der andere verbindet mit uns Erwartungen, die wir versuchen zu antizipieren und in unser Denken in unsere Erwartungen einzubeziehen: Was erwartet er oder sie wohl von mir? Hier stoßen wir auf einen interessanten Begriff, den der Erwartungs-Erwartungen: »In Bezug auf große Ohren, lange Nasen, Sonne und Regen bilden sich keine Erwartungs-Erwartungen […] Erst die Erwartung, dass man sein Erschrecken über die Länge der Nase nicht zeigt, lässt sich erwarten« (Luhmann, 1984, S. 415; siehe auch Mead, 1934/1973). Erwartungs-Erwartungen unterstellt man also demjenigen, von dem man meint, dass er sich über Erwartungen in dem sozialen Feld, in dem man sich bewegt, zurechtfindet. Man muss also die Erwartungen des anderen miterwarten und auch noch erwarten, dass der andere ebenfalls erwartet, dass man ihm mit Erwartungen gegenübertritt. Oh, jetzt könnte es verwirrend werden, aber der Mechanismus ist eigentlich ganz einfach: Wir bezahlen sozusagen die Sicherheit, dass wir die anderen als einigermaßen vorhersagbar erleben können, dadurch, dass wir uns unsererseits auch für die anderen vorhersagbar machen. Wir entwickeln Erwartungen darüber, welche Erwartungen wohl an uns gestellt werden, wie wir von anderen Menschen gesehen werden. Diese Erwartungen, die wir über das haben, was von uns erwartet wird, werden als Erwartungs-Erwartungen bezeichnet: »Sozialität ist [...] nicht an das Vorhandensein einfacher Erwartungen, sondern an das Vorliegen wechselseitiger Erwartungs-Erwartungen gebunden« (Lindemann, 2006, S. 85).

Das Ganze sollte, wie bereits betont, jetzt nicht so verstanden werden, als ginge es um bewusste Entscheidungsprozesse (vgl. die oben angesprochene Kritik von Kriz). Soziales beginnt vom ersten Lebensmoment an, wir werden in Beziehungsgeflechte hineingeboren, in denen schon vor unserer Geburt Ideen darüber entstehen, was von uns erwartet wird. Wir werden in diesen Geflechten groß, entwickeln Erwartungen an unsere Umwelt, lernen, was wir von unseren Mitmenschen erwarten können und was wir erwarten sollten, was von uns erwartet wird. Das funktioniert, wie schon gesagt, vielfach störungsfrei und geräuschlos (okay, viele Eltern mit kleinen Kindern würden das jetzt anders sehen ...), weil die Erwartungen, die man beim anderen vermutet, als »Pauschalunterstellungen« für »ausreichende Flüssigkeit der Kommunikation« sorgen (Luhmann, 1984, S. 416), sprich: Wir haben uns an Situationen gewöhnt und wissen, ganz ohne nachzudenken, was von uns erwartet wird – die andere Seite ebenso. Vor allem die Erwartungsstrukturen des öffentlichen Alltags bieten einen hohen Grad an geregelter Stabilität, und zwar weltweit: Mit einer recht hohen Sicherheit kann man, wenn man sich in ein Flugzeug setzt, davon ausgehen, dass der Pilot einen sicher ans Ziel bringt, dort wird man zu einem Menschen, den man noch nie gesehen hat, ins Auto mit der Aufschrift »Taxi« steigen (sogar, wenn das Schild in einer Schrift geschrieben ist, die man nicht versteht) und kann mit hoher Sicherheit davon ausgehen, dass er sich unseren Erwartungs-Erwartungen entsprechend verhalten wird, so wie der Taxifahrer seinerseits erwarten kann, dass wir uns seinen Erwartungen entsprechend verhalten. Vielleicht macht das den Reiz von spannenden Kriminalfilmen aus: Sie weisen darauf hin, dass gesellschaftliche Regeln als »Textur des Sozialen« (Ortmann, 2003, S. 12) ihre eigene Verfehlung immer mit einschließen, ja einschließen müssen. Sie stabilisieren sich dadurch, dass sie auf die ständige Gefährdung der ordnenden Strukturen hinweisen: Der scheinbare Taxifahrer ist ein angeheuerter Mafia-Verbrecher, der die normative Erwartung des Fahrgastes enttäuscht und ihn entführt – und »der Gärtner ist der Mörder«. Aufregend wird es also immer dann, wenn Erwartungen auf besonders dramatische Weise nicht erfüllt werden – am liebsten sieht man so was allerdings dann im Film ...[19]

Doch solche Situationen sind im öffentlichen Leben selten, meist geht es glatt, und wenn nicht, geht man eben woandershin. Im eng aufeinander bezogenen Lebensvollzug jedoch, in der Familie, in der Arbeitswelt, wo man viele Stunden des Tages eng aufeinander bezogen miteinander kommuniziert, ist es anders. So können sich in Partnerschaften beispielsweise Erwartungsstrukturen quälend entwickeln, wenn beide Partner das Verhalten des anderen beobachten und es jeweils als Beweis dafür nehmen, selbst nicht geschätzt, geliebt oder geachtet zu werden.

2.5 Ein kleiner Seitenblick

Die Vorgänge, die hier in einer sozialwissenschaftlichen Sprache ausformuliert werden, haben ihre Entsprechung in anderen Theorien. Das Phänomen, um das es geht, wird aus unterschiedlichen Perspektiven ganz ähnlich beschrieben. Die Feinheiten der Diskussionen dieses weiten Feldes hier weiter differenziert auszuarbeiten, würde natürlich jeden Rahmen sprengen. Doch einen kurzen Seitenblick auf die Facetten dieses interessanten Feldes möchte ich doch geben. So hat im psychotherapeutischen Zusammenhang der Begriff »Mentalisieren« eine besondere Bedeutung gewonnen. Es geht dabei darum, wie jemand die eigene innere Welt von der anderer Menschen differenzierend erfährt, indem er sich in die Lage des anderen einfühlt (Bateman u. Fonagy, 2015). In der entwicklungspsychologischen beziehungsweise neurobiologischen Forschung wird in ähnlicher Weise auch von der Entwicklung einer Theory of Mind ausgegangen: Das sich entwickelnde Gehirn ist möglicherweise so

---

19 Es sei denn, es handelt sich um eine positive Erwartungsenttäuschung, die gibt es natürlich auch – und dann wäre man oft auch gern selbst in der Lage der Filmheldin oder des Filmhelden.

angelegt, dass es im Laufe der Reifungs- und Interaktionsgeschichte der Person Vermutungen darüber ausbildet, dass andere Menschen ebenfalls eine eigene Sicht auf die Welt haben, also zur Perspektivübernahme fähig ist (Tomasello, 2020, S. 124f.). Die Fähigkeit, kognitive Abläufe selbst zum Gegenstand der Beobachtung zu machen, wird als Metakognition bezeichnet (Förstl, 2012). Besonders eindrücklich finde ich in dem Zusammenhang die Studien von Tomasello, der sich aus evolutionstheoretischer Sicht damit befasst, an welchem Punkt sich die Entwicklung von Kindern und Menschenaffen unterscheidet. Seine Untersuchungen kommen der Entstehungsgeschichte der Erwartungen und Erwartungs-Erwartungen sehr nahe. Es wird gut verdeutlicht, dass es hier nicht um einen kognitiven Vorgang erwachsener Personen geht, wie die Luhmann'sche Theorie nahelegen könnte, die ja nicht über eine eigene Entwicklungstheorie verfügt. Tomasello, der lange das Max-Planck-Institut für evolutionäre Anthropologie in Leipzig geleitet hatte, untersucht die Frage, wann sich die Fähigkeiten von Menschenaffen und Menschen unterschiedlich auszudifferenzieren beginnen. Und der Punkt ist ziemlich genau benennbar, es ist die Entdeckung des anderen als eines Wesens, das ähnlich ist wie man selbst. Auch Affen sind durchaus in der Lage, aus der Blickrichtung des anderen dessen Intentionen zu erschließen. Doch bleiben sie im Kontext individueller Intentionalität. Die Erkenntnis einer *gemeinsam geteilten Intentionalität* beginnt dagegen beim Kind bereits sehr früh. Der große Evolutionsschritt des Menschen liegt für Tomasello darin, dass »[…] die Individuen in der Lage sind, miteinander einen gemeinsamen Akteur, ein ›wir‹ zu schaffen, der sich geteilter Intentionen, geteilten Wissens und geteilter soziomoralischer Werte bedient« (Tomasello, 2020, S. 19). An anderer Stelle beschreibt er, wie sich diese Erkenntnis langsam entwickelt. Die Studien über Experimente, in denen untersucht wird, wie die Blickrichtung des Babys dem Blick der Erwachsenen folgt, und nicht nur das, sondern es zugleich den Vorgang durch Laute und Emotionsausdruck »kommentiert«, zeigen, wie früh sich die Erwartungsstrukturen bilden. Ein schönes Zitat von ihm könnte man unmittelbar als Illustration der Erwartungs-Erwartungen ansehen: »Das Baby achtet nicht nur auf die Aufmerksamkeit des Erwachsenen mit Bezug auf den Gegenstand, sondern auch auf die

Aufmerksamkeit gegenüber seiner Aufmerksamkeit mit Bezug auf den Gegenstand und auf die Aufmerksamkeit des Erwachsenen gegenüber seiner Aufmerksamkeit gegenüber der Aufmerksamkeit des Erwachsenen mit Bezug auf den Gegenstand und so weiter. Es ist nicht so, dass das Baby diese Art von rekursivem Denken ausdrücklich vollzieht, sondern es ist so, dass die zugrunde liegende Struktur gemeinsamer Aufmerksamkeit bedeutet, dass beide gemeinsam wissen, dass sie beide auf dasselbe Ding achten« (Tomasello, 2020, S. 81).

2.6 Beziehungsstörungen und Metaperspektive

Mit einer anderen Begrifflichkeit hat sich der britische Psychiater Ronald Laing mit dem Thema der Erwartungen auseinandergesetzt. Er unterschied zwischen Perspektive und Metaperspektive. Der zweite Begriff bezieht sich auf die Frage, wie man vom anderen wohl gesehen wird (was ziemlich gut zum Begriff der Erwartungs-Erwartungen passt). In einer beeindruckenden Studie konnte er zeigen, dass gestörte Paarbeziehungen sich von glücklichen nicht auf der Ebene der jeweils konkreten Perspektive unterschieden (Laing,

Abbildung 5: Metaperspektive (Zeichnung: Björn von Schlippe)

Philipson u. Lee, 1973). Das Design war für die damalige Zeit sehr ungewöhnlich: Er befragte die Partner jeweils getrennt voneinander zu drei verschiedenen Perspektiven. Die erste Frage bezog sich auf die unmittelbare Perspektive des einen auf den anderen, die zweite zielte auf die Metaperspektive. Dann kam noch eine etwas schwerer zu verstehende Frage dazu, und zwar die Frage, wie man die Frage beantworten würde, wie sich wohl der andere von einem selbst gesehen fühlte (siehe Abbildung 5).

Das interessante Ergebnis sah, sehr verkürzt zusammengefasst, so aus: Glückliche wie unglückliche Partner und Partnerinnen antworteten auf die Frage, ob sie den jeweils anderen liebten, mit »Ja«. Auf der nächsten Ebene jedoch, bei der Frage, ob sie dächten, dass ihr Partner sie liebe, unterschieden sich die Gruppen (siehe Tabelle 1). Während die Glücklichen die Frage klar bejahten, äußerten die Unglücklichen Zweifel. Die Störung zeigte sich also auf der Ebene der Metaperspektive.

Tabelle 1: Ergebnis der Studie von Laing et al. (1973; eigene vereinfachte Darstellung)

	»Unglücklich« (Klinische Gruppe)	»Glücklich« (Nicht-klinische Gruppe)
»Lieben Sie Ihren Partner?«	ja	ja
Glauben Sie, dass Ihr Partner Sie liebt?«	nein	ja

Offenbar wird in sozialen Systemen, in denen Menschen miteinander unglücklich sind, Kontingenz auf eine Weise verarbeitet, dass man nicht sicher ist, ob man dem anderen wirklich trauen kann – und so entstehen Kommunikationsmuster ständiger Prüfung und (Nicht-) Bestätigung (»Wenn du mich wirklich lieben würdest, hättest du von dir aus daran gedacht, die Spülmaschine auszuräumen!« usw.). So mit den Erwartungs-Erwartungen umzugehen, ständig auf der »Beziehungslauer« (Schulz-von Thun, 1981) zu liegen und nach Hinweisen zu suchen, durch die die eigenen misstrauischen Erwartungen bestätigt werden, heißt wohl, sich den perfekten Baukasten für die »Selbstorganisation zwischenmenschlichen Unglücks« eingerichtet zu haben: »Die Leute meiden Situationen, in denen ihre standardisierten Erwartungen einer Bewährungsprobe ausgesetzt würden. Das ist der sichere Weg in unechtes Wissen, in Wissen, das wir zu haben glauben, weil wir es niemals testen. Alle handeln konformistisch, weil sie irrtümlich annehmen, dass es erwartet wird, und da sie [...] die Probe aufs Exempel nie machen, sehen sich alle in ihrer Erwartung bestätigt und verwechseln es mit Wissen und Erfahrung« (Ortmann, 2011, S. 83). Eine Überprüfung bräuchte ja auch Mut, es könnte ja eine Zurückweisung durch den anderen oder gar eine Bestätigung negativer Erwartungen das Ergebnis sein.

In diesem Zusammenhang soll an dieser Stelle ein meines Erachtens bedeutsames Zitat aus der Studie von Laing et al. aufgeführt werden, auch wenn dies in einer anderen eigenen Veröffentlichung bereits erschien (von Schlippe u. Schweitzer, 2019, S. 96). Doch es schildert die Selbstorganisation zwischenmenschlichen Unglücks besonders prägnant. Offenbar können sich Erwartungs-Erwartungen (und Erwartungs-Erwartungs-Erwartungen) gerade in nahen Beziehungen ziemlich verlaufen.

»Menschen denken ständig über andere nach und darüber, was andere über sie denken und was andere denken, dass sie über andere denken, usf. Man fragt sich, was wohl in den anderen vorgehe, man wünscht oder fürchtet, dass andere Leute wissen könnten, was in einem selbst vorgeht. Zum Beispiel empfindet ein Mann, dass seine Frau ihn nicht versteht. Was kann das bedeuten? Es könnte bedeuten, dass er denkt, dass sie nicht erkennt, dass er sich vernachlässigt fühlt. Oder er denkt, dass sie nicht erkennt, dass er sie liebt. Vielleicht denkt er auch, dass sie denkt, er sei kleinlich, wo er doch nur vorsichtig sein will, oder er sei grausam, wo er doch nur standhaft sein will, oder selbstsüchtig, wo er doch lediglich nicht wie ein Schwächling ausgenutzt werden will. Seine Frau empfindet vielleicht, er denke, dass sie denke, dass er selbstsüchtig sei, wo doch alles, was sie möchte, nur ist, ihn dazu zu bewegen, ein bisschen weniger reserviert zu sein. Möglicherweise denkt sie, dass er denkt, dass sie denke, er sei grausam, weil sie empfindet, dass er stets alles, was sie sagt, als Vorwurf auffasst. Sie denkt vielleicht, dass er denke, dass er sie verstehe, wenn sie denkt, dass er noch nicht begonnen habe, sie als reale Person zu sehen usw. […]. Eine solche Spirale entwickelt sich z. B. immer dann, wenn zwei Personen einander misstrauen. Wir wissen nicht, wie Menschen zu einem Misstrauen gelangen, das diese formale Struktur annimmt, doch ist uns bekannt, dass solches Misstrauen verbreitet ist und dass es zuweilen endlos aufrechterhalten zu werden scheint« (Laing et al., 1973, S. 37 f.).

Es liegt nah, hier einen direkten Bezug zur Entstehung von Konflikten herzustellen: »Rüstungsspiralen zwischen Eheleuten, ethnischen Gruppen, Nationen, Firmen oder Abteilungen in Organisationen nehmen ihren Lauf und dauern an wegen solcher Interpunktionen und Antizipationen« (Ortmann, 2011, S. 33). In dem soeben erwähnten Buch von mir und Jochen Schweitzer (2019, S. 97 ff.) zeigen wir, wie viele systemische Interventionen sich gerade auf die verschiedenen Ebenen der Erwartungen beziehen und damit in dem jeweiligen Feld Korrekturmöglichkeiten (oder wenigstens Anlässe für klärende Gespräche untereinander) geben. So zielt etwa das zirkuläre Fragen (»Was vermuten Sie, was Ihre Frau vermutet, warum Sie immer wieder vergessen, die Spülmaschine auszuräumen?«) explizit auf die Erwartungs-Erwartungen. Diese wurden hier ja auch nur zur Vereinfachung jeweils auf zwei Personen bezogen, in der freien Wildbahn sind sie noch viel stärker vernetzt: »Was glaubst denn du, Sophie, was deine Mutter vermutet, warum dein Vater so oft vergisst, die Spülmaschine auszuräumen?« Auf komplexe Weise werden hier die Erwartungs-Erwartungen, die sich zwischen den Personen bewegen, thematisiert und damit besprechbar. Auch in der systemischen Methode der Skulpturarbeit (von Schlippe u. Schweitzer, 2009, S. 62 ff.) bewegt man sich in dem Feld der Erwartungen, indem man verschiedene Perspektiven gegenüberstellt und kontrastiert (»Hätten Sie erwartet, dass Ihre Tochter Sie und Ihren Mann so nebeneinanderstellt, wie sie es getan hat?«, »Wie würden Sie denn selbst die Beziehung zwischen sich und Ihrem Mann darstellen?«, »Ah, Herr X, wie ist es für Sie, den Unterschied zu sehen? Mögen Sie einmal Ihr Bild zeigen?«; siehe auch von Schlippe u. Kriz, 1993).

2.7 Zwischenfazit

Die Ordnungsstrukturen, die unserem sozialen Gefüge zugrunde liegen, sind die komplexen Erwartungen und Erwartungs-Erwartungen, die sozusagen als Landkarten der Sozialität für Orientierung sorgen: Wir verhalten uns, wie wir erwarten, dass es von uns erwartet wird – und genau das erwarten wir vom anderen auch. Und nicht nur das, manchmal verhalten wir uns auch bewusst anders, als wir denken, dass es von uns erwartet wird (etwa, um unserem Autonomiebedürfnis nachzukommen) und bezahlen dafür mit sozialer Spannung (man denke etwa an die innerfamiliären Auseinandersetzungen im Kontext von Pubertät).

Das Ganze spielt sich nun nicht nur auf der zwischenmenschlichen Ebene ab, unsere Erwartungsstrukturen beziehen sich auf unsere Kultur, auf »die Welt«. Wenn Erwartungen einmal stabilisiert sind, können sie sich zu Ansprüchen verdichten, die emotional verankert sind. Wenn diese Erwartungen enttäuscht werden, werden intensive Gefühle erlebt, die in der Kommunikation als Empörung vermittelt werden. Empörung ist der stärkste Treiber für das Karussell der Konflikte. Das führt uns zum nächsten Kapitel, in dem es um Gefühle gehen wird. Das Erleben der Konfliktparteien und die damit einhergehenden Kommunikationen lassen ein sich verstärkendes System negativer Gegenseitigkeit entstehen. Nun wird die Negation der Erwartungen erwartet, durch die eine Paradoxie entsteht: Wenn jetzt nämlich die eine Partei sich kooperativ und versöhnlich verhält, sie also sozusagen die negativ geprägte Erwartung einer Erwartungserwartung enttäuscht, wird dies von der anderen in der Regel negativ interpretiert. Das Versöhnungsangebot wird als Trick aufgefasst und damit den eigenen negativen Erwartungen entsprechend umgeformt. Dieser »feindselige Wahrnehmungsfehler« ist in der Psychologie gut bekannt, er wird uns im weiteren Verlauf des Buchs beschäftigen (siehe Kapitel 9).

3 Empörung: Der Motor des Karussells

> »Empörung ist der Leitindikator sozialer Konflikte. Empörung impliziert den Vorwurf unrechten Tuns oder Unterlassens, die Überzeugung, dass geltendes Recht, geltende moralische Normen, soziale Normen des Anstands, des Respekts, der Gerechtigkeit, religiöse Normen oder weitere verletzt wurden, und zwar durch Akteure, die als verantwortlich angesehen werden und keine überzeugenden Rechtfertigungsgründe für ihr Tun haben [...] Die Empörung schwindet, wenn die unterstellte Verantwortlichkeit nicht gegeben ist oder wenn überzeugende Rechtfertigungsgründe vorgebracht werden« (Montada, 2014, S. 26).

3.1 Gefühle in der systemischen Therapie

Die systemische Therapie versteht sich als Ansatz, der sich primär auf die Kommunikation und die Kommunikationsstrukturen in sozialen Systemen konzentriert. Auch Gefühle wurden zumindest eine Zeit lang vorwiegend unter dem Aspekt ihrer kommunikativen Wirkung betrachtet. Insbesondere die sogenannte Mailänder Schule betonte, dass man in der Therapie das Verb »sein« systematisch vermeiden und durch »scheinen« ersetzen solle, um sich auf die jeweiligen kommunikativen Spiele und ihre Muster zu konzentrieren: »Wenn also z. B. der Vater [...] in der Sitzung traurig erschien, mussten wir uns richtig anstrengen, um nicht zu sagen, dass er traurig war [...]. Stattdessen mussten wir uns still darauf konzentrieren, die Wirkungen zu beobachten, die ein derartiges Verhalten bei den anderen hervorrief« (Selvini Palazzoli, Boscolo, Cecchin u. Prata, 1977, S. 33 f.). Die Erkenntnis dieser Gründerzeit ist sicher, dass Gefühle eben, wenn sie verbal oder nonverbal ausgedrückt werden, als Kommunikationen gesehen und entsprechend ihrer Wirkung befragt werden können (»Was glauben Sie, was in Ihrer Tochter vorgeht, wenn sie Ihre Frau weinen sieht?«).

Und der Aspekt ist ja auch nachvollziehbar: Ein Gefühl ist immer auf einen spezifischen Kontext bezogen (Jänicke, 2002) und gewinnt für ein soziales System erst eine Bedeutung, wenn es in die Kommunikation gelangt – durch mehr oder weniger klar entschlüsselbare nonverbale Signale (»Was ist mit dir los, du siehst ärgerlich aus?« – »Lass mich, es ist nichts!«), durch explizite Aussagen oder indem der andere nach einem Gefühl fragt, das seiner Meinung nach vorhanden sein müsse (»Das scheint dir gar nichts auszumachen, oder?«). Und in dem Moment ist es nicht mehr das Gefühl selbst, sondern es ist eine Kommunikation über ein Gefühl und die folgt anderen Gesetzen als ein Gefühl, ist aber damit eng verbunden. Gleichwohl ist die Gefahr einer so radikalen Sicht wie der von Selvini Palazzoli et al., dass man der Erlebensseite von Emotionen nicht gerecht wird (Ballreich, Ciompi, Glasl u. von Schlippe, 2022). Damit wird vielleicht auch der Unterschied zwischen einer sachlichen Diskussion und einer hoch emotional geladenen Kommunikation unterschätzt, dass nämlich »Emotionen eine andere Art der Irritation für das soziale System zur Verfügung stellen können als logisch-diskursive Gedanken bzw. ihre Kommunikation« (Simon, 2004, S. 119).

Gerade wenn wir uns die Rolle von Empörung als Affekt, Emotion oder Gefühl ansehen,[20] ist es also sinnvoll, die Erlebensseite der Empörung und die Rolle, die »kommunizierte Empörung« für die Eskalation spielt, auseinanderzuhalten. Die basale Einheit jeder Kommunikation liegt in dem Dreierschritt aus Information, Mitteilung und Verstehen – jeder dieser Schritte besteht in einer Selektion: Aus einer Fülle von inneren Zuständen wird eine Information ausgewählt, die in die Kommunikation gelangen soll (»ich bin empört«), und es wird eine Form der Mitteilung selegiert (gerunzelte Stirn; ein Schlag mit der Faust auf den Tisch; ein ruhig gesagter oder laut geschriener Satz wie: »Das kannst du doch so nicht machen!«). Das Verstehen geschieht in einem weiteren Selektionsschritt (»Aha,

---

20 Als Affekte werden organismische Reaktionen bezeichnet, die nicht reflexiv bewusst sind, die also eher in der Biologie begründet sind, während man von Gefühlen spricht, wenn sie mit dem »Kulturwerkzeug Sprache« (Kriz, 2017b) verknüpft werden, Gefühle sind also eher Kulturphänomene (Stern, 2011, S. 59, mit Bezug auf Damasio).

der ist empört!«; »Was stellt der sich so an«; »Das ist mal wieder typisch für ihn …«), aus dem heraus dann eine neue Mitteilung selegiert wird. Es passiert also viel, ehe ein empfundenes, erlebtes Phänomen in die Welt der zwischenmenschlichen Kommunikation gelangt (Simon, 2004). Und da psychische und soziale Systeme sich wechselseitig immer wieder anstoßen, »irritieren«, werden Kommunikationen dann wieder auf die Psyche der beteiligten Personen zurückgerechnet (»Ah, er scheint sauer zu sein!«) und mit entsprechender Affektivität beantwortet (»Was soll das denn jetzt, dazu hat er keinen Grund!«), die wiederum im Prozess der Selektion von Information, Mitteilung, Verstehen in die Kommunikation gelangt (»Was bildest du dir eigentlich ein?«) und so weiter: »Das Kommunizieren über Emotionen ist eben meist vom Kommunizieren der Emotionen begleitet« (Simon, 2004, S. 120).

Das bisher Gesagte betont sehr die Ebene der bewusst empfundenen und über Kommunikation verbal oder nonverbal ausgedrückten Gefühlszustände. Heute wissen wir, wie viel affektiver Austausch auch unbewusst abläuft, ohne dass die Schleifen von Information, Mitteilung, Verstehen explizit durchlaufen werden. Die klare Position von Luhmann, der zufolge Gefühle als psychische Ereignisse nicht dem sozialen System zugerechnet werden können, ist in der Absolutheit nicht mehr haltbar (Ciompi, 2021, S. 123 ff.). In diesem Rahmen sollen hier Befunde aus einem komplexen Forschungsfeld zumindest erwähnt werden wie etwa:

- Vorsprachliche und auch gar nicht sprachlich rekonstruierbare Phänomene wie die affektive Abstimmung zwischen Mutter und Kind im Rahmen der Babyforschung (Stern, 1998).
- Die Erkenntnis, dass bereits Kleinkinder in der Lage sind, die (soziale) Basis einer gemeinsam geteilten Intentionalität intuitiv zu erfassen und sich darin kooperativ zu bewegen. Tomasello sieht darin den eigentlichen evolutionären Vorteil des Menschen gegenüber anderen Primaten (Tomasello, 2014, 2020; siehe auch z. B. Bischof, 2008, S. 364 f.).
- In diesem Zusammenhang ist auch das gegen Ende des letzten Jahrtausends entdeckte Phänomen der Spiegelneurone zu erwähnen: Wenn eine bestimmte intentionale Bewegung bei einem Artgenossen beobachtet wird, feuern im Gehirn des

Beobachters die entsprechenden passenden Neuronen (sozusagen »Imitationsneurone«) ebenfalls (Roth, 2001, S. 385 f.). Dies legt nahe, dass höhere Lebewesen einander auf intuitive Weise jenseits aller Kognition schnell über innere Zustände informieren können. Spiegelneurone werden in allen Arealen des Gehirns gefunden, in denen Erleben und Verhalten gesteuert werden (Bauer, 2008).
- Schließlich ist die Erkenntnis zu nennen, dass erlebte Emotionen, Kognitionen und Verhaltensweisen als integrierte Fühl-, Denk- und Verhaltensprogramme (»FDV-Programme«) im Gedächtnis gespeichert sind und das künftige Verhalten in Situationen steuern, die als ähnlich oder gleich erlebt werden (Ciompi, 2004, 2021, 2022/im Druck).

3.2 Das Wörtchen »sollte« und der moralische Anspruch

Ganz allgemein gesagt, und das ist die Kernaussage der ersten beiden Kapitel, lässt sich ein Konflikt im weitesten Sinn als Unvereinbarkeit von Erwartungen zwischen zwei oder mehr Parteien verstehen (Bonacker u. Imbusch, 2004, S. 199), durch die eine Spirale der wechselseitigen Negation in Gang gesetzt wird. Es muss aber noch etwas hinzukommen, um die Schärfe eines Konflikts zu verstehen, und das ist die Ebene der Affekte und Gefühle, die mit der Enttäuschung einer Erwartung einhergehen – hier beginnen Sach- und Beziehungsebene sich zu unterscheiden (Nagel, 2021, S. 61 ff.). Wenn etwa das Paar, das sich um den Urlaub streitet, feststellt, dass sie verschiedene Erwartungen haben (»Ich will an die See« – »Ich will in die Berge«), wird ein Konflikt wahrscheinlicher, wenn diese Erwartungen ausgesprochen oder unausgesprochen mit einer normativen Forderung einhergehen: »Du *solltest* aber meinem Wunsch folgen!« Wir hatten bereits angesprochen, dass Erwartungen sich zu Ansprüchen verdichten können, die dann mit entsprechenden Emotionen einhergehen. Dadurch wird die wechselseitige Negation, durch die ein Konflikt gekennzeichnet ist, mit der nötigen emotionalen Energie versorgt, um sich zu verschärfen. Der Sachkonflikt wird durch die entsprechende Bewertung zunehmend zum emotionalen

Konflikt. Das »sollte« ist hier das entscheidende Wort, es verbindet das Thema mit Normativität, mit einer moralischen Forderung, denn die »expressive Ordnung« wird als gestört erlebt (Simon, 2012, zitiert hier auf S. 81 einen Begriff von Erving Goffman). Wenn dem nicht so wäre, könnte sich die Negation der Negation auf der Sachebene schnell erledigen: »Okay, dann lass uns doch mal schauen, wie wir das lösen, wollen wir vielleicht erst zwei Wochen an die See und danach in die Berge fahren?«

Wenn der andere aber der eigenen Erwartung, dem eigenen Anspruch entsprechen *sollte*, steigt die Wahrscheinlichkeit eines Konflikts. Aber warum *sollte* er oder sie das eigentlich? Klar doch: Weil eine implizite, normative Erwartung an den Umgang miteinander verletzt wurde – man hat zum Beispiel selbst schon so viel zurückgesteckt, der oder die andere hatte doch schon immer tyrannisch den eigenen Willen durchgesetzt, nie Rücksicht genommen usw. – »... und damit ist jetzt aber mal Schluss!« Das Thema wird entsprechend emotional aufgeladen und führt immer mehr in eine Qualität des Erlebens, die den meisten Menschen wohlvertraut sein dürfte: Empörung. Dieser Prozess geht mit normativen Gedanken einher, die die Empörung noch steigern: »Was für eine Unverschämtheit!«, »Was bildet die sich da eigentlich ein! Immer geht es nach ihrer Nase!«, »Nimmt er eigentlich irgendwann auch nur mal ein bisschen Rücksicht auf mich?« Das Ziel der Empörung ist klar: Der andere soll dazu bewegt werden, seine Position zurückzunehmen, eine zugefügte Kränkung wiedergutzumachen: »Konflikte werden dann begonnen, wenn keine Einigung über die Bewertung der Konten[21] erreicht werden kann und jeder versucht, auf eigene Faust zu ›seinem‹ Recht zu kommen« (Simon, 2012, S. 85). Da dies im Konfliktfall im Allgemeinen beide Seiten versuchen, ist die symmetrische Beziehung bereits vorgeben.

---

21 Gemeint ist, wie man eigene Verdienste und Verpflichtungen im Vergleich zu anderen einschätzt (mehr dazu in Abschnitt 3.5).

3.3 Empörung und Gerechtigkeit

Es lohnt sich, das Phänomen Empörung etwas genauer anzuschauen. Denn hier stoßen wir auf ein zentrales Moment, um eskalierende Konflikte zu verstehen. Empörung ist eng verbunden mit der eigenen Haltung dazu, wie der andere sein sollte, ja mehr noch, mit dem gefährlichen Anspruch, dass die Ordnung der Welt so auszusehen habe, wie man es erwartet.[22] Und das bringt uns zu einem wesentlichen menschlichen Motiv: Gerechtigkeit. Wenn das eigene Gerechtigkeitsempfinden verletzt ist, wird eine besondere Form von Emotion ausgelöst, ein Zorn, »den man empfindet, wenn man glaubt, jemand bekomme etwas, was ihm nicht zusteht. Empörung dieser Art ist Zorn über Ungerechtigkeit« (Sandel, 2009, S. 14). Jeder weiß, wie entzündlich diese Empörung ist. Man steigert sich schrittweise immer mehr in eine moralische Empfindung, in einen gerechten Zorn hinein (Kalisch, 2007). Als Empörter ist man überzeugt, ganz und gar im Recht zu sein, ganz und gar zu den Guten zu gehören, eine Überzeugung, die unmittelbar an der Verschärfung eines Konflikts beteiligt ist. Zugleich ist diese Emotion der Motor und Mittelpunkt eines Empörungskarussells, das zahlreiche gut untersuchte psychologische Mechanismen befeuert.

Auch wenn die meisten Menschen sich einig sind, dass Gerechtigkeit ein edles Motiv ist (kaum eine Politikerrede kommt schließlich ohne den verführerischen Begriff aus), kann die moralische Übersteigerung am Ende sogar in das Gegenteil hineinführen: »Weil Gerechtigkeit im Singular benutzt wird, erscheint es den Beteiligten ausgeschlossen, dass es auch andere Sichtweisen geben kann und vielleicht auch die andere Seite Gerechtigkeit für ihre Sicht ins Feld führen kann. Die Gerechtigkeitsrhetorik muss aber nicht immer zur Klärung des Konflikts beitragen, sondern erweitert häufig nur den Kreis der vom Konflikt Betroffenen. Das starke Gerechtig-

---

22 Wenn ich das an dieser Stelle so formuliere, heißt es nicht, dass Empörung und der Wunsch, dass die Welt eine gerechtere Welt sein sollte, als sie derzeit ist, nicht auch sehr positiv zu beurteilen ist (siehe Kapitel 16). Ich versuche nur herauszuarbeiten, dass Empörung potenziell eskalieren und damit gefährlich und destruktiv werden kann.

keitsbedürfnis [...] stellt so gerade keinen Garanten für friedliche Konfliktlösungen dar, sondern kann im Gegenteil mehr Schärfe geben und sie intensivieren« (Maes u. Schmitt, 2004, S. 192).

Die Gerechtigkeitspsychologie versteht Gerechtigkeit als ein eigenständiges Motiv, einen moralischen Imperativ, mit dem ein Mensch sich der Welt gegenüber erlebt (Maes u. Schmitt, 2004). Und mit Empörung wird auf eine Verletzung dieses Motivs geantwortet. Die Stärke der Empörung zeigt dabei die Intensität der Irritation an, ja, vermutlich unterliegt jedem Konflikt ein verletztes Gerechtigkeitsgefühl, und zwar in der Regel auf beiden (!) Seiten (Montada, 2000, 2003, 2014; Montada u. Kals, 2007). Für die meisten Menschen ist es ein zentrales Bedürfnis, in einer Welt zu leben, die gerecht ist, in der jeder das bekommt, was ihm zusteht (hier taucht das Thema der oben beschrieben Ansprüche wieder auf). Auch wenn wir Menschen meist davon ausgehen, rational und objektiv zu sein, glauben wir »im Privaten und bei persönlicher Betroffenheit immer noch an die alte, aber im tiefsten Inneren gut gehütete Geschichte vom gerechten Geschehen« (Maes u. Schmitt, 2004, S. 188). Doch dieser Anspruch, der »belief in a just world«, ist eine gefährliche Illusion, ja eine »fundamentale Wahnvorstellung« (Lerner, 1980). Gerechtigkeit ist eine Abstraktion, die nie vollständig zu realisieren ist. Das, was objektiv gerecht ist, ist nie definitiv festzustellen, es gibt nur mehr oder weniger als gerecht beziehungsweise besser noch als »fair« erlebte Regelungen (Bierhoff, 1992). Denn was jeweils gerecht ist, bezieht sich immer auf ganz unterschiedliche Logiken und Kontexte. Daher können zwei Parteien sich wechselseitig von der anderen Seite zutiefst ungerecht behandelt fühlen, hochgradig empört übereinander sein und sich entsprechend in heftige Konflikte verwickeln. Dazu ein Beispiel (von Schlippe, 2014c):

Zwei Brüder waren jeweils zu 50 % gemeinsame Inhaber eines Familienunternehmens. Einer führte das Unternehmen, der andere war stiller Teilhaber. Sie suchten Unterstützung, weil sie in einen heftigen und destruktiven Streit um die Führung des Betriebes geraten waren. Im Zuge der Beratung wurde deutlich, dass der eine, der stille Teilhaber, mit seiner Forderung, auf Augenhöhe mit dem unternehmerisch tätigen Bruder im Betrieb bestimmen zu können, der Logik der Familie folgte: Dort wurde auf »absolute Gleichheit« ein besonderer Wert gelegt. Die Position des Geschäftsführer-Bruders dagegen ließ sich auf eine Logik der Sicherung der Handlungsfähigkeit des Unternehmens beziehen: Der Geschäftsführer muss in den zentralen Themen entscheiden können. Die Logiken entstammten unterschiedlichen und widersprüchlichen Kontexten, beide hatten ihre Berechtigung, aber sie schlossen einander aus (zumindest solange sie nicht reflektiert wurden).

Das Bedürfnis nach Gerechtigkeit jedenfalls scheint kulturübergreifend und universell zu sein, vor allem wenn man selbst von Ungleichbehandlung betroffen ist. Menschen reagieren überall auf der Welt mit starker Erregung auf erlebte Ungerechtigkeit. Möglicherweise sind diese Strukturen ansatzweise bereits biologisch tief in uns angelegt, wie ein Experiment[23] des Primatenforschers Frans de Waal und seiner Mitarbeiterin nahelegt (Brosnan u. de Waal, 2003; de Waal, 2017, S. 284 ff.): Zwei Kapuzineräffchen sitzen in zwei Käfigen nebeneinander, sie können sich sehen. Abwechselnd haben sie die Aufgabe, der Versuchsleiterin ein Steinchen aus ihrem Käfig zu reichen. Sie bekommen als Belohnung ein Stück Gurke und sind damit zufrieden. Doch als die Versuchsleiterin Ungleichheit zwischen beiden einführt, indem sie den einen für die gleiche Aufgabe mit einer Weintraube belohnt, ein deutlich beliebteres Futter, reagiert der andere mit Zeichen energischen Protests, als seine Erwartung enttäuscht wird, dass er nun seinerseits ebenfalls eine Traube bekommen werde. Er wirft ihr das Stück Gurke, das er vorher jeweils vergnügt verzehrt hatte, ins Gesicht. Es genügte zu sehen, dass *der andere* etwas Besseres bekam, um die eigene Belohnung nicht mehr als solche zu erleben: »Diese deutliche Reaktion war mit Sicherheit das Äquivalent zu dem, was man bei Menschen etwas vollmundig ›Ungerechtigkeitsaversion‹ nennt [...] Wir alle wissen, wie es sich anfühlt, das kürzere Ende abzubekommen« (de Waal, 2017, S. 285). De Waal kommt zu dem Schluss, dass der Gerechtigkeitssinn durch und durch emotional bestimmt ist, und das sei »ziemlich genau das Gegenteil der Ansicht [...], dass

---

23 Es gibt einen interessanten Link, der das Experiment von de Waal zeigt: https://www.youtube.com/watch?v=meiU6TxysCg (letzter Zugriff 03.05.2022).

Gerechtigkeit eine Idee sei, die von weisen Männern (Gründervätern, Revolutionären, Philosophen) eingeführt worden sei, nachdem sie ein Leben lang über das Richtige, das Falsche und unsere Stellung im Universum nachgedacht hatten« (de Waal, 2017, S. 289).

Wir stoßen hier auf ein zentrales Dilemma: Während man mit heftigem Affekt reagiert, wenn man sich ungerecht behandelt sieht, ist zugleich das, *was* da jeweils als gerecht oder ungerecht erlebt wird, individuell sehr unterschiedlich. Empörung entsteht so an der Schnittstelle zwischen Affekt und Gefühl, also zwischen uns als *biologischen* und *kulturellen* Wesen: Wir reagieren heftig auf Ungerechtigkeit, aber das, *was* wir jeweils individuell als gerecht oder ungerecht einschätzen, ist kulturell, ja auch individuell sehr unterschiedlich (eben auch unter Geschwistern).

3.4 Innere Kontenführung und Gerechtigkeit

Bereits früh wurde in der Familientherapie darauf hingewiesen, dass Familienmitglieder ihre eigenen Verdienste und Verpflichtungen jeweils sehr unterschiedlich verrechnen (Boszormenyi-Nagy u. Spark, 1981; Stierlin, 2005). In Familien spielt die Wahrnehmung von Gerechtigkeit eine zentrale Rolle. Vielfach führen die Mitglieder eine Art inneres »Gerechtigkeitskonto«, indem jeder die Frage einschätzt, wie er oder sie in Bezug auf die wichtigsten Menschen seiner Umgebung steht;[24] zugleich beobachtet er oder sie die anderen auch genau daraufhin, wo sie der eigenen Meinung nach stehen. Die jeweiligen »Kontoauszüge« werden nicht monatlich abgeglichen, sie fallen entsprechend unterschiedlich aus. Denn natürlich neigt jeder dazu, die eigenen Beiträge besonders hervorzuheben, man erzählt halt über

---

24 Ganz ähnlich, wenn auch mit einer ganz anderen Terminologie, beschreibt Lerner (1977), wie sich ein heranwachsendes Kind einem »persönlichen Vertrag« unterwirft. Damit gibt es die vom Lustprinzip diktierten Bedürfnisse auf und erwirbt den Anspruch, später langfristig umso mehr entlohnt zu werden. Damit verändert sich die Struktur der Motive: Das Kind bemüht sich nicht mehr, das zu bekommen, was es will, sondern, was es meint, verdient zu haben. »Beobachtungen von Ungerechtigkeit und Regelbruch stellen Bedrohungen für die Gültigkeit des persönlichen Vertrags dar« (Maes u. Schmitt, 2004, S. 184).

sich selbst gern positive Geschichten (Bruner, 1997, 1998). Und es gibt noch eine andere Erklärung: Die bekanntermaßen unterschiedliche Einschätzung von Ehepartnern, was die eigene Beteiligung an der Hausarbeit anbetrifft, hat auch damit zu tun, dass man natürlich bei den eigenen Tätigkeiten dabei war, während man die Zeit, die der andere aufgewendet hat, nicht sieht: »Oh, du hast die Küche aufgeräumt, wie nett!« (vgl. zu der Thematik etwa Meuwly, Wilhelm, Eicher u. Perrez, 2011). Interessant dabei war folgender Umstand: »Die empfundene Gerechtigkeit bezogen auf die Verteilung der Hausarbeit hing dabei stärker mit der Partnerschaftszufriedenheit zusammen als die tatsächliche Arbeitsteilung« (Meuwly et al., 2011, S. 39).

Es geht also immer wieder um die Verrechnung der eigenen Beiträge und derer der anderen gemäß dem eigenen Gerechtigkeitsverständnis. Wenn die Kontoauszüge dann einmal präsentiert werden, wird nicht selten deutlich, wie groß die Unterschiede sind. Ein Moment, in dem sich dieses Dilemma besonders deutlich zeigt, ist der Erbfall. Die Konsensfiktion, dass die anderen die Dinge ungefähr gleich sehen wie man selbst (Hahn, 1983), ist spätestens jetzt nicht mehr aufrechtzuerhalten. Denn nun sind Regelungen zu treffen, es muss entschieden werden, wer das Haus bekommt, wer den Ring, wer das Bild etc.

Mit Erbregelungen tun sich daher Familien oft sehr schwer. Aus unglücklichen Entscheidungen können heftige Familienkonflikte resultieren (von Schlippe, 2022a; Wempe, 2022), weil sich die Familienmitglieder unter Umständen auf jeweils ganz unterschiedliche Gerechtigkeitsprinzipien beziehen. Um das Dilemma zu illustrieren, vor dem eine Familie im Erbfall stehen kann, führte ich in einem Aufsatz das folgende, fiktive (beziehungsweise aus einer Reihe unterschiedlicher Familien zusammengebaute) Beispiel einer Unternehmerfamilie an:

»Der inzwischen 82-jährige Großvater Wilhelm gilt als der eigentliche Gründer, er hatte das ursprünglich kleine Unternehmen von seinem Vater übernommen und über die Jahre sehr ansehnlich ausgebaut, mehrere Dependancen, mehrere hundert Angestellte und Mitarbeiter. Das Unternehmen steht gut da, ohne Schulden. Wilhelm hatte sich immer fit gefühlt, doch mittlerweile denkt er gemeinsam mit seiner Frau Greta, ähnlich alt wie er, darüber nach, wie er den Besitz gerecht vererben kann. Das ist nicht so einfach: Er hat insgesamt sieben Kinder. Aus der ersten Ehe, die nur drei Jahre gehalten hatte, entstammen zwei, aus der zweiten Ehe, die inzwischen seit 42 Jahren besteht, kommen fünf Kinder. Die meisten dieser Kinder haben ihrerseits Kinder, es gibt auch fünf Urenkel zwischen zwei und 11 Jahren (sie sind als 4. Generation nur aufgeführt, um es nicht zu kompliziert zu machen). Das Alter der Enkelkinder variiert zwischen 40 und 3 Jahren, Anton, der älteste Sohn der Tochter aus erster Ehe ist sogar älter als Gert, der jüngste Sohn von Wilhelm. Zwei Söhne sind kinderlos, der eine hat ein Adoptivkind. Nur eines der sieben Kinder von Wilhelm ist operativ im Unternehmen tätig (Wolfgang).

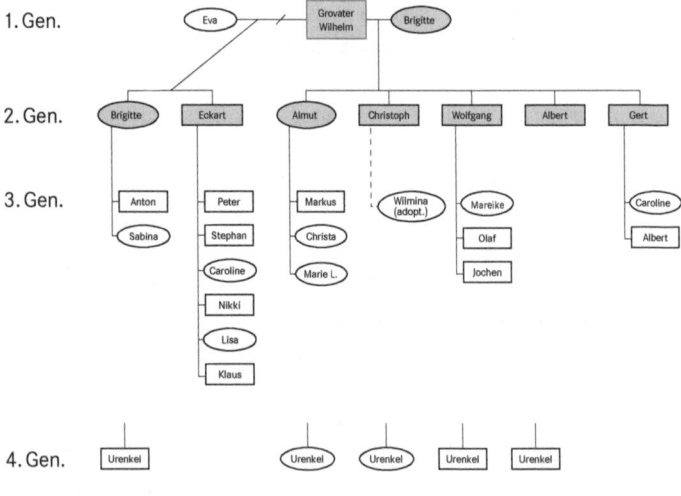

Bislang gab es noch keine Erbvorgänge. Auf Anraten des Rechtsanwalts überlegt Wilhelm nun mit seiner Frau Greta, die Anteile an der Firma weiterzugeben – aber wie? Welche Lösung auch immer gefunden wird, es wird sich in jedem Fall jemand benachteiligt fühlen – und das ist etwas, was Familien in der Regel zwar unbedingt zu vermeiden versuchen, oft aber nicht können.

Denkbare Varianten:
- Eine ›patriarchale‹ Lösung, heute (glücklicherweise) antiquiert, wäre: Nur die Söhne erben Anteile, die Töchter werden abgefunden.

- Eine Lösung, die sich in der Logik des Unternehmens bewegt: An Wolfgang, das Familienmitglied, das im Unternehmen aktiv ist, werden 100 % vererbt, damit er handlungsfähig bleibt; die anderen werden ausbezahlt. In ähnlicher Logik könnte man an Wolfgang 50 oder mehr Prozent der Anteile geben, die andere Hälfte wird unter den Geschwistern verteilt.
- Mehr im Sinn einer Familienlogik wäre es, allen sieben Kindern jeweils ein Siebtel zu geben. Doch was wird Eckart sagen, der sein Siebtel unter sechs Kindern aufteilen müsste, wenn dann die Stimme seiner ›nur‹ adoptierten Nichte Viktoria in der nächsten Generation so viel mehr Gewicht hätte als jeweils die eines seiner Kinder?
- Überhaupt, wäre es nicht gerecht, die beiden Kinder aus der ersten Ehe mit etwas weniger Anteil zu bedenken? Schließlich hatte diese Ehe ja nur drei Jahre gedauert, die ›eigentlich‹ wirksame Ehe war doch die zweite, oder? Vielleicht teilen die beiden Kinder aus erster Ehe sich einen Anteil, die anderen bekommen jeweils einen ganzen 1/6-Anteil.
- Aber nein, vielleicht ist es doch besser, die Anteile gleich an die Enkel zu vererben (kleiner Nebeneffekt: damit würde man für einen Erbgang die Steuern einsparen). Jedes der 17 Enkelkinder bekommt einen gleich großen Anteil. Doch da protestieren die Kinder mit weniger eigenen Kindern: Albert würde ganz leer ausgehen, der ›Stamm‹ von Eckart bekäme auf einmal ein sehr großes Gewicht, denn mehr als 1/3 der Anteile lägen dann dort. Und auch wenn man an alle Nachkommen, Kinder, Enkel und Urenkel gleichmäßig ausschütten würde, würden die Klagen nicht verstummen …« (aus von Schlippe, 2022a, S. 5 f.).

Das Beispiel illustriert, wie viele Logiken denkbar sind, nach denen eine jeweils gerechte Aufteilung erfolgen könnte, aber keine davon wäre in jeder Logik gerecht. Fischer unterscheidet in dem unterhaltsamen Gedankenexperiment »Der Ziegenfall« insgesamt acht verschiedene Gerechtigkeitslogiken (C. Fischer, 2019). Die Geschichte[25]

---

25 Eine unterhaltsame Podcast-Sendung mit einem Vortrag dazu von Prof. Fischer ist nach wie vor abrufbar unter https://www.deutschlandfunknova.de/beitrag/gerechtigkeit-gedankenexperipent-mit-ziegen (Link unbedingt mit

beginnt so: »Es waren einmal drei Brüder. Der älteste, ein Schmied, hat 30, der zweitälteste, ein Lastträger, 3 Ziegen. Der Jüngste besitzt nichts. Seine beiden Brüder wollen ihm helfen und beschließen, dass er Hirte werden soll. Der Schmied gibt ihm daher 5 Ziegen und der Lastträger eine Ziege. Der Schmied besitzt nun 25 Ziegen, der Lastträger 2 Ziegen und der Jüngste 6 Ziegen. Nach mehreren Jahren hat sich der Bestand beim ältesten Bruder auf 50, beim mittleren auf 10 und beim jüngsten auf 132 erhöht. Da stirbt der jüngste Bruder und die beiden älteren überlegen, wie die 132 Ziegen zwischen ihnen verteilt werden soll. Sie können sich nicht einigen. Auf Anregung ihrer greisen Mutter wenden sie sich an die Stammesversammlung, die verschiedene Verteilungsmöglichkeiten in Betracht zieht und berät. Welche fallen Ihnen ein, also nach welchen Kriterien könnte man die Ziegen zwischen den Brüdern aufteilen?«

3.5 Ist Empörung ein Gefühl? Über affektiv-kognitive Eigenwelten

Die Antwort auf verletztes Gerechtigkeitsempfinden ist also wohl eine entwicklungsgeschichtlich tief in uns verankerte affektive, emotionale Reaktion. Emotionen bieten die Möglichkeit, sich schnell und ohne komplizierte Analysen in komplexen Situationen zu orientieren und handlungsbereit zu sein (Simon, 2004).[26] Ihr entwicklungsgeschichtlicher Sinn bestand wohl darin, eine »Antwort auf grund-

---

dem Fehler eingeben!), von der Webseite stammt auch die einführende Beschreibung in die Geschichte, letzter Aufruf: 20.05.2022.

26 Ich bin mir bewusst, dass ich hier ein großes Feld streife, das, wie kurz in Kapitel 3.1 skizziert, grundlagentheoretisch intensiv bearbeitet wurde. Damit wir uns nun nicht hoffnungslos im Gewirr der vielen unterschiedlichen Definitionen verirren, werde ich die Feinheiten zwischen Emotion/Affekt und Gefühl, Stimmung oder Ähnlichem hier nicht weiter ausdifferenzieren und nehme beim Nachdenken über das Phänomen Empörung eine gewisse Unschärfe in Kauf. Hier genauer zu werden, würde sehr schnell den Rahmen dieses Buches (und meiner Kompetenzen) sprengen. Es geht mir vor allem darum, Empörung als moralische Instanz der Rechtfertigung des eigenen Verhaltens im Konflikt zu dekonstruieren. Ich beziehe mich dabei vor allem auf die Affektlogik Ciompis (und verweise für Überblickswerke beispielsweise auf Kochinka, 2015; LeDoux, 1998; Rost, 1990).

legende Überlebensfragen« zu liefern (LeDoux, 1998, S. 135), also ein kraftvoller Motivator für das eigene Handeln zu sein, vor allem, wenn es schnell gehen musste: »Der Weg vom Fühlen zum Handeln ist kurz, schnell und unreflektiert. Wer keine Zeit hat, sollte sich auf sein Gefühl verlassen, wer über hinreichend Zeit verfügt, kann sich sorgfältiges Nachdenken leisten« (Simon, 2004, S. 133).

Was heißt dies nun für Empörung? Empörung ist die Resonanz auf verletzte Werte, auf erlebte Ungerechtigkeit und damit die affektive Ausgangslage, die wir bedenken müssen, wenn es um Konflikte geht. Etwas umfassender kann man sagen: Auf Verletzung von elementaren Erwartungsstrukturen erfolgt eine organismische Bewertung, also eine erste affektive Reaktion »auf der Bühne des Körpers« (Raisch, 2022, S. 24) im limbischen System: »[W]enn uns eine Emotion packt, dann deshalb, weil etwas Wichtiges, vielleicht Bedrohliches geschieht, und auf dieses Problem wird ein Großteil der Ressourcen des Gehirns angesetzt« (LeDoux, 1998, S. 322). Erlebt wird also eine starke Irritation, wie etwa das gerade erwähnte Experiment von de Waal zeigt: Auf die Enttäuschung der Erwartung, nun ebenfalls eine Weintraube statt einer Gurke zu bekommen, reagiert der Affe mit allen Anzeichen von Wut und Empörung, sodass er sogar die Belohnung verschmäht. Zuschauer, die den kleinen Film sehen, lachen regelmäßig – ein Zeichen, dass sie die Gefühlslage des Affen gut nachvollziehen können. Wohl jeder kennt diese starke emotionale Erregung und hat schon erlebt, wie sie ihn oder sie mit dem nötigen Antrieb versorgt hat, in eine Auseinandersetzung hineinzuzugehen: »Was für eine Sauerei! Das geht so nicht!«

Wenn man die eigene affektiv geprägte Erregung jedoch einfach als das Gefühl *Empörung* hinnimmt und sich ihr überlässt, hat man unreflektiert bereits ein »Empörungskarussell« betreten. Man übersieht einen wichtigen Aspekt: Affekte werden erst im Prozess der Reflexion benennbare Gefühle (Stern, 2011, S. 59 f.), und das heißt, sie hängen mit dem Denken eng zusammen. Erst durch die Selbstreferenzialität wird aus einer affektiven Reaktion ein sinnhaft erlebtes Gefühl, über das man sprechen und mit dem man umzugehen lernen kann – und das sich auch im Sprechen durch Verstehen verändern kann (anderenfalls wäre ja auch etwa Psychotherapie nutzlos). Emotionale und kognitive Prozesse sind mithin eng miteinander verbunden. Das bedeutet, dass das, was wir für ein Gefühl halten, manchmal eher eine durch unser Denken angetriebene Verschärfung einer affektiven Reaktion ist. Genau das gilt für die Empörung. Wir alle wissen, wie eng Gedanken und Affekte zusammenhängen und wie stark Gedanken uns gefühlsmäßig »aufladen« können. Empörung ist also kein reines Gefühl (auch wenn sie so erlebt wird), sondern zumindest im Humanbereich eng mit dazu passenden (und die Empörung steigernden) Denkvorgängen verbunden (LeDoux, 1998). Mit der Thematik der engen Verknüpfung von Gefühlen und kognitiven Vorgängen befasst sich das von Luc Ciompi entwickelte Konzept der Affektlogik, der Lehre vom Zusammenwirken von Fühlen und Denken: »Emotionen sind tief in der Stammesgeschichte verankerte körperlich-seelische Reaktionen des Menschen auf lebenswichtige Situationen. Sie regulieren sowohl die Wahrnehmung und Aufmerksamkeit wie auch das Gedächtnis und das Denken. Bewusste oder unbewusste affektive Gestimmtheiten steuern das kollektive Denken ganz ähnlich wie das individuelle. Ihre Schalt- und Filterwirkungen führen zur Entstehung von persönlichkeits-, gruppen- und kulturspezifischen affektiv-kognitiven Eigenwelten […], die von bestimmten Leitaffekten organisiert sind und sich laufend selbst bestätigen und befestigen« (Ciompi u. Endert, 2011, S. 13). Es gibt hier ein intensives und zirkuläres Zusammenspiel: Emotionen beeinflussen das Denken und Gedanken beeinflussen die Emotionen und – und das ist wichtig – beide bestätigen einander gegenseitig. Wenn man die Dynamik von Konflikten verstehen will, muss man sich also bewusst machen, wie eng Fühlen und Denken zusammenwirken, sich wechselseitig beeinflussen und auch verstärken können. Gefühle haben eben nicht immer recht (»Frag nur dein Herz, ob ja ob nein …«), vor allem wenn es emotionale Zustände sind, die sich aus moralischer Bewertung heraus ergeben, und keine basalen Gefühle[27] sind, wie Angst, Verletztheit, Scham, Wertlosigkeit (Raisch, 2022,

---

27 Als »Grundgefühle« (auch Basis- oder Primärgefühle) werden unterschiedliche Empfindungen bezeichnet, meist Angst, Wut/Ärger, Trauer, Freude/Sympathie/Liebe, Neugier/Interesse und Ekel/Abscheu (Ciompi, 2005, S. 79 f.). Es werden in der Literatur jeweils recht unterschiedliche Empfindungen genannt (siehe »Grundbedürfnisse« in Kapitel 8).

S. 106 ff.). Manchmal treiben uns unsere Gefühle auch in problematische Gedanken hinein, die wiederum unser emotionales Erleben verschärfen – wohl jeder weiß, wie es ist, wenn man sich »in Rage redet«, manchmal kann man als Beobachter den Eindruck gewinnen, dass das sogar mit einer gewissen Lust passiert (»Und dann hat er das noch gemacht …, demnächst wird er wohl auch noch …!!!«).

»Affektspezifische Logiken« (Ciompi, 2005, S. 75 ff.) führen uns in affektiv-kognitive Eigenwelten, die sich wirbelsturmartig aufschaukeln können. Gefühle der Betroffenheit, die Infragestellung elementarer Erwartungen darüber, wie der andere, wie die Welt sein *sollte*, machen empfänglich für eine »Wutlogik« (Ciompi, 2005, S. 61 f. und 183 ff.), die (ähnlich wie eine Angst-, Freude- oder Trauerlogik usw.)
- als Schalter und Filter auf Aufmerksamkeit, Gedächtnis und Denken wirkt,
- zu vereinfachenden »Entweder–Oder«-Unterscheidungen einlädt,
- zur unmittelbaren, eskalierenden Antwort drängt (»Das darf man sich nicht gefallen lassen!«) und
- uns mit der ungetrübten Gewissheit versorgt, im Recht und auf der Seite der Guten zu sein, sodass wir, ohne zu zögern, auch destruktiv handeln können, wir »waren dazu ja gezwungen«.

So haben wir es bei der Empörung mit einer moralischen Empfindung zu tun, die sich selbst bestätigt und verstärkt. Sie »suggeriert ein Ad-hoc-Verstehen, liefert die Möglichkeit, sich über den anderen zu erheben und im Moment der kollektiven Wut Gemeinschaft zu finden« (Pörksen, 2019, S. 14). Normative Ansprüche steigern die affektiven Reaktionen, das Karussell beginnt sich zu drehen. Empörung ist eng an unsere Vorstellungen von Gerechtigkeit und unsere Überzeugungen dazu gekoppelt. Sie hält uns den Spiegel unserer Allmachtsideen vor: Die Welt/der andere sollte anders sein! Und die Empörung lädt uns dazu ein, dies um jeden Preis durchzusetzen.

3.6 Eine kleine Übung

Diese kleine Übung stammt aus den Materialien zum Elterncoaching nach Haim Omer, in denen Eltern sich mit dem hohen Eskalationsgrad in ihrer Familie auseinandersetzen (Omer u. von Schlippe,

2004). Sie werden dabei gebeten sich vorzustellen, welche »Knöpfe« ihr Kind wie »drücken« müsste, um sie sofort auf »180« zu kriegen (also mit welchen Handlungen, welchen Aussagen/Sätzen). Analog kann man in dieser Übung für sich selbst überlegen, mit welchen Sätzen Freunde, Ehepartner, Kinder, Kollegen oder Politiker einen selbst schnell in Empörungsgefühle hineinkatapultieren können. Es ist gut, sich dabei ein wenig Zeit zu lassen und einmal zu spüren, was innerlich passiert, wenn man die folgenden Sätze hört:

- »Das stimmt doch gar nicht! Du hast gelogen!«
- »Ha, mal wieder typisch für dich!«
- »Ey, das steht mir zu, klar?«
- »Das Wohl der Mitarbeiter steht bei uns ganz oben auf der Liste!«
- »Du bist ja nie da, wenn man dich braucht!«
- »Du bist ein Betrüger!«
- »Also was du da gemacht hast, ist ganz klar Diebstahl!«
- … (Platz für eigene Sätze!)

4 Wie weiß die Kommunikation, wohin sie gehört?

»*Als die Mücke zum ersten Mal den Löwen brüllen hörte, da sprach sie zur Henne: ›Der summt aber komisch.‹*
›*Summen ist gut‹, fand die Henne.*
›*Sondern?‹, fragte die Mücke.*
›*Er gackert‹, antwortete die Henne. ›Aber das tut er allerdings komisch‹*« (Anders, 1988, S. 7).

4.1 Der Kontext bestimmt die Bedeutung

Eigentlich ist es ganz einfach: Jedes Lebewesen lebt in gewisser Weise in seiner jeweils ganz eigenen Welt. Die Schemata, mit denen es jeweils die Welt beobachtet, und die Art, wie es in dieser von ihnen wahrgenommenen Welt kommuniziert, werden im Fall der kleinen Fabel von Günther Anders durch die unterschiedliche Gattung, der beide Tiere entstammen, bestimmt. Man kann sich dabei durchaus auch noch fragen, ob das scheinbare gemeinsame Verstehen der beiden nicht auch nur auf einer Illusion beruht. Denn die Mücke findet vermutlich, dass die Henne in ihrem Kommentar doch sehr komisch summe, während diese überzeugt ist, dass die Mücke ihrerseits auf ziemlich merkwürdige Weise gackere.

Wenn wir die Geschichte auf menschliche Wirklichkeit übertragen,[28] können wir sagen: Das Verstehen von Kommunikation hängt von dem jeweils wahrgenommenen Kontext ab. Die Bedeutung einer Kommunikation wird jeweils durch diesen Kontext bestimmt, durch das »Bedeutungsfeld«, in dem sie sich bewegt (Kriz, 2017b, S. 180 ff.). Es lohnt sich, sich etwas intensiver mit dem Kontextbegriff zu befassen, wenn man Kommunikation verstehen will – Konflikte sind ja schließlich Ereignisse in Kommunikation. Kommunikation ist im-

---

[28] Diese Deutung der Fabel passt zwar nicht haargenau, aber sie gefiel mir als Einstieg einfach gut.

mer ein gemeinsamer Prozess der Erzeugung von Sinn und nicht die schlichte »Übertragung« von Information. Beide Parteien müssen sich dabei über diesen Sinn nicht unbedingt einig sein: »Kommunikation […] arbeitet sich an Wahrscheinlichkeiten von Bedeutungen ab […] Der Empfänger empfängt nach eigenen Verarbeitungsregeln, über die der Sender nicht verfügen kann!« (Nassehi, 2017, S. 117).[29]

Diese Verarbeitungsregeln werden durch den jeweiligen Kontext mitbestimmt, der jeweils die Logik vorgibt, in der die Kommunikation sich bewegt. An einem Satz im Theater wie: »Ich hasse dich, stirb du Schuft!« wird kaum einer Anstoß nehmen und die Polizei rufen, während derselbe Satz in einer dunklen Gasse von einem völlig Fremden, in der Kneipe aus dem Mund eines Freundes, den man gerade im Schach besiegt hat, oder im Ehebett jeweils ganz andere Konsequenzen hätte. Jede dieser Situationen ist eben durch ganz unterschiedliche Logiken geprägt. Ja, es geht noch weiter, denn wenn wir Kontexte nur als irgendwo da draußen verstehen, übersehen wir, dass Menschen auch innerlich in unterschiedlichen Kontexten unterwegs sein können: »Du hast mich beleidigt!«, sagt der eine, »War doch nur Spaß!«, antwortet der andere und gibt damit an, dass er seine Äußerung (welche auch immer, mag sich jeder selbst vorstellen) in einen anderen Kontext stellen möchte. Wenn der andere aber schon angespitzt ist, akzeptiert er das nicht und schon haben wir wieder ein – wenn auch noch kleines – Ticket für eine mögliche Karussellfahrt in der Hand.

Kommunikation, und darauf verweist auch die Fabel, ist nicht einfach gegeben, sie muss auch eingeordnet werden, um verstanden zu werden. Luhmann fasste dies einmal mit Bezug auf die familieninterne Kommunikation in der schönen Frage zusammen: »Woran erkennt eine Kommunikation überhaupt, dass sie in die Familie gehört und nicht in die Umwelt?« (Luhmann, 2005, S. 192). Wer ausschließlich den eigenen Kontext gelten lässt, wenn es darum geht, den anderen zu verstehen, der versteht den anderen eben nicht – die

---

29 Nassehi argumentiert an der Stelle sehr eindrücklich gegen das klassische Verständnis von Kommunikation als Prozess zwischen Sender und Empfänger. Es geht nicht um Information, sondern um komplexe Prozesse der Produktion von Sinn: Information entsteht erst da, wo sie verarbeitet wird, sei sie verstanden oder missverstanden. Auch als missverstandene bleibt sie Information – und die Kommunikation setzt sich fort.

Kommunikation findet sich nicht zurecht. Es braucht
zunächst die Erkenntnis, dass die Welt aus unterschiedlichen Kontexten heraus unterschiedlich aussieht, und dann die Bereitschaft und die Fähigkeit,
sich zumindest ansatzweise in den Kontext des
Gegenübers zu versetzen. So können wir als Fazit
dieses Abschnitts im Notizbuch festhalten: Ein
wesentliches Moment in der anfänglichen Klärungs-
phase im Konfliktgespräch ist es, genau dies abzufragen: Ist
jede beziehungsweise jeder bereit, dem oder der anderen eine eigene
Sicht auf die Dinge zuzugestehen und sich darauf einzulassen, diese
Sicht zu verstehen? Wichtig ist es dabei, dass Verstehen nicht heißt,
dass die Konfliktpartner die Sicht des anderen teilen oder gar richtig finden müssen – aber es ist schon viel gewonnen, wenn sie bereit
sind, diese nachzuvollziehen, statt sie hohnlachend als »Lüge« oder
»lächerlich« zu entwerten.

4.2 Kontextmarkierung

Welche Bedeutung ein Wort, ein Satz, eine Metapher hat, hängt also
vom jeweiligen Kontext ab (der Bezug zu der Methode des Ref-
ramings in der systemischen Therapie ist hier ganz offensichtlich,
siehe von Schlippe u. Schweitzer, 2009, S. 76 ff.). Einer der ersten,
die sich mit dem Phänomen der Kontextabhängigkeit unseres Verstehens befassten, war Gregory Bateson (1981, S. 374 ff.). Er sieht den
jeweiligen Kontext als »Metamitteilung«, durch die das »elementare
Signal« klassifiziert wird. Das klingt schwieriger, als es ist: Für die
Aussage »Ey, bring mir mal ein Bier!« stellt der Kontext eines Gast-
hauses eine Metamitteilung dar, die den Satz als Bestellung verstehen
lässt. Zu Hause im Kontext der gemeinsamen Lebenswelt wäre der
Satz möglicherweise, je nach Beziehungslage, auch als Unverschämtheit verstehbar: »Na, dann geh doch und hol dir selbst eins!« – ein
Kellner wird so etwas eher seltener sagen. Die Beziehungsebene ist
eben auch eine solche Metamitteilung und wenn Uneinigkeit über
sie besteht, markiert jeder den Kontext anders mit entsprechenden
Folgen für die Kommunikation – »Wie redest du mit mir, ich bin
doch nicht dein Hampelmann!«

Das Wort »markiert« weist auf einen besonderen Begriff bei Bateson hin. Er spricht (Bateson, 1981, S. 374) von »Kontextmarkierung«, um zu verdeutlichen, dass in jeder Kommunikation viele Signale mit kommuniziert werden, die der Kommunikation eben helfen zu verstehen, wohin sie gehört. Eine Uniform erhöht die Wahrscheinlichkeit, einen Befehl zu befolgen, ein Lächeln, das eine freche Bemerkung begleitet, mildert den Kontext der Beleidigung ab, und ein Satz wie »Die Rechnung bitte!« würde zu Hause auf Unverständnis stoßen, weil er klar dem Kontext Restaurant zugeordnet ist: »Ein Organismus reagiert auf ›denselben‹ Reiz verschieden, und daher müssen wir nach der Informationsquelle für den Organismus fragen« (Bateson, 1981, S. 374).

4.3 Polykontexturalität

Gelingende Kommunikation ist also ganz wesentlich abhängig von der Orientierung, in welchen Kontext sie gehört. Sätze können in unterschiedlichen Kontexten ganz unterschiedliche Bedeutung haben, und es gibt viele unterschiedliche Möglichkeiten, Kontexte zu markieren, Organisationen und ihre Gebäude, Uniformen, Praxisschilder, Imbissbuden- oder Restaurantatmosphären, Bushaltestellen und Stirnrunzeln oder Lächeln. Gehen wir noch einen Schritt weiter. Es ist nämlich längst nicht immer klar, dass man sich nur jeweils in einem Kontext bewegt – manchmal geraten die Kontexte auch durcheinander. Der Mathematiker Gotthard Günther prägte hier den Begriff »Polykontexturalität«, um klassische Kausalvorstellungen einer zweiwertigen Entweder-oder-Logik (also: Etwas »ist« oder »ist nicht«) zu hinterfragen (Jansen, von Schlippe u. Vogd, 2015; Jansen u. Vogd, 2013; Vogd, 2013). Wir haben es in unserer Alltagswirklichkeit mit vielfach komplexen Verschränkungen ganz unterschiedlicher Kontexte zu tun, das heißt, wir müssen generell von einer potenziellen Mehrfachcodierung der Kommunikation ausgehen. Ein sehr eindrückliches Beispiel für polykontexturale Verwirrung habe ich vor langer Zeit einmal selbst erlebt:[30]

---

30 Ich habe das Beispiel in dem zitierten Buch (2014c) und auch in einem anderen Text (2019a) schon einmal zitiert. Weil es so prägnant ist, mag mir die Doppelung verziehen werden.

»Mein Lateinlehrer war zugleich mein oberster Pfadfinderführer. Als solcher hatten wir ein ›Du‹-Verhältnis, wie es sich unter Pfadfindern geziemte. In der Schule ›Sie-zten‹ wir uns dagegen. Die Kontexte waren klar getrennt [...] Daher kamen sich die ›Personen‹ im Alltag nicht in die Quere, im Zeltlager und in Pfadfinderkluft war er ›Karl-Heinz‹, in der Schule eben der Lehrer. Nun hatte ich aber auf einer Fahrt mein Fahrtenbuch vergessen und benötigte eine nachträgliche Unterschrift, wohlgemerkt, nicht vom Lehrer, sondern vom Pfadfinderführer. Ich erinnere mich noch, wie schwierig es für mich war, ihn darauf anzusprechen, sollte ich ›Du‹ sagen oder ›Sie‹? Es war ein mühsames Abtasten der Erwartungen: Ich ging nach dem Lateinunterricht zu ihm und vermied die Ansprache, indem ich ein geschraubtes Passiv benutzte (›Hier müsste noch eine Unterschrift geleistet werden ...‹). Er unterschrieb und erlöste mich, indem er klar den Kontext markierte: ›So, Schlippe, hier haben Sie Ihr Heft zurück!‹ Ich wusste wieder, als welche Person er sich für mich in dem Kontext sah und so war ich orientiert, welche Person ich meinerseits vor mir hatte« (aus: von Schlippe, 2014c, S. 38).

Polykontexturalität bedeutet, »dass sich in einer Welt wie der unseren keine Position denken lässt, von der her alles gleich aussieht« (Nassehi, 2017, S. 19). Tatsächlich ist es bereits eins der Probleme in Konflikten, dass die Akteure überzeugt sind, dass nur ihre Sicht der Dinge die Richtige ist und wer sich dieser Logik entziehe, nur dumm, krank oder böse sein kann (mehr dazu in Kapitel 10). In der Sprache Nassehis wäre das der fatale Versuch, Polykontexturalität durch »monokontexturale Beschreibungsformen« zu begegnen (Nassehi, 2017, S. 69).

In unserer Kultur bewegen wir uns, genauer, die Kommunikation bewegt sich vielfach gleichzeitig in ganz unterschiedlichen Systemzusammenhängen (Kontexturen). Tatsächlich geschieht dies jeden Tag in vielfältiger Weise. Menschen bewegen sich meist intuitiv und geschickt in diesen Polykontexturalitäten. So sortiert sich die Kommunikation etwa in dem komplexen Kontext eines Restaurants, das man mit Kindern, dem Ehepartner und Freunden besucht, ganz leicht. Man spricht formal mit dem Kellner: »Ich hätte gern eine Weinschorle!«, um unmittelbar danach in ganz anderer Tonlage mit den Kindern zu sprechen: »Ey, kommt ihr bitte da mal ganz schnell von dem Schrank weg!«, und wieder anders geht es mit dem Ehepartner weiter: »Kannst du dich jetzt bitte mal darum kümmern, du siehst doch, dass ich gerade bestelle!«, bis man freundschaftlich fragt: »Wo waren wir stehen geblieben, erzähl doch mal, wie war der Urlaub?« Und jeder der Akteure kann erkennen, welche Kommunikation wohin gehört, die Tonlage, die Körpersprache usw., alles passt zusammen und lässt erwarten, dass abgesehen von ein wenig Genervtheit das Sonntagsfrühstück mit »family and friends« gut verlaufen wird.

Schwieriger wird es, wenn die Kontexte nicht so leicht auseinanderzuhalten sind und wir erleben, dass wir gleichzeitig unterschiedlichen (manchmal eben auch unvereinbaren) Verhaltenserwartungen ausgesetzt sind – etwa weil der Lateinlehrer gleichzeitig auch Pfadfinderführer ist und die Kontextmarkierung »Pfadfinderkluft« gerade nicht greifbar ist. Konflikte hängen oft mit vermischten Kontexturen zusammen, verschiedene Rollen werden nicht mehr gut balanciert. Man nehme nur das Dilemma der geradezu klassischen Rollenkonflikte, Ehepartner und zugleich Sohn oder Tochter zu sein.

4.4 Der Systembegriff der Systemtheorie[31]

Wer daran interessiert ist, diese Vorgänge noch tief greifender zu verstehen, sei an dieser Stelle auf einen kleinen Ausflug in die Welt der Unternehmerfamilien eingeladen, der uns noch verständlicher macht, was eigentlich ein Sozialsystem in der Theorie sozialer Systeme »ist«. Diese Familien sind nämlich in gewisser Weise Meister der Polykontexturalität. Sie müssen ständig die Kommunikationsregeln der Familie, des Unternehmens und des Eigentums ausbalancieren (Kleve, 2020; von Schlippe u. Frank, 2013; von Schlippe, Groth u. Rüsen, 2017; Simon, 2012). In jedem dieser sozialen Systeme gelten andere Regeln. Gerade an Unternehmerfamilien kann man daher gut erkennen, was für ein gedanklicher Vorteil es ist, nicht davon auszugehen, dass soziale Systeme aus Menschen be-

---

31 Wem dieser theoretische Einschub zu kompliziert sein sollte, der kann ihn auch ohne Sorge überspringen.

stehen, sondern aus Kommunikationen (genauer aus der Art und der Logik, wie eine Kommunikation an die andere anschließt). Denn in einer Unternehmerfamilie sind die beteiligten Menschen manchmal mehrere »Personen«[32] gleichzeitig, so kann eine Frau etwa Gründerin, Mutter, Chefin, Gesellschafterin, Familienoberhaupt und -managerin zugleich sein. Damit bewegt sie sich in der Kommunikation gleichzeitig in ganz unterschiedlichen Kontexten, in jedem Kontext ist sie eine andere Person und die angesprochene Person ebenfalls. Das kann dann ganz schön kompliziert werden: »Hä, sagst du das gerade als Mutter oder Chefin zu mir?« Okay, wenn man so fragt, ist man schon aus der Selbstverständlichkeit raus und das ist gut so. Denn wenn man unhinterfragt und selbstverständlich meint zu wissen, welche Person einem gerade gegenübersitzt, welcher Rahmen gerade bestimmt, wie die Logik der Kommunikation zu verstehen ist, kann man schnell falschliegen. Oft sind eben mehrere Rahmen gleichzeitig vorhanden. Dann kann es zu Paradoxien kommen, die darauf verweisen, »wie polykontextural die moderne Welt gebaut ist« (Nassehi, 2012, S. 111): Man meint, man spricht mit der Mutter, und wundert sich, warum die liebevollen und verständnisvollen Antworten ausbleiben, während sie im Stress und die ganze Zeit in einer operativen Entscheidungslogik unterwegs ist.

Unternehmerfamilien sind daher ein sehr gutes Beispiel, um den Systembegriff der Theorie sozialer Systeme (Luhmann, 1984) einzuführen, nach dem als Elemente des Systems nicht Menschen, sondern Kommunikationen angesehen werden: Ein soziales System »besteht« aus der Art und Weise, wie eine Kommunikation an die andere anschließt. Die Prozesse in diesen Familien sind gar nicht

---

32 Die Unterscheidung zwischen Menschen und Personen als »Kommunikationsadressen« sollten wir an dieser Stelle nicht zu weit vertiefen. Nur so viel: In der Systemtheorie wird nicht von Menschen allgemein gesprochen. Ein Mensch wird je nach Situation unterschiedlich als »Konstruktion der Kommunikation« verstanden, also als konkrete Person, die durch die ganz konkreten Erwartungen bestimmt ist, die man mit ihr verbindet (Luhmann, 2008). Luhmann unterscheidet damit sehr klar Mensch und Person, wie sein berühmtes Zitat zeigt: »Personen entstehen also durch Teilnahme von Menschen an Kommunikation. [...] Sie leben nicht, sie denken nicht, sie sind Konstruktionen der Kommunikation für Zwecke der Kommunikation« (Luhmann, 2000, S. 90 f.).

so anders als in anderen sozialen Zusammenhängen, aber bei ihnen wird wie unter einer Lupe deutlich, was Polykontexturalität ausmacht: Eine Person bewegt sich vielfach gleichzeitig in mehreren Kontexten, sodass nicht immer ganz klar ist, wohin die jeweilige Kommunikation gehört. Man muss sich nur von der Vorstellung verabschieden, dass soziale Systeme materiell vorhanden sind, und verstehen, dass es sich um *Sinnsysteme* handelt, die durch die Art und Weise gekennzeichnet sind, wie eine Kommunikation in einer bestimmten Logik an die andere anschließt.[33]

Die Aussage, dass die Elemente eines sozialen Systems nicht Menschen, sondern Kommunikationen seien, ist gewöhnlich nicht nur beim ersten Lesen oder Hören schwer nachzuvollziehen. Ist es denn nicht selbstverständlich, dass die Elemente eines sozialen Systems Menschen sind? Besteht nicht eine Familie aus Menschen? Doch bei genauerem Hinsehen ist diese Bestimmung unscharf. Wie soll man eine Familie als Sozialsystem genau abgrenzen: »[…] was heißt das? Heißt das, dass die gesamten Lebensprozesse der Mitglieder bis hin zu dem Molekülaustausch in ihren Zellen Teilprozesse des Familiensystems sind? Oder dass doch wenigstens alles, was an aktueller Gedankenarbeit in den Köpfen der Mitglieder abläuft […] ein Systemprozess ist?« (Luhmann, 2005, S. 189). Hm, was mag es für die Familie als System bedeuten, wenn ein Familienmitglied gerade in der Straßenbahn mit Freunden sitzt, über die Schule plaudert und dabei noch nicht einmal an Familie denkt? Wo ist dann die Familie? Ist er oder sie dann noch Familienmitglied? Und ist der Mensch in dem Moment dann Familienmitglied oder Freund oder beides? Und wie kann das sein, dass ein Mensch, der doch als »ganzer Mensch« Element des einen Systems sein soll, zugleich beides sein kann?

Natürlich, wird man sagen, jetzt sitzt er da mit Freunden, zwar immer noch auch als Familienmitglied, aber eben auch als Mitglied eines Freundschaftssystems. Damit hat man aber implizit bereits einen anderen Systembegriff eingeführt, einen, der nicht den Men-

---

33 Die folgenden Ausführungen sind sinngemäß und zum Teil wortgetreu einem anderen Text von mir entnommen (von Schlippe, 2019b), eine Bezugnahme wird nicht immer gesondert vermerkt.

schen als Element sieht, sondern der auf Mitgliedschaft beziehungsweise auf Rolle beruht. Man hat den Begriff »Mensch« schon von dem Begriff »Rolle« unterschieden. So gesehen sind die Elemente des Systems dann nicht mehr die Menschen, sondern die jeweiligen Rollen, die jemand innehaben kann, und in jeder der Rollen ist der Betreffende in unterschiedlichen Systemen Mitglied. Tja, und woran ist eine Rolle erkennbar? Daran, wie der oder die Betreffende in der einen Rolle (als Freund) anders kommuniziert als in der anderen (als Tochter beziehungsweise Sohn). Welche Rolle gerade aktiv ist, wird dann jeweils an der Kommunikation ablesbar.

Jetzt wird die eigentliche Denkaufgabe auch schon etwas leichter: Es geht um die Kommunikationen. Die Art und Weise, wie eine Kommunikation an die andere anschließt, macht das System aus. Die Theorie sozialer Systeme geht davon aus, »dass soziale Systeme [...] nicht aus festen Partikeln (ganz zu schweigen von ›Individuen‹) bestehen, sondern nur aus Ereignissen, die, indem sie vorkommen, schon wieder verschwinden« (Luhmann, 2000, S. 152). Die Elemente eines sozialen Systems sind eben die Kommunikationen selbst. Die Herausforderung besteht dann darin, sich von der Vorstellung von der manifesten Substanz eines »irgendwo da draußen« existierenden Systems und seiner Mitglieder zu lösen. Das soziale System »besteht« nicht abstrakt aus Menschen. Es ist ein Sinnsystem, es besteht aus der Art und Weise, wie eine Kommunikation an die andere anschließt. Das dann entstehende Kommunikationssystem entwickelt eine eigene Qualität, die sich nicht nur als die Summe der Bewusstseine der Akteure erklären lässt: »Kommunikation als eine Realität sui generis [...] [ist] alles andere als deckungsgleich mit den Binnenprozessen der an ihr beteiligten Bewusstseine« (Fuchs, 1993, S. 33). Für Konflikte können wir uns das schon einmal merken: Ein konflikthaftes Kommunikationssystem entwickelt ein Eigenleben, »ein Wort gibt das andere und die Bewusstseine haben Mühe zu folgen« (Krause, 2005, S. 42). Das Denken, Wahrnehmen und Kommunizieren der beteiligten Personen gerät immer mehr in Turbulenz, in ein wechselseitiges Verhältnis von »Ko-Turbulenz« (Fuchs, 1993, S. 35). Aber wir wollten das Ganze ja am Beispiel einer Unternehmerfamilie herausarbeiten:

Nennen wir sie Familie Abel:[34] Ein junger Mann, Mitte 20, bittet um Beratung. Irgendetwas stimme nicht mit der Familie. Seit die Eltern, beide Inhaber eines kleinen Tagungshotels, ihn eingeladen hatten, die Nachfolge im Unternehmen anzutreten, sei es unmöglich, miteinander zu reden, ohne dass es sofort knallt.

Die beginnende Beratung zeigt eine stark belastete Familie, die schon längere Zeit mit einem hoch eskalierten Konflikt lebt. Fast auf jede Aussage wird mit heftigem, hoch emotional vorgetragenem Widerspruch reagiert. So dauert es einige Zeit, bis sich zwei Themen herausschälen, an denen ein Phänomen deutlich wird, was ich auch »schräge kommunikative Anschlüsse« nenne (von Schlippe, 2014c, 2018a, 2019a): Immer wieder fallen dabei die beiden Begriffe »Juwel« und »Businessplan«. Was hat es damit auf sich? Die Eltern hatten dem Sohn und seiner Freundin zu Weihnachten angeboten, in die Nachfolge für ihr »Juwel«, das Hotel, einzusteigen, es war eine berührende Situation gewesen. Als dann aber nach vier Wochen die Junioren wiederkamen, um den Eltern einen Businessplan vorzustellen mit strategischen Optionen für Veränderung des Unternehmens und mit detaillierten Schritten bis zur Übernahme, reagierten die Eltern, vor allem der Vater, wütend und tief verletzt: So hatten sie sich das nicht vorgestellt! Die jungen Leute, besonders der Sohn, fühlten sich ihrerseits zutiefst missverstanden und gekränkt. Beide Seiten unterstellten einander negative Motive (»Unverschämtheit, ihr wollt uns aus dem Unternehmen drängen! Ihr seid undankbar und gierig!« – »Ach, ja? Ihr habt das gar nicht ernst gemeint, wolltet uns offenbar bloß als billige Arbeitskräfte haben, und irgendwann wäret ihr dann vielleicht mal nach fünf bis sechs Jahren ›gnädig‹ bereit, uns vielleicht ins Unternehmen hineinzunehmen!«). Diese gingen bis zur wechselseitigen Unterstellung psychischer Störung (»Da stimmt doch etwas nicht im Oberstübchen!«).

Das Dilemma der Familie ließ sich – hier nur im Zeitraffer vorgestellt – illustrieren durch die folgende Übung: Es wurden vier Stühle

---

34 Ich bitte gut Belesene um Entschuldigung, dass ich dieses Beispiel, das ich schon verschiedentlich beschrieben habe (von Schlippe, 2014bc 2018a), an dieser Stelle noch einmal verwende. Ich habe bislang einfach keine bessere Geschichte erlebt, mit der sich Polykontexturalität und die Theorie sozialer Systeme so prägnant erläutern lassen.

jeweils 2 : 2 einander gegenübergestellt, sie symbolisierten den Vater- beziehungsweise Unternehmerstuhl und den Sohn- beziehungsweise Nachfolgerstuhl.[35] Sehr schnell wurde deutlich, dass beide innerlich auf nicht zueinander passenden Stühlen gesessen hatten: Vater Abel hatte sein Angebot ganz selbstverständlich vom Vaterstuhl aus gemacht, er hatte es in Familienlogik eingeordnet, der Sohn Abel hatte aber gemeint, auf dem Nachfolgerstuhl zu sitzen und ein Angebot vom Vater auf dem Unternehmerstuhl zu bekommen – daher war der »Businessplan« für ihn die richtige Antwort, während der Vater sich durch genau diese Antwort auf dem anderen Stuhl tief gekränkt fühlte. Die Kommunikation hatte sich verirrt. An eine Kommunikation in familiärer Logik hatte sich eine in Unternehmenslogik angeschlossen, eben schräg. Beiden war dies nicht bewusst, sodass sie die Komplexität des Geschehens vereinfachten und den jeweils anderen verantwortlich machten: »Du bist ...« (was man anschließend bei den drei Punkten einsetzt, ist eigentlich egal!). Und was Vereinfachungen mit konflikthaften Prozessen machen, hatten wir oben diskutiert: Sie steigern die Komplexität.

Unternehmerfamilien zeigen besonders deutlich: Wir sehen zwei Menschen im Raum, doch wenn wir auf die Kommunikation achten, können wir auf die Präsenz zweier sehr verschiedener Systeme schließen, die hier gleichzeitig aktiv sind, ohne durch Kontextmarkierungen voneinander getrennt zu sein. Das genau ist das Dilemma der Polykontexturalität, die sich bei Unternehmerfamilien so besonders deutlich zeigt. Ein Mensch kann mehrere Mitglieder, mehrere Personen zugleich verkörpern. Im Alltag passiert das zwar auch immer wieder, ist aber weniger auffallend. Die Kommunikationslogiken von Familien und Unternehmen unterscheiden sich nämlich sehr stark voneinander. Die Familie kommuniziert in der Logik der Beziehung, der *Bindung*, das heißt, es wird sorgfältig darauf geachtet, was die jeweilige Kommunikation für die Bindungsbeziehung zwischen zwei oder mehr Menschen bedeutet. Denn die ganze Person ist für die Familie wichtig (man spricht hier auch von Vollinklusion der Person). Die Logik eines Unternehmens ist

---

35 In einem Lehrfilm habe ich diese Konfliktarbeit im Detail gut nachvollziehbar mit Schauspielern rekonstruiert (von Schlippe, 2014a).

dagegen auf *Entscheidung* hin ausgerichtet: Es wird gar nicht oder nur wenig danach gefragt, was das Gesagte für den Menschen persönlich bedeutet, sondern nur, was es jeweils für das Funktionieren des Unternehmens heißt – es interessieren nur die Teilaspekte einer Person (Teilinklusion), die für die Wahrnehmung der Funktion von Bedeutung sind. Ob ein Arbeiter, eine Schreibkraft oder eine Controllerin auch gut Klavier spielen oder gern Erdnüsse essen, ist für organisationale Kommunikation nicht von Bedeutung.

Und wenn diese Logiken sich nicht richtig trennen lassen (weil die Systeme so schwer auseinanderzuhalten sind), entstehen »schräge kommunikative Anschlüsse«. An eine Kommunikation in *Entscheidungslogik* wird in *Bindungslogik* angeschlossen und umgekehrt. Im Beispiel der Familie Abel saßen vier Menschen im Raum, gleichzeitig waren zwei Sozialsysteme präsent. Ein Dilemma wie das dieser Familie würde sich systemtheoretisch nicht rekonstruieren lassen, wenn man davon ausginge, dass die Elemente der Systeme Menschen seien.

4.5 Soziale Systeme sind unsichtbar

Mit einem nun so geschärften Blick kann man sagen: Ein Sozialsystem »besteht« nicht aus den im Raum versammelten Menschen, als Sinnsystem ist es vielmehr durch die Art und Weise gekennzeichnet, wie eine Kommunikation an die andere sinnhaft anschließt. Die jeweiligen Kommunikationen sind dann die Elemente sozialer Systeme. Sie treten in Erscheinung und vergehen sofort wieder, aber sie folgen nicht zufällig aufeinander. Man kann soziale Systeme nicht sehen, sie sind unsichtbar, man kann sie nur aus der Art erschließen, wie kommuniziert wird (von Schlippe u. Frank, 2017, S. 374). Und auch die Beteiligten sind sich der polykontexturalen Zusammenhänge meist nicht bewusst, doch sie bewegen sich, wie oben beschrieben, intuitiv (und sehr oft auch passend) in den jeweiligen Logiken, sodass die Kommunikation in vielen Momenten gut weiß, wohin sie gehört.

Es können also auch mehrere Systeme gleichzeitig aktiv sein, die Beteiligten sind mit »Verschachtelungsverhältnissen« konfrontiert: »[…] selektive Prozesse können […] mehreren Systemen zugleich angehören, können sich also an mehreren System-/Umwelt-Referenzen zugleich orientieren. Soziale Systeme sind daher nicht notwendigerweise wechselseitig exklusiv – so wie Dinge im Raum« (Luhmann, 2009, S. 21 f.). Unternehmerfamilien zeigen dies, wie gesagt, besonders prägnant: Hier ist man ständig und gleichzeitig Mitglied in verschiedenen Sozialsystemen, ohne dass diese klar voneinander trennbar sind. Doch auch uns anderen passiert das in der Alltagswelt häufiger, bewegen wir uns doch oft in verschiedenen Kontexten gleichzeitig, die nicht immer klar abgrenzbar sind.

Und wieder ein Eintrag ins Konfliktnotizbuch: Wenn Menschen einander nicht verstehen, kann das daran liegen, dass sie sich in ihrer Art zu kommunizieren auf unterschiedliche Logiken beziehen, ohne sich dessen bewusst zu sein. Die Wittgenstein'sche Anregung »Blicke weiter um dich!« (Fischer, von Schlippe u. Borst, 2015, S. 62) kann hier hilfreich sein, wenn man beginnt, nach den Kontexten zu suchen, in denen sich die Kommunikation verlaufen hat. Wenn man dazu eine Hypothese hat, kann man, wie im Fallbeispiel, die Akteure auf verschiedene Stühle setzen, um diese Differenzen durch künstlich hergestellte Kontextmarkierungen zu verdeutlichen. So kann man ihnen helfen, nicht der Versuchung zu erliegen, durch die vereinfachende personenbezogene Zurechnung dem jeweils anderen, nachdem man ihm das Etikett »dumm, krank oder böse« verpasst hat, die Verantwortung oder gar die Schuld an einer Misere zuzuweisen, in die sie beide kommunizierenderweise hineingeraten sind.

5 Der Erlebensdruck der Kausalität

> »Erklärungsprinzipien, für welche einfache Ursache-Wirkungs-Zusammenhänge nicht gelten, stellen für viele Menschen nach wie vor eine große Herausforderung für das ›klassische Denken‹ dar. Mit ›klassischem Denken‹ ist gemeint, dass unsere Vorstellungen darüber, wie Wirkungen auf Ursachen zurückzuführen sind [...] in unserer Kultur im Rahmen eines rund 350 Jahre währenden Wissenschaftsprogramms entwickelt wurden. Dieses Programm [...] hat unsere Alltagswelt mit ihren Prinzipien durchdrungen. Selbst im Umgang mit komplizierten und komplexen Gebilden können wir die so aufbereitete Welt durch einfache mechanistische Betätigungen steuern: Wir können z. B. das Gaspedal eines Autos durchdrücken oder [...] Schalter zur Inbetriebnahme von Waschmaschinen, Herdplatten Aufzügen oder Fernsehern betätigen – überall erleben wir jenen einfachen Zusammenhang zwischen Ursache und Wirkung« (Kriz, 2017b, S. 124f.).

5.1 Die »Brille« Kausalität

Der erste und vielleicht wichtigste Aspekt, wenn es um die Mechanismen geht, die wir reflektieren können, um die Entstehung und Verschärfung von Konflikten zu verstehen, ist das Erkenntnisprinzip der Kausalität und der unentrinnbare »Erlebensdruck«, dem dieses Prinzip uns aussetzt (Kriz, 2017b, S. 71). Es liegt so nahe, das jeweilige Konfliktgeschehen auf eine Ursache, eine Ur-Sache zurückzurechnen! Das bietet Orientierung, man weiß, woran, beziehungsweise besser noch, an wem es liegt und wo sich der Gegner befindet: Der »Hang zur Identifizierung eines Schuldigen« ist in unserer Kultur groß (Kriz, 2017b, S. 71). Doch dummerweise steigert sich mit dieser Vereinfachung zugleich meist die soziale Komplexität (mehr dazu in Abschnitt 5.2). Wenn nämlich eine Person als Verursacher der ganzen Misere identifiziert ist (einschließlich der damit verbundenen Unterstellung von entsprechenden Motiven) und all das in die Kommunikation gerät (»Alles deine Schuld, weil du immer ... / weil du dich nie ...«), wird sich diese das meist nicht widerspruchslos gefallen lassen, ganz abgesehen davon, dass bei der Suche nach Schuldigen die Aufmerksamkeit von der Frage nach möglichen Lösungsoptionen abgelenkt wird. Es ist ein Dilemma: »Unsere Wahrnehmungsorgane, unsere Sprache und damit unsere Kultur arbeiten hier zusammen, um eine Form von Erwartungskonstellation zu erzeugen, nach der es – ganz klar – immer jemanden geben muss, dem man etwas zurechnen kann, sei es der Sieg, der Erfolg, die Niederlage oder die Schuld. Aus der Sicht der Systemtheorie ist diese Form der Zurechnung allerdings so etwas wie der ›erkenntnistheoretische Sündenfall‹« (von Schlippe, 2014c, S. 124 ff.).

Die Frage, um die es hier geht, ist: Wo befindet sich Kausalität? Gibt es sie da draußen in der Realität oder ist sie ein Erkenntnisinstrument in unserem Kopf? Die Antwort auf diese Frage kann entscheidend sein. Wir sind in unserer Kultur, wie das anfängliche Kriz-Zitat verdeutlichen soll, daran gewöhnt, die Kausalzusammenhänge, die wir herstellen, als objektive Realitätsbeschreibungen zu betrachten (auch wenn sie aus anderer Perspektive absurd wirken wie etwa Verschwörungstheorien). Man wird natürlich umso mehr an diesen Beschreibungen festhalten, je mehr man sie ganz selbstverständlich als real und außerhalb von sich selbst ansieht. Ein solches Kausalitätsverständnis dürfte bei der Analyse technischer und naturwissenschaftlicher Phänomene vielfach passend sein, solange man sich nicht etwa im Kontext der Physik mit der Unschärferelation befasst (siehe z. B. Heisenberg, 1955).[36] Zumindest für die Betrachtung von Konfliktsituationen dürfte es fatal sein,

---

36 Wir betreten hier ein wissenschafts- und erkenntnistheoretisch umstrittenes Gebiet. Daher bleibe ich bewusst bei der Frage, wie Kausalität in zwischenmenschlichen, konflikthaften Situationen verstanden wird, wie »bestimmte Strukturen im Wahrnehmungsakt unmittelbar und zwingend erfahren werden« (Kriz, Lück u. Heidbrink, 1987, S. 32) und uns so mit einer selbstverständlichen und im Konfliktfall gefährlichen Gewissheit versorgen. Denn »bei unserer Wahrnehmung der Welt vergessen wir alles, was wir dazu beigetragen haben, sie in dieser Weise wahrzunehmen« (Varela, 1981, S. 306).

davon auszugehen, dass nur eine Beschreibung die Richtige sein könne, im Zweifelsfall natürlich die eigene. Ganz anders dürfte es sein, wenn man Kausalität als »Schema eines Beobachters« versteht, als »Medium, in dem ein Beobachter Formen bildet«, wie es Luhmann sagt. »Es gibt anders gesagt keine schon von der Welt aus angebotene Kausalität, in die der Mensch sich nur listig (im alten Sinne von mechané, machinatio, mechanisch) einzufädeln hätte« (alle Zitate aus Luhmann, 2000, S. 180). Ganz drastisch formuliert es Wittgenstein so: »Der Glaube an den Kausalnexus ist der Aberglaube« (Wittgenstein, 1968, S. 63; Tractatus 5.1361).

5.2 Tief in uns angelegte Erkenntnisschemata

Vielleicht greifen die Schemata, um die es hier geht, aber auch noch tiefer. Vielleicht ist es nicht nur die Kultur, die uns nahelegt, Kausalität da draußen zu verorten. Der Biologe Rupert Riedl hält die Neigung, die Welt in kausale Ketten von Ursache und Wirkung zu zerlegen, für ein angeborenes Erkenntnisschema. Für ihn sind es erbliche Anschauungsformen und »unbelehrbare Lehrmeister«, die die uns möglichen Vorstellungen und Erwartungen gegenüber unserer Welt bestimmen (Riedl, 1981, S. 74). Kausalität ist in seiner Sicht eine uns von der Entwicklung der Spezies Mensch mitgegebene Erkenntnisstruktur. Unsere Wahrnehmungsorgane spiegeln uns vor, die Vorgänge in der Welt »da draußen« richtig wiederzugeben. Dabei geben die uns angeborenen Erkenntnisstrukturen nur eine grob vereinfachende Landkarte, eine Denkbrille (wie Wittgenstein sagt) vor, die es uns erlaubt, uns einigermaßen zu orientieren. Die Betonung liegt hier auf dem Wort »einigermaßen«.

Natürlich kann man sich in der Welt auch mit einfachen Landkarten zurechtfinden, wie wir sie im Laufe unserer Entwicklungsgeschichte erworben haben und die uns in gering oder mittelmäßig komplex strukturierten Umwelten helfen: »Unser Wahrnehmungs- und Reaktionsrepertoire auf der Basis animalischer Gehirnstrukturen

---

Ganz ähnlich sagt es Wittgenstein: »Man glaubt, wieder und wieder der Natur nachzufahren, und fährt nur der Form entlang, durch die wir sie betrachten« (zit. nach H. R. Fischer, 2021, S. 19).

ist eher (zu) lokal, reduziert und ›linear‹, als dass komplexere systemische Zusammenhänge ›erlebt‹ werden können. Irgendwer oder -was wird somit als unmittelbarer Verursacher wahrgenommen, worauf man ebenso unmittelbar reagieren ›muss‹« (Kriz, 2017b, S. 67). Damit sind wir wieder bei der Vorbemerkung zu Kapitel 3: Der Sinn unserer Erkenntnisschemata war niemals, uns eine *richtige* Repräsentation der Realität zu vermitteln, sondern »im Daseinskampf zu bestehen und [unsere] Merkmale an die Nachkommen weiterzugeben« (LeDoux, 1998, S. 134). Um es noch einmal zu sagen: In vielen Bereichen ist die Landkarte Kausalität sehr effektiv. Wir können Probleme in unserer Vorstellung repräsentieren, Werkzeuge auswählen, mit denen wir sie lösen und diese effektiv einsetzen (wozu übrigens auch höher entwickelte Affen in der Lage sind, siehe Tomasello, 2020, S. 26). In hochkomplexen konflikthaften Zusammenhängen mit ihren Wechselwirkungen und zirkulären Kausalitäten kann es ein Desaster geben, wenn man einfache Landkarten benutzt und diese dann auch noch mit der Landschaft verwechselt (ausführlich zum Thema der Verwechslung von Landkarte und Landschaft: H. R. Fischer, 2021, S. 19 ff.).

Das gilt vor allem für seelische und soziale Vorgänge. Denn menschliches Verhalten wird nicht nur von Ursachen bestimmt, sondern auch von den Erwartungen über die Zukunft beeinflusst. Wir reagieren nicht kausal wie einmal angestoßene Kugeln auf einen Impuls, sondern gleichen einen Impuls jeweils mit den eigenen Erfahrungen ab. Wir haben Erwartungen darüber, was passieren könnte, nehmen dies vorweg und handeln entsprechend – oft auch, ohne dass ein auslösendes Ereignis unser Handeln verursacht hätte. In Konflikten können daher Kausalkonstruktionen verhängnisvoll sein. Gerade weil sie so unmittelbar erlebt werden und nicht (nur) auf Denkvorgängen beruhen, setzen sie uns einem starken Erlebensdruck aus und sperren sich gegen eine kritische Hinterfragung. Denn erlebt wird die eigene Landkarte als objektive Realität, oft auch energisch gegen wohlmeinende Stimmen verteidigt: »Was, du meinst, dass sie das vielleicht gesagt hat, weil sie sich verletzt fühlt? Du kennst sie nicht, die ist eiskalt, der geht es nur um …« (passendes Wort bitte einsetzen, sei es »Macht«, »Geld«, »die Kinder«, »mich zu strafen« usw.).

Über Jahrmillionen sind in uns Erkenntnisschemata evolviert, auf die wir vor allem in Situationen von Unsicherheit zurückgreifen (je unsicherer und aufgewühlter wir sind, desto einfacher zeichnen wir die Landkarten). Sie bringen uns immer wieder dazu, komplexe Sachlagen vereinfachend zu beschreiben. Im Zweifelsfall ist die naheliegendste Erklärung die, dass »es« an der Person liegt, die uns unmittelbar vor Augen steht. Es gibt viele Gründe dafür, Kausalität als Hypothese, als ein angeborenes Erkenntnisschema zu verstehen, mit dem wir auf die Welt schauen und das uns für hoch komplex vernetzte Zusammenhänge manchmal zu einfache Landkarten bietet. Eine solche weichere Sicht auf Kausalität kann daher einen konflikthaften Diskurs verändern. Statt auf der eigenen Erklärung zu beharren, könnte darin eine Einladung zur Neugier liegen: »Erzähl mir, wie du aus deiner Sicht erklärst, wie es so weit kommen konnte – und ich erzähle dir meine!« Nehmen wir auch diesen Gedanken in das Konfliktnotizbuch auf!

Zweiter Teil: Karussellfahren – Los geht's!

Wie in den vorangegangenen Kapiteln herausgearbeitet, lassen sich Konflikte als Sozialsysteme mit einer besonderen Dynamik verstehen. Die Erwartungsstrukturen, die die Beteiligten jeweils dem anderen gegenüber entwickelt hatten, haben sich ins Negative gewendet. Die mit der Negation verbundene Erwartungsenttäuschung wird nun bereits ihrerseits erwartet. Meist erleben beide Seiten diese Enttäuschung als starke Verletzung ihres Gerechtigkeitsempfindens. Emotional macht sich dies als Empörung über die andere Konfliktpartei bemerkbar. Wenn diese moralischen Empfindungen in die Kommunikation gelangen, kann ein Konfliktsystem entstehen, das zunehmend von negativen Erwartungen und Erwartungs-Erwartungen geprägt ist. Diese Stimmungslage ist Antrieb und Motor des Karussells der Empörung. Eine ganze Reihe sehr gut untersuchter Mechanismen schließt sich an. Man kann sie als Karussellfiguren ansehen, die jede für sich die Empörung mit Treibstoff versorgen, sodass die Eskalation sich immer weiter verschärft. Die psychologischen Muster, nach denen diese Verschärfung abläuft, sollen im Folgenden behandelt werden.[37] Ihnen gemeinsam ist, dass die Konfliktparteien sich immer mehr in ihrer eigenen inneren Welt bewegen,[38] die Ereignisse »draußen« werden zunehmend

---

37 Die einzelnen Kapitel überschneiden sich teilweise etwas. Das ließ sich nicht vermeiden, es werden aber jeweils unterschiedliche Aspekte akzentuiert.
38 Der Prozess, in dem die Parteien in »Eigenwelten« abtauchen, ist manchmal daran erkennbar, dass man einander nicht mehr anschaut und wenn, dann nur kurz, um sich eben schnell ein Bild zu holen, das dann innerlich weiterarbeitet (mehr über die Hochgeschwindigkeitskommunikation im Kapitel 12).

zu Auslösern für innerlich ablaufende Prozesse der Steigerung der Empörung und entsprechend dann auch für die Verschärfung der Kommunikation.

Das Ganze hat natürlich viel damit zu tun, wie wir Menschen unsere subjektive Wirklichkeit als äußere Realität wahrnehmen und wie sich im Konfliktfall unsere Erkenntnisformen verändern. Bewusst mit Konflikten umzugehen heißt, uns immer wieder darüber klar zu werden, mit welchen Denk- und Wahrnehmungsbrillen uns die lange Geschichte der menschlichen Entwicklung und die kürzere Geschichte der jeweiligen Persönlichkeit, die wir geworden sind, versorgen. Die Frage ist zum einen, wie wir uns darüber bewusst werden können, welche Erkenntnisinstrumente uns die Natur mitgab und wie diese sich im Konflikt verändern. Zum anderen ist die Frage, was wir persönlich daraus machen, also wie wir damit umgehen, ob wir uns blind den Mustern hingeben oder uns vor Augen halten, in welche inneren Kinos das Konfliktgeschehen uns (ver-)führt. Je weniger wir dies reflektieren, desto mehr sind wir dem Irrglauben unterworfen, dass das, was wir als unsere persönlich konstruierte Wirklichkeit wahrnehmen, die objektive Realität sei.

6 Zirkularität und Interpunktion

Abbildung 6: Interpunktion (Zeichnung: Björn von Schlippe)

6.1 Wer hat angefangen?

Ob es Kausalität nun »gibt«, ob sie ein kulturell vorgegebenes oder ob sie sogar ein angeborenes Erkenntnisschema ist, ist an dieser Stelle zum Glück nur von pragmatischem Interesse. Klar ist jedenfalls, dass nicht nur im Konfliktfall, aber hier besonders, Menschen gern auf Kausalzusammenhänge zurückgreifen, die sie für sich selbst errechnet haben: »Menschen interpretieren ständig die Wirklichkeit, weil diese Interpretationen ihnen Halt und Struktur geben, Komplexität reduzieren und Anschlusshandeln ermöglichen. Dabei neigen sie dazu, komplexe und vielfach vernetzte Zusammenhänge auf einfache, linear-kausale Wirkungsketten zu reduzieren« (Willemse u. von Ameln, 2018, S. 149). Das heißt, Menschen beobachten Prozesse, in die sie über die Zeit hinweg eingebunden sind, und strukturieren sie in Begriffen von Ursache und Wirkung – und zwar so, dass sie jeweils einen Punkt als Anfang setzen, den sie als bedeutsam ansehen. Jeder Teilnehmende strukturiert den Kommunikationsprozess auf seine Weise, um ihn zu verstehen (Nagel, 2021, S. 57). Der Strom der Worte wird interpunktiert, im Wortsinn wird ein »Satzzeichen« gesetzt (Bateson, 1981; Watzlawick et al., 1969; Willemse u. von Ameln, 2018) – und unterschiedlich gesetzte Satzzeichen können den Sinn eines Satzes völlig verändern. Das geht ja, wie wohl alle Eltern auf dieser Welt wissen, schon im Kinderzimmer los:

»Der hat angefangen!« – »Stimmt gar nicht, das war die da!« Bei unseren eigenen Kindern haben meine Frau und ich an der Stelle übrigens gern so geantwortet: »Wer angefangen hat, ist mir eigentlich egal. Wer hört denn als Erster auf?«

Von der Form her unterscheidet sich das nicht von einem Paargespräch. Auch hier interpunktiert einer der Partner den Ablauf der Ereignisse und markiert irgendeine Stelle in einem komplexen Prozess als den Beginn: »Alles fing damit an, dass du damals …« Der andere setzt meist den Anfangspunkt völlig anders: »Was für ein Blödsinn, damit habe ich doch nur darauf reagiert, dass du …« – »Ach ja, und was war davor?«

Im Regelfall sind sich die Konfliktpartner ja auch gerade nicht darüber einig, wie die Frage nach der Konfliktursache zu beantworten sei. Konflikte entstehen nicht aus dem Nichts, es braucht im Allgemeinen eine längere Kette von Interaktionen und Ereignissen, bis man an einen Punkt gerät, den man Konflikt nennt. Meist sind diese Ereignisketten so ineinander verschränkt, dass es unmöglich ist, einen klar erkennbaren Anfangspunkt zu setzen (denn auch dieser hat eine Vorgeschichte):

Natürlich ist er unglücklich, weil seine Frau böse auf ihn ist. Und natürlich ist sie auf ihn böse, weil er die Wohnung wieder so unaufgeräumt hinterlassen hat. Und natürlich hat er das nur deshalb gemacht, weil er meint, dass er das gar nicht einsieht, sich von ihr so herumkommandieren zu lassen. Aber das hatte sie doch nur gemacht, weil sie schlecht gelaunt war, weil es vorgestern erst so gemütlich im Bett war und dann ein Wort von ihm die ganze Stimmung vermieste. Aber das lag ja daran (»... und das weißt du ganz genau!«), dass sie den schönen Sonntagnachmittag davor durch eine hässliche Bemerkung über seine Mutter verdorben hatte, die sie aber nur gemacht hatte, weil sie sich so schlecht fühlte, weil die Schwiegermutter sich wieder in die Kindererziehung eingemischt hatte usw.

Wir tendieren dazu, uns auf einen »wahrgenommenen Verursacher« und seine beziehungsweise ihre Aktivität zu konzentrieren (»Als du das und das gemacht/gesagt hast, war für mich der Ofen aus ...!«). Gerade in sich bereits länger hinziehenden Konflikten sind die Kommunikationen und Handlungen zirkulär aufeinander bezogen: Negative Erwartungsstrukturen haben sich verfestigt, es gibt wenig Bewegung und die Interpunktionen sind auf jeder Seite ebenfalls starr festgelegt. So war es etwa mit dem Verhältnis von Deutschland und Frankreich vor dem Zweiten Weltkrieg:

Damals wurde im Verhältnis der beiden Länder zueinander von »Erbfeindschaft« gesprochen – ein interessantes Wort: Der Anlass des Konflikts ist bereits verlorengegangen (Wendt, 2017). Man ist Feind, weil man Feind ist, das Konfliktgeschehen ist zirkulär auf sich selbst bezogen, wird aber von jeder Seite aus anders interpunktiert. Sehr ähnlich ist es heute mit zahlreichen festgefahrenen Konfliktherden.

Dazu kommen dann Vermutungen über die wahren Absichten des Gegners, also Motivunterstellungen und Gedankenlesen, die das Konfliktsystem weiter mit Nahrung versorgen (später dazu mehr). In Verbindung mit der erwähnten Verselbstständigung der Kommunikation nimmt dann das Konfliktgeschehen Fahrt auf. Das bekannteste und häufig zitierte Beispiel zur Interpunktion ist bei Watzlawick et al. (1969) beschrieben. Es handelt von dem Mann, der in die Kneipe geht, und von seiner Frau, die »meckert« (heute wäre es vielleicht auch angemessen, es einmal umzudrehen ...). Beide machen ihr Verhalten vom jeweils anderen abhängig (»Ich ... ja nur, weil du ...«). Sie interpunktieren einen zirkulären Ablauf, der sich eingeschliffen hat, jeweils mit ihrer eigenen Optik so, dass sich die Spannung zwischen ihnen verstärkt – der Mann meckert, *weil* sie in die Kneipe geht, sie geht in die Kneipe, *weil* er meckert und so weiter, ad infinitum. Das Karussell beginnt sich zu drehen. Ein Beispiel dafür, wie Interpunktionen das Verständnis eines Konflikts dauerhaft bestimmen können und dass dies möglicherweise auch dramatische Auswirkungen haben kann, ist die Kubakrise von 1962:

Ich erinnere mich gut an die Bedrohlichkeit der Situation, die ich bereits als Elfjähriger deutlich gespürt hatte. Und seither, in der Schule, in zahllosen Gesprächen, Aufsätzen, Dokumentationen usw., war mir der Verlauf immer wieder in der gleichen Weise präsentiert worden. Ich ging lange fest davon aus: Diese Krise war, ganz klar, durch das Verhalten der Sowjetunion verursacht worden. »Die Russen« hatten die Welt an den Rand des Dritten Weltkriegs gebracht. Denn von dort waren atomar bestückbare Raketen nach Kuba gebracht worden, die die USA aus nächster Nähe bedrohten. Nur durch das entschiedene Eintreten der Amerikaner, insbesondere Kennedys, war die Welt vor einem großen Krieg bewahrt worden. Doch dass es sich hier um eine von verschiedenen möglichen Interpunktionen handelte, die man auch ganz anders vornehmen könnte, wurde mir erst viel später bewusst: Im Sommer 1962 war die Sowjetunion mitten im Kalten Krieg umgeben von amerikanischen Militärbasen, die sich von der Türkei bis Japan erstreckten *(Dobbs, 2008, S. 36 f.)*. Jupiterraketen mit einer Reichweite von mehr als 2000 Kilometern standen unmittelbar an den Grenzen der Sowjetunion. Eine Interpunktion, die diese Informationen zum Ausgangspunkt nähme, würde die Situation völlig anders beschreiben – mit genauso wenig oder viel Anspruch auf Gültigkeit wie die andere! Dobbs beschreibt jedenfalls den Versuch Moskaus, Raketen auf Kuba zu stationieren, nicht als Versuch, einen Krieg zu beginnen, »but to give the Americans a taste of ›their own medicine‹« (Dobbs, 2008, S. 37). In ganz ähnlicher Weise kann man auch andere gegenwärtige Krisen zwischen Ost und West auf die in ihnen vorherrschenden Interpunktionen untersuchen und zu sehr unterschiedlichen Einschätzungen der Lagen kommen *(sehr prägnant etwa bei Krastev u. Holmes, 2019, S. 194 ff., beschrieben)*. Damit ist das aggressive Verhalten von keiner Seite zu rechtfertigen (auch wenn jede sich ja nach eigener Interpunktion nur »wehrt«). Doch zeigt das Beispiel, welche enorme Macht die Interpunktion von Abläufen hat, die wir mit Begriffen der Zirkularität vielleicht passender beschreiben würden. Zum anderen wird hier deutlich, wie leicht die interpunktierende Beschreibung einer Situation sich als »Wahrheit« verfestigen kann – und dass auch in der westlichen Welt der Grat zwischen Berichterstattung, einseitiger Interpunktion und einem entsprechend scheinbar unverrückbaren Wirklichkeitsverständnis schmal ist.

Ein Aspekt sollte betont werden, der gerade auch in diesem Beispiel und gerade in der gegenwärtigen Situation der Welt bedeutsam ist: Konflikthafte Abläufe als zirkulär zu verstehen, bedeutet nicht, die Akteure aus der Verantwortung für ihr Handeln zu entlassen. Wer sich innerhalb eines konflikthaften Teufelskreises destruktiv verhält, der ist auch dann für sein Verhalten und die Folgen verantwortlich, wenn man verstehen kann, dass die Dinge aus seiner Sicht anders ausgesehen haben. Wer einen Befehl zum Angriff gibt, wer auf den roten Knopf drückt, trägt dafür Verantwortung!

Es sind die Interpunktionen, die uns ins Karussell der Empörung einladen, die den Blick einengen und für den eigenen Anteil an dem Geschehen blind machen. Dafür sieht man den des anderen umso schärfer (und vielleicht auch gnadenloser). Das Wittgenstein'sche Wort »Blicke weiter um dich!« kann auch hier gelten. Denn immer wieder haben wir es mit Mechanismen zu tun, durch die wir Weltkomplexität auf eine Weise reduzieren, dass sie uns leichter handhabbar erscheint. Zugleich aber erzeugt Vereinfachung im Zweifelsfall mehr Probleme, als sie löst. Ja, manchmal steigern Vereinfachungen die Komplexität in immer bedrohlichere Höhen. Schauen wir das Thema Vereinfachung zum Schluss dieses Kapitels jetzt noch etwas genauer an.

6.2 Das Paradox der Vereinfachung

»Wir haben es also mit einer Paradoxie zu tun: Jede Vereinfachung steigert Komplexität […] Das Einfache ist nicht der Gegenbegriff zum Komplexen, sondern ein Moment der zur Steigerung der Komplexität beitragenden Komplexitätsbewältigung« (Baecker, 1999, S. 28).

Es ist eine recht einfache Faustregel,[39] dass Komplexität ansteigt, wenn man ihr mit Vereinfachung begegnet. Diese Gesetzmäßigkeit wurde als Ashbys »Law of requisite variety« bekannt. Ashbys These: Komplexität muss mit Komplexität beantwortet werden (Ashby, 1991), nur Varietät kann Varietät auflösen (Baecker, 1999, S. 170). Der erwähnte Streit des Paares mit dem Thema »Meckern/in die Kneipe gehen« wird durch die vereinfachenden Erklärungen nicht einfacher zu lösen. Im Gegenteil, nun wird es immer mehr darum gehen, wer recht hat, man wird sich verteidigen und den anderen im Gegenzug für seine Beschuldigungen anklagen. Das dahinterliegende eigentliche Interesse der beiden, etwa zu klären, wie viel gemeinsame Zeit man miteinander verbringen möchte, wie jeder für sich Freiräume beanspruchen kann, und wie beide ihre Beziehung auf eine gute Weise miteinander gestalten können, rückt durch die Angriffe eher in den Hintergrund. Der eine wird vom anderen als dumm, krank oder böse dargestellt, sich selbst sieht der Betreffende natürlich jeweils als untadelig an. Von der Komplexität der Folgen übermäßiger Vereinfachung werden die Akteure jeweils überrascht sein – sie werden sie sich selbst aber vermutlich als durch den anderen verursacht erklären.

Machen wir uns an dieser Stelle wieder eine kleine Notiz für den Umgang mit Konflikten: Vereinfachende Beschreibungen, die komplexe Wirkungszusammenhänge in lineare Ursache-Wirkungs-Abfolgen überführen, sollte man weder selbst in die Welt setzen, noch sie bei anderen unhinterfragt akzeptieren. Das Problem der Komplexität lässt sich nicht lösen, »wir können aber die Lösungen der Komplexität problematisieren, [...] können fragen, ob angemessene oder zu stark vereinfachende Erklärungen verwendet werden, ob man zu lange an alten Erfolgsrezepten festhält, ob man [...] bestimmte Kausalitäten unterstellt« (Groth, 2017, S. 21).

Es geht mithin eher darum, eine andere Art von Komplexität dagegenzusetzen, etwa indem die Ebene der Beschreibungen gewechselt wird. Durch eine Einladung an die Kontrahenten, in eine

---

39 Eine schöne Paradoxie liegt in dieser Formulierung!

reflektierende Position zu gehen, kann ein Dialog über den Dialog angeregt werden (Drews, Born u. von Schlippe, 2021): Man setzt sich sozusagen mit den Betroffenen »auf den Balkon« (also optimalerweise an einen anderen Platz im Raum) und führt ein »*Gespräch über das Gespräch*« (siehe Kapitel 20), beispielsweise über Fragen wie:
- Was ist das für eine Art von Gespräch, das die Leute da führen? Wird hier vor allem Angriff und Verteidigung gespielt oder auch etwas anderes?
- Haben Sie den Eindruck, dass die beiden Parteien gute Schritte machen, oder vertiefen sie in der Art, wie sie sprechen, gerade noch die Kluft untereinander?
- Wenn Sie unabhängige Beraterin des einen/des anderen wären, was würden Sie ihm oder ihr empfehlen zu tun/zu lassen?

7 Enttäuschte Erwartungen

Abbildung 7: Erwartungsenttäuschung (Zeichnung: Björn von Schlippe)

7.1 Die Kraft von Erwartungen

Das im ersten Kapitel schon angesprochene Problem der doppelten Kontingenz bringt es mit sich, dass wir wechselseitig Erwartungen darüber ausbilden müssen, wie der andere in Bezug auf uns wohl »tickt«: Er oder sie ist eben undurchschaubar. Um uns zu orientieren und uns in Bezug auf den anderen sicher fühlen zu können, beobachten wir ihn oder sie in Bezug auf uns und bilden Erwartungen darüber, wie er oder sie »ist«.[40] Und es liegt in der Natur von Erwartungen, dass diese auch enttäuscht werden können. Eine Ent-Täuschung an sich

---

40 Das Ganze geschieht großenteils unbewusst und über lange Zeiträume hinweg im Kontext einer wie auch immer gearteten Bindungsbeziehung. Dazu kommt, dass die Prozesse natürlich viel komplexer sind, weil sie sich nicht auf eine Person beziehen, sondern eigentlich auf die ganze Lebenswelt, also den Platz, den jemand in dieser Welt einnimmt.

ist ja auch nicht schlecht, unsere Erwartung wird korrigiert und wir wissen etwas besser, mit wem wir es zu tun haben. Gerade zu Beginn einer Beziehung sind wir auch noch recht entspannt, wenn anfängliche Erwartungen, die man vielleicht aufgrund vom ersten Eindruck des anderen gebildet hatte, sich als irrig herausstellen – der andere erweist sich als recht einfältig, obwohl er doch so gepflegt auftritt und auch noch eine Brille trägt, was man ja gern als Zeichen von Intelligenz ansieht (in der Sozialpsychologie als Halo-Effekt bekannt), oder der Schreck über die schroffe erste Reaktion der Tischnachbarin löst sich im Verlaufe eines längeren Gesprächs auf – »eigentlich ist sie ganz nett, das hatte ich erst gar nicht gedacht«.

Schwieriger werden die Dinge, wenn es um Erwartungsstrukturen geht, die sich im Verlaufe einer längeren Beziehungsgeschichte entwickelt haben. Diese bestehen ja, wie ausgeführt, aus komplexen Erwartungen und Erwartungs-Erwartungen und sind – seien sie positiv oder negativ gefärbt – oft recht stabil. Sie werden nicht mehr hinterfragt, man lebt eben mit Konsensfiktionen und das geht über lange Zeit hinweg gut (Hahn, 1983; siehe auch Kapitel 2). Nur manchmal kommt man an Punkte, an denen deutlich wird, dass der oder die andere die Dinge, vor allem die Beziehung, doch sehr anders sieht. Das kann bei dem einen Paar schon der vergessene Hochzeitstag sein, dramatischer ist schon eine Krise, nachdem herausgekommen ist, dass einer der beiden seit längerer Zeit schon heimlich eine Nebenbeziehung geführt hat – der Betrogene fällt aus allen Wolken, das hätte er nie erwartet (siehe hierzu die Anmerkungen im Kapitel 2.2. zur doppelten Kontingenz, S. 42).

In Familien ist ein Moment, an dem Erwartungsenttäuschungen möglicherweise dramatisch offengelegt werden, oft der Erbfall (von Schlippe, 2022a; Wempe, 2022). Hier kommt es zu mehr oder weniger gravierenden Verwerfungen; etwa 1/3 der Erbvorgänge verläuft strittig (Plogstedt, 2008). Da können sich schwerwiegende Konflikte ergeben, die problematische Stellen in der Familiendynamik verdeutlichen: Alte Rechnungen kommen auf den Tisch, schon überwunden geglaubte Verletzungen reißen auf, Illusionen zerbrechen und kalte Konflikte können plötzlich sehr heiß werden (Glasl, 2014a). Die Gerechtigkeitsdilemmata, die bereits eingangs erwähnt wurden, werden hier scharf gestellt. Erwartungen richten sich auch darauf, dass, wenn schon nicht die Welt insgesamt, so doch der Nahbereich, den man überschauen kann, vor allem die Familie (aber auch der Arbeitsplatz und Ähnliches) gerecht sein solle. Die Enttäuschung von Gerechtigkeitserwartungen wird, wie in Kapitel 3 schon beschrieben, als starke Verletzung empfunden. Die Theorie sozialer Vergleichsprozesse (Festinger, 1954) geht davon aus, dass Menschen sich stets in ihrem jeweiligen sozialen Bezugsfeld mit anderen vergleichen: Nicht die abstrakte Höhe etwa eines Erbteils ist da bedeutsam, sondern ob man selbst *mehr* oder *weniger* als der andere bekommen hat. Dies ist es, was das Selbstwertgefühl bestimmt und entscheidend dafür ist, ob man eine Lösung als gerecht oder als ungerecht erlebt.

Themen beziehungsweise Erwartungen, um die es in der Familie geht, sind hier (angelehnt an von Schlippe, 2022a, S. 6):

- Nähe: Wer steht den Eltern nah, wer fühlt sich als ungeliebtes Aschenputtel oder gilt als schwarzes Schaf oder Ausgestoßener?
- Verrechnung von Soll und Haben: Wie werden eigene, loyal erbrachte oder von anderen in Anspruch genommene Leistungen gewertet? Gerade das Thema der Pflege kranker Eltern zeigt die Rivalität und die Solidarität zwischen Geschwistern: Wer hat sich um die Familie/um die Eltern besonders bemüht, etwa durch Pflege oder besondere Fürsorge? Zugleich wird möglicherweise von dern anderen Seite aus geargwöhnt, ob er oder sie genau das nicht vielleicht auch ausgenutzt hat, um für sich besondere Bedingungen auszuhandeln? Vielleicht war alles nur Berechnung? (siehe auch Kapitel 3.4).
- Das Familienkonto: Wer wird im Minus gesehen, weil er oder sie den Eltern besonderen Kummer bereitete, sich um die Familie nicht weiter geschert hat, nur selten oder sogar nie zu Besuch kam, vielleicht rumgetrickst hat, um die Eltern zu seinen Gunsten zu manipulieren? Was, wenn gerade der (»Natürlich der schon wieder!«) dann bei der Testamentseröffnung ganz vorn sitzt und die Hand aufhält? Und wer hatte schon zu Lebzeiten besondere Zuwendungen bekommen (etwa beim Hausbau, in der Ausbildung), die, so die Vorstellung, natürlich beim Erbe mit verrechnet werden sollten?
- Enttäuschte Erwartungen, die mit Familiengeheimnissen in Verbindung stehen, sind besonders schwer anzusprechen, bewegt

man sich doch in einem Feld, in dem schmerzliche Gefühle von Schuld und Scham empfunden werden. »Geheimnissen wohnt offenbar eine Kraft inne, die in keinem Verhältnis zu ihrem Inhalt steht« (Imber-Black, 1999, S. 46).

Exemplarisch wird hier wie mit dem Vergrößerungsglas deutlich, wie Erwartungen (»Was erwarte ich vom anderen?«) und Erwartungs-Erwartungen (»Wie sieht mich der andere, was erwartet er von mir?«) in Beziehungssystemen wirksam werden und welche konflikthafte Kraft darin liegt, wenn sie enttäuscht werden.[41] Die Zahl der Familien, die an Erbkonflikten »zerbrochen« sind, das heißt, in denen Geschwister keinen oder nur hoch belasteten Kontakt miteinander haben, ist meines Wissens bislang nicht gezählt worden, sie dürfte nicht gering sein. Im Konfliktnotizbuch könnte hier nun notiert werden, dass bei dem Thema möglicherweise ein Austausch über unterschiedliche Perspektiven auf das Gerechtigkeitsthema als »Verrechnungshilfe« (Stierlin, 2005, S. 89 ff.) unterstützend wirken kann.

7.2 Implizite Versprechen: Psychologische Kontrakte

Erwartungsenttäuschungen können über das Konzept der psychologischen Kontrakte nachvollziehbar gemacht werden, ein Begriff, der ursprünglich von Edgar Schein stammt und eine Reihe von wechselseitigen Erwartungen beschreibt, die zwischen Organisation und Individuum entstehen können (Roehling, 1997). Er lässt sich aber meines Erachtens durchaus auch auf Konflikte in anderen Kontexten übertragen (Hülsbeck u. von Schlippe, 2018; von Schlippe u. Hülsbeck, 2016; von Schlippe u. Frank, 2017). Gemeint sind vage Versprechen, die zumindest von einer Person als »wechselseitige

---

41 Als Außenstehender kann man manchmal gar nicht ermessen, mit was für intensiven Gefühlen manche Familienthemen verbunden sind. Die Darstellerin der Alice in Stephen Poljakoffs cineastischem Meisterwerk »Perfect Strangers« sagt in diesem Zusammenhang: »As you know, in all families things happen. From the outside, they may not seem too impossible to solve, not too difficult to fix, but inside the family they have a huge significance.«

Abmachung«, »in irgendeiner Form als Versprechen gegeben« erlebt werden (Rousseau, 1995). Oft geraten beide Seiten unwissentlich hinein, manchmal werden auch absichtlich, in manipulativer Absicht vage Versprechungen gemacht (»Darüber werden wir uns sicher noch einig, fangen Sie doch erst einmal ...« oder ähnlich). Und in Familien werden sie oft in typisch vager Weise gegeben (»Eines Tages, mein Lieber, wirst du einmal ...!«). Das Problem ist dabei, dass zumindest für eine Seite diese Verabredung eine verbindliche Abmachung ist. Diese wird als so selbstverständlich angesehen, dass sie nie hinterfragt wird. Ein böses Erwachen ist damit mindestens auf einer Seite vorprogrammiert (siehe Abbildung 8).

Die impliziten Versprechen (»promises«), die im psychologischen Kontrakt gegeben werden, bringen eine der beteiligten Personen (die in einer unterlegenen Position ist, also jemand, der sich um einen Job bemüht oder ein Kind/Neffe/Nichte/Enkel) dazu, Verpflichtungen auf sich zu nehmen (»obligations«) und diese mit entsprechenden Erwartungen (»expectations«) zu verbinden. Eine Arbeitsstelle wird

Abbildung 8: Psychologischer Kontrakt (Zeichnung: Björn von Schlippe)

schon einmal gekündigt, ein Haus gekauft, ein Dienst aufgenommen, ohne dass vertragliche Details geklärt sind oder Ähnliches. Das große Problem bei psychologischen Kontrakten ist die Selbstverständlichkeit, mit der beide Seiten davon ausgehen, dass der jeweils andere die Vereinbarung genauso abgespeichert hat wie man selbst. Daher wird sie im weiteren Verlauf oft nicht einmal mehr erwähnt, geschweige denn geklärt (»Könnten Sie mir das bitte schriftlich geben?«). Es sind dann oft Übergänge (z. B. Nachfolge, Erbfall, insbesondere die Testamentseröffnung, Studienabschluss, Heirat), an denen die psychologischen Kontrakte sich als brüchig erweisen: »Du hast doch immer gesagt, wenn ich einen BWL-Abschluss habe, komme ich in die Firma!« – »Nein, das habe ich nie gesagt. Ich habe gesagt, wenn du Musik studierst, kannst du dir die Nachfolge gleich aus dem Kopf schlagen!« – So können etwa Nachfolgerinnen und Nachfolger in Familienunternehmen in eine »Nachfolgefalle« geraten, weil sie sich auf eine Zusage verlassen hatten, die sich als nicht tragfähig erwies (Kaye, 1996).

Unter dem Aspekt der Erwartungen und Erwartungsenttäuschung ist schnell klar, dass genau diese beiden Begriffe das Geschehen gut treffen: Das implizite Versprechen baut eine Erwartung auf, die beim Versuch, diese einzulösen, negiert, vielleicht sogar entwertet wird (»Wie kommst du bloß auf so eine Idee?«). Kein Wunder, dass sich schnell ein Empfinden einstellt, das mit verletztem Gerechtigkeitsempfinden einhergeht: Man sitzt mit starker Empörung auf dem Karussell, schwerer als der Ärger wiegt vielleicht das Gefühl, verraten worden und persönlich beschädigt zu sein.

Interessanterweise gibt es nur wenige Erkenntnisse über die Bedeutung psychologischer Kontrakte für Konflikte und ihre Eskalation (Hülsbeck u. von Schlippe, 2018). Die konkrete Praxis zeigt jedenfalls, dass in vielen hoch eskalierten Konfliktsituationen die Frage danach schnell verstanden wird und konkrete Momente thematisiert werden, die offenbar von dem einen so, vom anderen so verstanden worden sind. Und da zumindest in Familien und Teams selten Bösewichte sitzen, die gezielt und planmäßig solche Instrumente einsetzen, kann das Gespräch vielfach helfen nachzuvollziehen, warum die oder der andere jeweils dermaßen empört ist: »Oh, es war mir nicht klar, dass du das so verstanden hast!« In Unternehmen, in denen psychologische Kontrakte vielleicht sogar bewusst als Instrument der Manipulation eingesetzt werden, wird es eher darum gehen, anhand derartiger Beispiele über die Organisationskultur nachzudenken. Denn der Schaden, der durch entsprechende Tricks angerichtet wird, überwiegt den Nutzen bei Weitem (Robinson u. Rousseau, 1994, S. 246). Die Auswirkungen solcher psychosozialen Arbeitsbelastungen zu untersuchen, war ein Anliegen für Johannes Siegrist. Er prägte den Begriff der beruflichen »Gratifikationskrisen«, gemeint ist das Gefühl, das entsteht, wenn Anerkennung für gezeigte Leistungen ungerechterweise vorenthalten wird. Diese Erfahrungen tragen zu einer erheblichen Motivationsminderung bis hin zu Erkrankungen der Mitarbeiter (betriebliche Fehlzeiten und krankheitsbedingte Frühberentung) bei (Elovainio, Kivimäki u. Vahtera, 2002; Siegrist, 2018). Das Thema sollte nicht auf die leichte Schulter genommen werden; Siegrist jedenfalls erwähnt eine repräsentative Stichprobe Erwerbstätiger in Deutschland, wonach 37 % der Befragten ihre Bezahlung als ungerecht und den erbrachten Leistungen nicht entsprechend erleben, ähnliche Zahlen berichten Zhao, Wayne, Glibkowski und Bravo (2007) für andere Kontexte.

7.3 Enttäuschte Erwartungen und die »Tiefengeschichte«

Bisher wurde der Erwartungsbegriff eher auf einer unmittelbaren und zwischenmenschlichen Ebene betrachtet: Was erwarten Personen wechselseitig voneinander? Wie man sich Erwartungsstrukturen auf einer ganz anderen Ebene vorstellen kann und wie diese Ebenen dann aber auch gerade im Kleinen, im Alltagsleben von Menschen bedeutsam werden können, soll am Beispiel einer Studie der amerikanischen Soziologin Arlie Hochschild kurz skizziert werden (Hochschild, 2017).

Arlie Hochschild, emeritierte Professorin für Soziologie in Berkeley, verfolgte dabei einen hohen Anspruch: die »Empathiemauer« zu überwinden, die sie als demokratisch gesinnte und aufgeklärte Bürgerin der USA von den Wählern der Tea-Party, vor allem in den Südstaaten, trennt. Diese Spaltung sieht sie als Grund für die zunehmende Feindseligkeit im Land (die Studie wurde noch zu Präsident Obamas Zeiten durchgeführt, heute hat sich die Lage ja eher noch verschärft).

Es zeichnet diese Forscherin aus, dass sie jeweils mit vollem persönlichem Einsatz in ihre Studien geht, so auch hier. Nachdem sie über eine Freundin ihrer Mutter Kontakt zu Personen bekommen hatte, die der Tea-Party nahestanden, verbrachte sie insgesamt fünf Jahre in Louisiana, einem der trotz großen Ölreichtums ärmsten Staaten in den USA. Ihre Erlebnisse schildert sie im ersten Teil der Studie. Es sind Berichte von bewegenden Begegnungen mit oft tief religiösen Menschen, die in Kleinbetrieben oder als einfache Selbstständige ihr Leben lang hart gearbeitet hatten, heute aber nur noch mit Zweit- oder gar Drittjobs über die Runden kommen. Sie werden traurig, wenn sie von ihrer naturverbundenen Kindheit erzählen, davon, wie sie früher mit dem Vater im Fluss Krebse gefangen haben, Areale, die heute durch Ölförderung und Umweltverschmutzung ökologisch tot sind. Die Paradoxie, mit der Hochschild sich beschäftigt: Gerade diese Menschen sprechen sich gegen Regulierungen der Arbeitswelt aus, sind gegen strengere Umweltgesetze und halten das Gerede vom Klimawandel für Unsinn. Wie lässt es sich erklären, dass Einwohner eines Kreises, »in dem eine höhere Schadstoffbelastung herrscht, mit größerer Wahrscheinlichkeit der Ansicht [sind], Amerikaner ›machen sich zu viele Sorgen‹ um die Umwelt und die Vereinigten Staaten täten ›mehr als genug‹ für sie« (Hochschild, 2017, S. 116)? Zugleich wählen genau diese Menschen eine Partei, die für eine Politik steht, die die Grundlagen ihrer Lebensbedingungen immer prekärer macht.

Zur Klärung dieses Widerspruchs braucht es, so Hochschild, ein Verständnis für die »Tiefengeschichte« – und damit schlagen wir den Bogen zum Thema der Erwartungen und der Erwartungsenttäuschung. Die Tiefengeschichte, so die Studie, ist eine »gefühlte Sicht der Dinge […] Sie blendet das Urteilsvermögen und die Tatsachen aus und erzählt, wie die Dinge sich anfühlen […] wir alle haben eine Tiefengeschichte« (Hochschild, 2017, S. 187). Gemeint ist ein zugrunde liegendes Narrativ, das das Leben bestimmt und das man nachvollziehen muss, wenn man verstehen will. Ihre Studie versucht, die Tiefengeschichte dieser Bevölkerungsgruppe zu rekonstruieren; die Überlegungen der Forscherin wurden jeweils den Betroffenen vorgestellt und von diesen bestätigt. Zur Illustration wählt die Autorin die Metapher eines »Theaterstücks« mit verschiedenen Akten. Der erste Akt heißt »Schlange stehen«: »Du wartest geduldig in einer langen Schlange, die [...] auf einen Berg führt. Du stehst mitten in dieser Schlange zusammen mit anderen, die ebenfalls weiße ältere Christen und mehrheitlich Männer sind [...] Gleich hinter der Bergkuppe befindet sich der amerikanische Traum, das Ziel aller, die in der Schlange warten. Im hinteren Teil [...] sind viele People of Colour – arme, junge und alte« (Hochschild, 2017, S. 188). Um welches Ziel geht es? Das Versprechen des American Dream hat eine Erwartung erzeugt: »Jeder – also auch ich – kann es schaffen, wenn er sich nur an die Regeln hält!« Lange hat man diesem Versprechen vertraut, doch nun hat ein zweiter Akt begonnen: »Die Vordrängler«. Da beanspruchen auf einmal Leute Vorzugsplätze in der Schlange, Farbige etwa, die die staatlich verordneten Antidiskriminierungsmaßnahmen nutzen, um bevorzugte Plätze zu ergattern, Frauen, Flüchtlinge, Einwanderer – sie alle bekommen Chancen, die man selbst nicht hatte, und nutzen sie, um sich in der Schlange vorzudrängeln. Sogar ein Braunpelikan mit ölverschmutzten Flügeln drängt sich vor, das geht ja gar nicht! Der Frust wächst, man wird misstrauisch. Und so heißt der nächste Akt »Verrat«: Wer hilft da eigentlich den Dränglern? Die haben offenbar starke Freunde, die man selbst nicht hat – so ein Präsident wie Obama, der steht doch eindeutig auf der Seite der Vordrängler, jedenfalls ist der nicht auf der Seite der »anständigen Amerikaner«! Langsam ist man überzeugt, dass überall Verrat ist, überall Lügengespinste und je mehr man selbst sich im gesellschaftlichen Abseits erlebt, desto massiver wird das Gefühl, fremd im eigenen Land zu sein. Diese gefühlte Geschichte vom Verrat der eigenen Rechtschaffenheit und der Bevorzugung anderer durch politische Strukturen, die man nicht durchschaut, ist für Hochschild eine Erklärung der so schwer nachvollziehbaren Phänomene der Gegenwart. Denn diese emotionale Tiefengeschichte und das darin eingefangene Gefühl von Verratensein wird von bestimmten politischen Kräften ausgebeutet und instrumentalisiert. Aus Sicht von Hochschild waren sie für die Wahl Donald Trumps die optimalen Voraussetzungen (Hochschild, 2017, S. 296), der sich demagogisch sehr geschickt als Sprecher der kleinen Leute gerierte: »I am your voice!«

Es fällt nicht schwer, die Vorstellung einer »Tiefengeschichte der Erwartungen« auch auf die spannungsreiche Lage zwischen Ost- und Westdeutschland zu beziehen, auf die Enttäuschung über das

Nichteintreten der mit der Metapher der »blühenden Landschaften« verbundenen Erwartungen. Und auch wenn an dieser Stelle keine Lösung für komplexe Problematiken vorgelegt werden kann, kann doch die Metapher der Tiefengeschichte helfen, scheinbar paradoxes Verhalten von Menschen in Konfliktsituationen zu verstehen, nicht nur im überschaubaren zwischenmenschlichen Bereich, wo sie als psychologische Kontrakte erkennbar werden, sondern auch wenn es um Konflikte zwischen Bevölkerungsgruppen geht. Gerade Gefühle des Verraten-Worden-Seins auf der Ebene der Tiefengeschichte, auf der sich viele sehr grundlegende Erwartungen wiederfinden, dürften das manchmal zerstörerische Verhalten von Menschen in kleinen und großen Konfliktlagen erklären.

7.4 Der implizite Beziehungsvertrag bei Paaren

In der Konfliktarbeit mit Paaren kann die Frage nach psychologischen Kontrakten und nach der Tiefengeschichte der (enttäuschten) Erwartungen der Partner aneinander hilfreich sein, wenn es darum geht, den aktuellen Konflikt zu verstehen. Hier geht es dann um den impliziten Beziehungsvertrag, der meist in der Zeit der Paarbildung unbewusst geschlossen wird. Die Dynamik, die ein solcher »Vertrag« entfacht, kann ähnlich wie beim psychologischen Kontrakt den Verlauf der Beziehung bestimmen, vor allem lassen sich mögliche Enttäuschungen der Partner voneinander vielfach darauf beziehen.

Eine Möglichkeit, sich diesem Beziehungsvertrag anzunähern und eine mögliche Tiefengeschichte zu verstehen, die die Paardynamik beeinflusst, ist es, nach dem »Opening Gambit« zu fragen.[42] Mit dem Begriff wird im Schachspiel der Eröffnungszug bezeichnet, der in der Regel einen starken Einfluss auf den Verlauf des Spiels hat. In der frühen Phase einer Zweierbeziehung werden die Regeln für das künftige Miteinander unbewusst ausgehandelt. Schon im Eröffnungszug kann sich symbolisch verdichtet das Thema der Höhen und Tiefen der späteren Paarbeziehung zeigen, der implizite Beziehungskontrakt, der ein Paar oft viel später in die Beratung bringen mag. Dazu ein Beispiel:

---

42 Diese Überlegungen verdanke ich zu einem großen Teil meiner geschätzten und leider früh verstorbenen Heidelberger Kollegin Barbara Brink.

Drei Tage nach dem Kennenlernen sitzt ein Paar unter einem Baum in der Sonne. Spielerisch dreht er den Ring der Partnerin um, sodass dieser wie ein Ehering wirkt. Daraufhin fragt sie: »Darf ich mich nun als verlobt betrachten?« Für ihn, der sich nicht traut, zu sagen, dass es für ihn noch zu früh für diese Frage sei, legt sein halbherziges Ja die Grundlage für ein langjähriges Gefühl, in der Ehe »gefangen« zu sein – für sie geht damit das lange Gefühl einher, ihn festhalten zu müssen und sich seiner nie ganz sicher sein zu können.

Die Frage nach einer bedeutsamen Schlüsselszene in der Anfangszeit der Beziehung kann aufschlussreich sein, wie zum Beispiel:
- der Moment des Kennenlernens,
- die erste Übergabe des Wohnungsschlüssels,
- die erste sexuelle Begegnung und die Reaktionen darauf,
- der erste Moment, bei dem Geldfragen im Raum standen (wer bezahlt im Restaurant?).

In diesen Momenten, vor allem wenn sie als bedeutsam erinnert werden (manchmal nur von einem), verdichten sich im impliziten Beziehungskontrakt die Erwartungen, die man an den anderen gehabt hat, vielleicht auch erste Enttäuschungen (wenn etwa einer zum anderen nach der ersten gemeinsam verbrachten Nacht so etwas sagt wie: »Das muss jetzt aber nicht bedeuten, dass das schon 'ne halbe Verlobung ist, oder?«). Beide werden danach gefragt, mit welchen Ideen, Hoffnungen und Wünschen sie in die Beziehung hineingegangen sind (meist, ohne dies jemals zu thematisieren). Es kann hilfreich sein, diese Fragen beispielsweise im Rahmen einer Hausaufgabe getrennt voneinander zu überlegen und in der nächsten Sitzung zu besprechen.

So können diese Szenen als Schlüssel für das Verständnis der »Tiefengeschichte« des Paares genutzt werden – und zunächst helfen, dass beide manche Reaktionen des anderen besser verstehen können. In einem weiteren Schritt kann dann die Frage gestellt werden, wie sinnvoll der implizite Vertrag für die heutige Beziehung ist und ob er nicht eventuell neu verhandelt werden sollte.

8 Es rumort: Erleben und Selbstwertgefühl

Abbildung 9: Selbstwert in Not (Zeichnung: Björn von Schlippe)

> »Wiederkehrende Konflikte treten fast immer auf dem Gebiet der Wertschätzung auf. Das soll nicht heißen, dass die Probleme, um die gestritten wird, nicht wichtig seien. Oft sind sie sogar sehr wichtig. Doch wenn sich die Partner keine Sorgen um ihre persönliche Wertschätzung machen müssen, können sie meistens vernünftig über ihre Meinungsverschiedenheiten sprechen« (Catherall, 2022, S. 39).

Die bisher beschriebenen Phänomene werden jeweils auf der Ebene des sozialen Systems bedeutsam, also in der Kommunikation. Kommunikation ist aber auch ihrerseits ein wichtiger Kontext für das seelische Erleben, das wurde bereits in den letzten Kapiteln deutlich (etwa wenn es um die erlebte Tiefengeschichte und ihren Einfluss auf die Konfliktkommunikation geht). Alles, was sprachlich und nicht sprachlich vermittelt wird, führt zu Resonanz im Erleben der beteiligten Akteure. Und diese Resonanz kann wiederum in die Kommunikation gelangen und diese beeinflussen. »Innen« und »außen« sind zwar nicht aufeinander reduzierbar, eine Kommunikation wird nicht eins zu eins im Kopf eines Menschen gespiegelt, ein Gedanke kann nur in veränderter Form als Mitteilung und eben nicht mehr als Gedanke in die Kommunikation gelangen (siehe Kapitel 1). Der Begriff der Resonanz passt hier vielleicht am besten; seelische und kommunikative Prozesse sind eng miteinander verbunden. »Sinn kann nur kontextgebunden verstanden werden, und als Kontext fungiert für jeden zunächst einmal das, was sein eigenes Wahrnehmungsfeld und sein eigenes Gedächtnis bereitstellt« (Luhmann, 1984, S. 217).

Was hier vielleicht etwas kompliziert ausgedrückt ist, kennt eigentlich jeder: »Sag mal, wie kannst du so etwas sagen!!!« – Empörung steigt auf – »Komm, war doch nur Spaß, Entschuldigung, ich wollte dich nicht beleidigen!« – Empörung beruhigt sich – »Na gut, aber pass beim nächsten Mal besser auf, was du sagst …« und die Sache ist bereinigt, weil man begreift, dass der andere innerlich in einem anderen Kontext unterwegs war (Spaß) als man selbst (Ernst). Leider gelingt es nicht immer so leicht, die Dinge zu bereinigen. Ein wesentliches Moment, wenn der Selbstwert betroffen ist, ist die Unoffenheit der Kommunikation: Innenseite (wie man sich fühlt) und Außenseite (was man sagt) passen oft nicht zusammen (Inkongruenz). Da fühlt sich jemand in seinem Selbstwert bedroht und angegriffen, zeigt dies aber nicht, sondern reagiert etwa so, dass die Gesprächspartner sich ihrerseits bedroht fühlen. So kann es in Konflikten zum »malignen Clinch« kommen: Beide interpretieren das Verhalten des anderen als Bedrohung und nehmen dies als Begründung, sich zu verteidigen – die Erwartungserwartungen, mit denen die Konfliktpartner in den Konflikt gehen, tendieren dazu, sich selbst zu bestätigen.

Damit steigern die vielen Ambivalenzen, Angriffe, Entwertungen und Doppelbödigkeiten, mit denen die Akteure im Konflikt konfrontiert sind, die Wahrscheinlichkeit, dass sie sich unsicher, missverstanden und vor allem in ihrem Selbstwertgefühl getroffen fühlen. In der Folge wird die Kommunikation immer inkongruenter, weil sich die Akteure immer mehr damit befassen, ihr »Gesicht«

zu schützen und immer weniger mit der Sache. Die amerikanische Familientherapeutin Virginia Satir sah hinter vielen problematisch erscheinenden Kommunikationsformen den Versuch, sich zu verteidigen und ein bedrohtes Selbstwertgefühl zu verstecken. Sie unterschied die anklagende, die besänftigende, die rationalisierende und die ablenkende Form. In jeder dieser Formen zeigt sich »inkongruente Kommunikation«, weil man eher mit Vorwärtsverteidigung beschäftigt ist, als offen (kongruent) darüber zu sprechen, was man gerade empfindet (Molter u. Grabbe, 2014; Satir, 2010).

Manchmal wird man, wenn man sich aktuell angegriffen und entwertet fühlt, dann auch noch von »Hilfsmotoren« aus der eigenen Geschichte begleitet (Schulz-von Thun, 1981; siehe Abbildung 10), die das ihre dazu tun, dass man sich noch schlechter fühlt: »Ich habe noch nie …«; »Ich bin vollkommen nutzlos …«; »Sie hat schon immer …«; »Du bist genauso wie … (gewünschte Person bitte einsetzen)«.

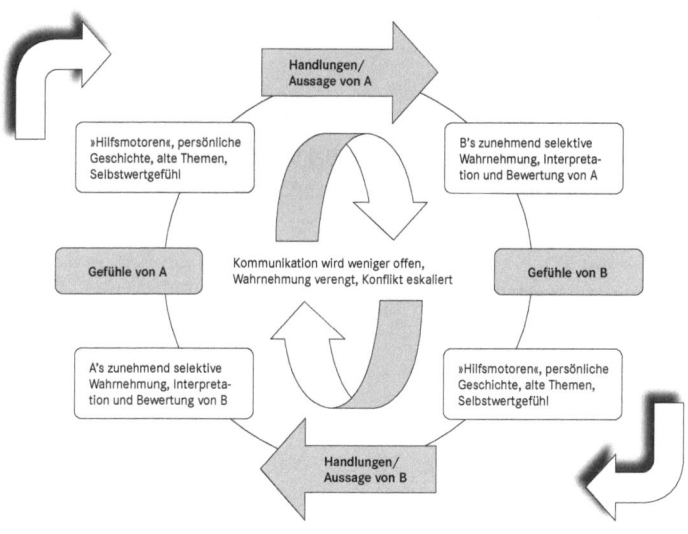

Abbildung 10: Selbstwertgefühl, Kommunikation und Eskalation (eigene Darstellung aus von Schlippe, 2014c, S. 133, in Anlehnung an Schulz-von Thun)[43]

---

43 Ähnlich siehe auch Ballreich und Glasl (2011, S. 270 f).

Betrachten wir den Teufelskreis genauer, so lassen sich verschiedene Antriebskräfte unterscheiden, die durch die Empörung verschärft werden:
- die eingeengte Wahrnehmung (»Was er gesagt hat, weiß ich gar nicht mehr, aber *wie* er geguckt hat: Da wusste ich schon Bescheid!«, siehe hierzu auch Kapitel 9 und 12);
- eine Interpretation im Sinne festgelegter Erwartungs-Erwartungen, die einfach-kausale Betrachtungsweisen beziehungsweise Fantasien über die Motive des anderen nahelegt (»Jetzt will sie mich fertigmachen – aber nicht mit mir!«);
- individuelle, persönliche »Hilfsmotoren«, die das Selbstwertgefühl stabilisieren (die persönliche Geschichte, etwa Schwüre wie: »Nie wieder werde ich zulassen, dass mir jemand …«);
- heftige Gefühle, die für den jeweiligen Anlass viel zu stark sind (daran lassen sich Teufelskreise besonders gut erkennen), und
- eine beschleunigte und verselbstständigte Eigendynamik, die so massiv sein kann, dass beide Partner auch bei gutem Willen den Konflikt nicht verlassen können.

Beispiel:

Ein Ehepaar kommt in die Beratung. Beide beklagen, dass sie sich »über Nichtigkeiten« in Windeseile in heftigsten Streit verwickeln können, den sie beide als destruktiv empfinden. Als aktuellen Anlass schildern sie eine Situation, in der die Frau (A) ihren Mann (B) gebeten hatte, den Sprudel aus dem Keller zu holen.

Eine Rekonstruktion einer typischen Situation zeigt den Teufelskreis wie folgt:

A'S AUSSAGE (FRAU): »Hol mal bitte den Sprudel aus dem Keller!«
B'S WAHRNEHMUNG (MANN): Diese Schärfe in der Stimme!
B'S INTERPRETATION: Die redet so streng mit mir. Sie will mich mal wieder schikanieren!
B'S GEFÜHLE: Wut, Ärger
B'S HILFSMOTOREN (die im Gespräch herausgearbeitet wurden): ein altes Gefühl bei dem Mann: »Immer werde ich übergebügelt, und davon habe ich die Schnauze voll!«

B's AUSSAGE: »Ich denke nicht daran!«
A's WAHRNEHMUNG: Wie er mich anguckt, wenn er das sagt!
A's INTERPRETATION: Er lehnt mich ab, lässt mich wieder einmal hängen, sieht nicht, wie schlecht es mir geht, er liebt mich nicht!
A's GEFÜHLE: alleingelassen, benutzt
A's HILFSMOTOREN: ein altes Gefühl: »Nie bekomme ich das, was ich brauche! Letztlich bin ich doch immer alleine.«
A's AUSSAGE: »Das ist ja wohl das Letzte! Wenn das so weitergeht, kann ich besser alleine leben!«

Man kann sich vorstellen, wie es weitergeht. Beide Partner reagieren mit heftigen Gefühlen, die die Dynamik anheizen. Gespeist werden diese Gefühle von alten individuellen Hilfsmotoren, die mit Universalaussagen (»immer«, »nie«) dafür sorgen, dass die Situation schnell und weit über den gegebenen Anlass hinaus eskaliert (siehe Kapitel 9–12).

In einer Atmosphäre von Anspannung und Gereiztheit ist die Wahrscheinlichkeit von Missverständnissen erhöht, diese wirken sich in der beschriebenen Weise auf die Wahrnehmung aus. Eskalierende Teufelskreise verselbstständigen sich, der Konflikt entfernt sich zunehmend von der Sache, um die es eigentlich geht, und wird immer mehr zum »relationship conflict« (siehe Kapitel 1). Der entscheidende Punkt, an dem ein Sachkonflikt in einen solchen eskalierenden Beziehungskonflikt umschlägt, ist der Moment, an dem es das erste Mal statt einer Sachargumentation zu einem Angriff auf das »Gesicht des anderen«, auf das Selbstwertgefühl des Konfliktpartners kommt: »Sag mal, bist du so blöd, dass du das nicht kapierst?« Auf der neunstufigen Skala der Konflikteskalation von Glasl (2014b), die wir in einem späteren Kapitel (15) ausführlicher behandeln werden,[44] passiert dies etwa in den Stufen 4–5. Die fünfte Stufe ist mit den Worten »Gesichtsangriff und Gesichtsverlust« überschrieben. Glasl schreibt dazu: »Bei den feindseligen Auseinandersetzungen kommt es gezielt zu öffentlichen ehrverletzenden Angriffen, mit denen dem

---

[44] Da die letzte Eskalationsstufe des Stufenmodells mit »Gemeinsam in den Abgrund« überschrieben ist, habe ich das Modell ans Ende der Karussellreise gestellt.

Gegner jede Vertrauenswürdigkeit abgesprochen wird« (Glasl, 2014b, S. 191). Konflikte gewinnen genau an dieser Stelle an Schärfe. Es geht immer weniger um die Sache, hingegen immer mehr darum, einen Angriff auf das Selbstwertgefühl abzuwehren.

Für jeden Menschen ist emotionale Sicherheit eine entscheidende Voraussetzung für ein optimales Funktionieren und für das Wohlbefinden. Kommunikation und affektive Grundstimmung können auf gute Weise miteinander schwingen Catherall (2022, S. 98 ff.), spricht hier mit Bezug auf Paare auch von der »Macht der affektiven Resonanz«. Er zitiert in diesem Zusammenhang Susan Johnson mit dem Ausspruch: »Die affektive Gestimmtheit ist wichtiger als der Inhalt des Dialogs » (S. 101) – analog dürfe die auch für Familien, Gruppen oder größere Kollektive gelten. Die Wahrung des Selbstwertgefühls gilt als eines der psychologischen Grundbedürfnisse. In einer Zusammenstellung, die Klaus Grawe auf der Basis zahlreicher persönlichkeitspsychologischer Forschungsergebnisse vorgenommen hatte, gelten neben dem Selbstwertgefühl das Bedürfnis nach Bindung, nach Orientierung/Kontrolle und nach Lustgewinn/Unlustvermeidung als solche Grundbedürfnisse (Fries u. Grawe, 2006).

In dem Modell der Konfliktbearbeitung des sogenannten Harvard-Modells (siehe Kapitel 19) werden ganz ähnlich als Grundbedürfnisse genannt:
- *Autonomie*: das Bedürfnis, eigene Entscheidungen zu treffen und sein Schicksal selbst in der Hand zu haben,
- *Anerkennung*: das Bedürfnis, von anderen anerkannt und geschätzt zu werden,
- *Verbundenheit*: das Bedürfnis, als Angehöriger einer Gruppe anerkannt zu werden,
- *Rolle*: das Bedürfnis, eine sinnvolle Aufgabe zu erfüllen, und
- *Status*: das Bedürfnis, fair eingeschätzt und anerkannt zu werden (Fisher, Ury u. Patton, 2019, S. 62).

Man kann leicht nachvollziehen, dass in eskalierten Konflikten neben dem Selbstwertgefühl auch die anderen Grundbedürfnisse mehr oder weniger stark infrage gestellt werden, sodass der Betroffene in einen Alarmzustand gerät, der sich auf das Denken, auf die Wahrnehmung und auf die Erinnerung auswirkt. Während man sich bei der Bewältigung von Alltagsaufgaben in einer »Alltagslogik« bewegt, gerät man mit zunehmender Erregung in eine »Wutlogik«, »Angstlogik«, »Trauerlogik« (Ciompi, 1988; Ciompi u. Endert, 2011) oder eben auch in eine »Selbstwertverteidigungslogik«.

Vielleicht sollte man eher sagen: »Schamlogik«. Denn ein Gefühl, das in diesem Zusammenhang nicht zu unterschätzen ist, ist Scham.[45] Scham taucht dann auf, wenn eine Grenze verletzt wird – und das ist bei eskaliertem Konflikt regelmäßig der Fall. Höhnische Bemerkungen, Gesten der Demütigung und Entwertung sind Teil von Konfliktstrategien in höher eskalierten Konflikten. Scham gehört zu den Gefühlen, die besonders aversiv empfunden werden, weil sie als tiefgreifende Infragestellung der eigenen Person erlebt werden. Scham ist ein Signal für eine Störung in der Beziehung zu einem oder mehreren anderen und ein sehr machtvoller »Motivator« (Catherall, 2022, S. 113). Zugleich ist Scham ein sehr intimes Gefühl, denn sie hat mit der Beziehung zu tun, die ein Mensch zu sich selbst pflegt: Beschämt kann er oder sie sich auch selbst nicht mehr als wertvoll erleben. So erschwert es die Scham dem Beschämten, wieder auf den anderen zuzugehen (Weinblatt, 2013, 2016).

Entsprechend stark ist die Abwehr – Scham ist manchmal schwer zu erkennen, denn die Scham verbietet in der Regel bereits, darüber zu sprechen (vor allem in einem Umfeld von Konflikt und Kampf). Die Maskierung der Scham kann sich beispielsweise in Form der Verkehrung ins Gegenteil, hinter besonderer Unverschämtheit verstecken (wie man es vielleicht gerade bei Jugendlichen häufiger erlebt), in starker Aggressivität und Attacken auf den Selbstwert des anderen, aber auch in Rückzug, Kälte und Verstummung. »Scham versteckt sich oft hinter Wut« (Weinblatt, 2016, S. 18), manchmal

---

45 Es ist unbestritten, dass Scham auch eine positive Funktion hat, weil wir uns bewusst werden, wann wir elementare familiäre, partnerschaftliche oder gesellschaftliche Regeln übertreten (Catherall, 2022; Weinblatt, 2013; Marks, 2013). An dieser Stelle soll es ausschließlich um »unhealthy shame« gehen, wie sie sich bei Grenzverletzungen ergibt.

springt man auch aus der Scham in die Gewalt, sei sie psychisch oder physisch (Marks, 2013, 2022).

Wenn man sich nicht anerkannt fühlt, verweigert man natürlich auch dem anderen die Anerkennung, sodass Entwertungsspiralen entstehen können. Der Entwertete wehrt sich mit Entwertung gegen das Gefühl von Scham. Hische und Keller illustrieren dieses Phänomen am Beispiel eines Intergruppenkonflikts, bei dem sich das beeinträchtigte Selbstwertgefühl als Gruppenphänomen zeigte: Die Personen aus der als »Befehlsempfänger« entwerteten Gruppe lehnten ihrerseits die »Privilegierten« ab (Hische u. Keller, 2016). Ciompi spricht hier von der »Scham-Wutspirale«: »Wenn diese Verdrängung nicht gelingt und die emotionale Spannung weiter steigt, so wandeln sich die anfänglichen Scham- und Depressionsgefühle nicht selten in Wut oder Neid und aggressive Rachegelüste [...], die sich im Bestreben, das lädierte Selbstwertgefühl wieder herzustellen, schließlich in offenen Aggressionen und gewaltsamen Handlungen entladen können [...]. Auf dieser Basis aufkommende Triumph- und Überlegenheitsgefühle können sich bis zu Arroganz und illusionären Größenideen steigern [...], die ihrerseits zu Demütigungen des besiegten Feindes führen und dadurch neue Scham-Wutspiralen in Gang setzen« (Ciompi, 2022/im Druck).

Spätestens an dieser Stelle schlägt die Konfliktdynamik dann in eine besondere Qualität um: Man kämpft nicht mehr so sehr darum, zu gewinnen (das natürlich immer auch noch), aber vor allem und mit allen Mitteln darum, nicht zu verlieren, nicht als der Depp dazustehen.[46] Die enge Kopplung des Konfliktgeschehens an das überlebenswichtige Selbstwertgefühl und die existenzielle Not, sich vor Beschämung schützen zu müssen, können dazu führen, dass die Auseinandersetzung eine besondere Schärfe gewinnt. Wenn ein Konflikt so hochgetrieben ist, geht es oft um die ganze Existenz.

Für die Konfliktmoderation ist diese Thematik eine besondere Herausforderung. Die Kunst besteht darin, auf eine Weise zu sprechen, dass bei allen Beteiligten das Selbstwertgefühl unangetastet

---

46 Im Extrem dürfte dieses die emotionale Empfindungslage sein, wenn man bereit ist, »gemeinsam in den Abgrund« zu gehen, die letzte Stufe der Glasl'schen Eskalationsleiter, die in Kapitel 15 behandelt wird.

bleibt. Die bereits erwähnte Familientherapeutin Virginia Satir legte in ihrer Arbeit den Akzent genau auf dieses Thema (Satir, 2010). Zwei kleine Geschichten von ihr an dieser Stelle zum Abschluss (Metzmacher, Ross, von Schlippe u. Schmauch, 1982):
- Man kann sich vorstellen, mit welchen Gefühlen eine Familie in Not in die erste Beratungsstunde kommt. Jeder befürchtet, als Sündenbock identifiziert zu werden (»Vater ist ja nie da!«; »Mutter flippt immer sofort aus!«; »Die Auffälligkeiten des Kindes bringen uns an den Rand des Wahnsinns und der Scheidung!«). Im Rollenspiel (im Rahmen eines Seminars bei V. Satir) war es die Aufgabe, mit einer solchen Familie so zu arbeiten, dass sich jeder sofort sicher fühlte. Dazu schlug Satir vor, dass jeweils hinter jedem Rollenspieler, der die Familie spielte, eine weitere Person stehen sollte, die den Selbstwert des Betroffenen symbolisieren sollte (dieser zweite Rollenspieler sollte sich vorstellen, wie sich der oder die Betroffene wohl vom Selbstwertgefühl her fühlte, und dies körperlich ausdrücken). Zunächst zeigte Virginia der Gruppe, was für sie die Grundlage ihrer Arbeit war: Sie begrüßte nämlich neben der Person deren »Selbstwert«, indem sie auch dem zweiten Rollenspieler, der hinter dem Betreffenden ging und sein Empfinden in der Körperhaltung ausdrückte, die Hand gab und ihn ansah. Im nächsten Schritt bekamen die als Berater ausgewählten Personen die Aufgabe, diese symbolische Handlung in ein Gespräch zu übersetzen. Die Aufgabe bestand darin, mit der Familie so zu sprechen, dass alle »Selbstwerte« am Ende aufrecht dastanden. Nicht einfach: »Was ist das Problem?« – der »Selbstwert« des Kindes verkriecht sich unter dem Stuhl; »Woran liegt es?« – alle verstecken sich; »Was immer Sie hierhergeführt hat, erst einmal ist es schön, dass Sie hier sind« – vorsichtig neugierige Blicke der »Selbstwerte« usw.
- In einem Gespräch mit einer Live-Familie zeigte Satir ein interessantes Beispiel für eine Lösung dieser Aufgabe. Sie begann das Gespräch, indem sie jeden nach dem Namen fragte und diesen auf eine Flipchart schrieb. Anschließend fragte sie, ob sie das Alter der Betreffenden erfahren dürfe, und schrieb dies neben den Namen. Danach setzte sie ihren eigenen Namen darunter und schrieb ihr Alter dazu. Zur Verblüffung der Familie addierte

sie dann alle Jahreszahlen: »186 Jahre Lebenserfahrung sind hier im Raum versammelt! Und da wäre es doch gelacht, wenn es uns nun allen zusammen nicht gelingen sollte, dass wir das, was Sie an Sorgen hierherführt, hier auf eine gute Weise besprechen!« (aus dem Gedächtnis zitiert) – eine brillante Form, das therapeutische System, das auch sie selbst mit einbezog, als Klärungssystem zu definieren.

Es ist eine eigentlich einfache Übung, aber sie hat es in sich (Satir sagte oft: »It's simple, but not easy!«). Was an ihr deutlich wird ist, dass sich in konflikthaften Systemen eine »Selbstwertschaukel«, eine Art von Nullsummenspiel entwickelt hat: Der eine erhöht seinen Selbstwert durch die Abwertung des anderen. Derartige »Spiele« sind von der Form her so angelegt, dass der Gewinn des einen zwangsläufig für den anderen einen Verlust bedeutet (wie z. B. das Schachspiel, aber auch der Krieg). Die Kunst der Moderation ist es, das Spiel um den Selbstwert in ein »Nicht-Nullsummenspiel« zu überführen, in dem beide von Kooperation profitieren. Kleiner Eintrag ins Konfliktnotizbuch: Freundliche Anerkennung jedes Einzelnen und der konsequente Blick auf die Ressourcen, die im Konfliktsystem zu finden sind, sind hier jenseits aller Methodik die besten Grundlagen.

9 Der einäugige Blick: Wahrnehmung im Konflikt

Abbildung 11: Der einäugige Blick (Zeichnung: Björn von Schlippe)

Menschen versuchen grundsätzlich, sich das Handeln ihrer Mitmenschen zu erklären. Das geht uns allen so. Wir wollen unsere soziale Umgebung verstehen und vorhersehbar machen, um uns sicher(er) fühlen zu können (siehe Kapitel 2). Je komplexer die Dinge sind und je mehr wir unter Anspannung und Stress stehen, desto mehr wollen wir, dass die Welt »in Ordnung« ist und wir die Kontrolle darüber haben. Um zu verstehen, was los ist, wenden wir Suchstrategien, sogenannte Heuristiken, an, denn niemand hat alle benötigten Informationen über eine Situation vollständig zur Hand. Wir können nicht anders, als auf unvollständiger Grundlage Entscheidungen zu treffen und Sachverhalte zu bewerten. Dies geschieht automatisch und ohne großes Nachdenken – und in vielen Alltagssituationen kommen wir damit auch gut zurecht. Schicken uns die Heuristiken aber gerade im Konfliktfall in die falsche Richtung, dann kostet es Energie und bedarf entsprechender Motivation, um auf bewusstes Denken umzuschalten. Das fällt schwer. Das beruhigende

Gefühl der Sicherheit, eine Landkarte in der Hand zu halten, ist uns manchmal so wichtig, dass wir die Frage, in welchem Maße diese eigentlich mit der Landschaft zusammenpasst, die sie repräsentieren soll, gar nicht mehr stellen. Dabei führen manche der Wege, die vereinfachende Landkarten anbieten, geradewegs in eine Verschärfung des Konflikts, etwa wenn sie auf krassen Deutungen der sozialen Realität beruhen, die der Einschätzung anderer überhaupt nicht entsprechen und den Betreffenden zugleich selbst für die eigene Beteiligung am Konfliktgeschehen blind machen. Im Folgenden werden einige Mechanismen beschrieben, die psychologisch vielfach untersucht wurden, die aber trotzdem nach wie vor eher unbekannt und darum meist unbewusst wirksam sind.

9.1 Der einseitige Blick (Folge 1): Personenbezogene Zurechnung und Motivunterstellungen

Beginnen wir mit zwei beliebten Heuristiken, mit denen oft versucht wird, die Komplexität sozialer Vorgänge zu fassen: die Zurechnung der Konfliktursachen auf eine Person (oder eine Gruppe) und damit verbunden die Neigung, dieser Person Motive zu unterstellen, um ihr Verhalten zu einzuordnen: »Das macht er, weil ...« Beide lassen sich, wie gesagt, aus systemischer Sicht als den ersten Sündenfall der Beschreibungen bezeichnen, weil sie geradewegs in die Eskalation führen (von Schlippe, 2014c, S. 126).

Die Zurechnung der Konfliktursachen auf eine Person liegt zunächst nahe, ist meist doch ihr Verhalten der Anlass, dass man sich ärgert, aufregt und empört. Welche weiteren Kontextfaktoren es sein mögen, die mit zu bedenken wären (Stichwort »Polykontexturalität« aus Kapitel 4.3), wie der mögliche eigene Beitrag aussehen könnte, wie breit gefächert vielleicht auch im anderen die »inneren Stimmen« (etwa die potenziell versöhnlichen) sein mögen – all diese Fragen zu stellen, würde der Komplexität von Konfliktlagen vielleicht gerechter werden. Da sie aber zugleich schwerer zu beantworten sind, bleiben sie offen. Es ist eben diese eine Person (oder diese Gruppe) und basta. Die Kausalbeziehung ist einfach: Da ist die andere Konfliktpartei und es ist schlicht und einfach sie, an der es liegt, wenn er (oder sie) sich nur anders verhalten würde, wäre alles einfach, aber weil er … macht/sagt/getan hat (und hier lassen sich wieder verschiedene Erklärungen einsetzen), ist alles so!

Einfach ist die Erklärung, aber sie ist zugleich eine wichtige Etappe im Empörungskarussell, vor allem wenn sie sich mit dem zweiten Muster verbindet, den Motivunterstellungen. Klar ist also schon einmal: Es liegt an der, an dem anderen. Das »Etwas«, das da in ihm oder ihr aktiv ist und für den Konflikt verantwortlich ist, verlangt nun nach einer genaueren Klärung. Und da neigt man dann doch gern dazu, schon zu wissen, was in dem anderen vor sich geht. Die jeweils gewählten Erklärungen haben dann eine bestimmte alltagspsychologische Form: »Damit will er mich treffen, weil …«; »Eben, weil es ihr am Ende ja immer sowieso nur darum geht, dass …«; »… und so versucht er jetzt, sich auf so eine primitive Art zu rächen, ist das nicht furchtbar? Nur weil er nicht erträgt, dass ich …!«; »… weil sie oder er einfach eifersüchtig/neidisch/gierig/trotzig usw. ist«). Manchmal, gern unter psychologisch vor- oder halbgebildeten Personen, bekommen die Motivunterstellungen dann eine »fortgeschrittene« Form (siehe Abbildung 10): »Ich weiß ja, dass er ja in der Kindheit schon … und deshalb …«; »Im Grunde hat er nie verwunden, dass … und darum …!« oder in der letzten Steigerung: »Der ist einfach verrückt!«

Ein ungewollter Nebeneffekt von Motivunterstellungen ist, dass sie zu negativer Wechselseitigkeit einladen. Denn selten lässt sich einer gefallen, dass der andere in seinem Kopf oder gar in seiner Seele herumspaziert. So wird auf eine Motivunterstellung gern ebenfalls mit einer solchen gekontert (»Du sagst das doch jetzt nur, weil du davon ablenken willst, dass in Wirklichkeit nämlich du …!«). So endet der Versuch, die Komplexität zu reduzieren (man hat einen Schuldigen gefunden), in einer Steigerung der Komplexität, die Affekte heizen sich auf, kämpfen um die Gesichtswahrung (siehe Kapitel 8 und 15), man gerät in Teufelskreise von Vorwürfen und Gegenvorwürfen. Es ist zwar »alles andere als einfach, von personenbezogener Zurechnung auf das Denken in Erwartungsstrukturen und kommunikativen Mustern umzuschalten, insbesondere, wenn man selbst ein Teil dieses Musters ist« (von Schlippe, 2014c, S. 127), doch dies dürfte unvermeidlich sein, wenn man ernsthaft an Konfliktlösungen arbeiten will. Falls man das jedoch nicht vorhaben sollte, kann man sich gern des unten abgebildeten Baukastens bedienen, um die Eskalation anzuheizen (siehe Abbildung 12).

Die Beobachtung: ein beklagtes Verhalten, aber auch ein »einfach so sein« genügen	Die personenbezogene Zuschreibung	Die einfache Motivunterstellung	Die fortgeschrittene Motivunterstellung, psychologisch untermauert
»Der Schlüssel ist nicht da …«	… den hast natürlich du mal wieder vergessen, typisch …	… das machst du immer wieder mit Absicht, um mir eins auszuwischen …	… und das zeigt, dass du noch immer dein Thema mit deiner Mutter nicht gelöst hast!«

Abbildung 12: Zurechnungs- und Motivunterstellungsbaukasten (Quelle: eigene Darstellung)

9.2 Der einseitige Blick (Folge 2): Wahrnehmungsverzerrungen

Zwei sozialpsychologisch gut untersuchte und vielfach zitierte Formen der Wahrnehmungsverzerrung schließen hier an (siehe z. B. von Schlippe, 2014c, S. 144 ff.; von Schlippe u. von Kummer, 2021). Jede Leserin, jeder Leser wird diese psychologischen Mechanismen vermutlich aus eigener Anschauung kennen – und so gut man sie nachvollziehen kann, so tragisch sind sie gleichzeitig: Denn der Betreffende ist, während er noch meint, die Situation klar zu erkennen, bereits gefangen in einer Sicht auf die Dinge, die immer tiefer in die Eskalation hineinführt.

Der fundamentale Wahrnehmungsfehler

Der erste der beiden Mechanismen ist der fundamentale Wahrnehmungsfehler (auch fundamentaler Attributionsfehler[47] genannt). Ähnlich wie bei der personenbezogenen Zurechnung geht es um

---

47 Bei Attribution, wörtlich übersetzt mit Zuschreibung, geht es um die Frage, wie man eine soziale Situation interpretiert. Man erklärt sich die Ursache durch Eigenschaften oder Fähigkeiten von einem selbst oder vom anderen.

den Versuch, sich ein schwer überschaubares Geschehen kausal zu erklären. Es müssen doch Ursachen dafür zu finden sein (Försterling, 1994)! Solche Kausalzuschreibungen werden, wie schon gesagt, besonders dann vorgenommen, wenn man unsicher ist, und schnellstmöglich Orientierung zu erlangen sucht (siehe Kapitel 5). Der Mechanismus ist einfach, aber folgenreich: Man wertet jeweils das problematische Konfliktverhalten des anderen als Ausdruck von ihm innewohnenden Charakterzügen: »Es liegt an ihm!«, gern untermauert durch die bereits erwähnten Motivunterstellungen. Diese Form der Attribution wird als »dispositional« bezeichnet, das heißt, negative Handlungen des anderen werden seiner Persönlichkeit zugerechnet. Eigenes Verhalten, auch wenn es aggressiv oder gar destruktiv ist, rechnen wir dagegen nicht uns, sondern den Umständen zu: »Ich konnte nicht anders, ich war gezwungen, mich zu verteidigen«: Wir attribuieren situativ. Bei positiven Handlungen ist es übrigens umgekehrt: Hier rechnen wir den Erfolg lieber der eigenen Leistungsfähigkeit zu.

Der fundamentale Attributionsfehler besteht also darin, dass wir, wenn es um das Verhalten einer Person geht, das wir beanstanden, die Persönlichkeit als Ursache ihres Handelns sehen (»Es steckt in ihm drin!«), während wir unser eigenes Verhalten genau anders, situativ beurteilen. Dieses wird so jeweils moralisch gerechtfertigt und dem des oder der anderen als Kontrast gegenübergestellt. Sogar wenn man sich selbst extrem destruktiv verhält, schiebt man die Verantwortung auf den anderen – man war ja »gezwungen«, das zu tun. Die moralische Entlastung, die man dadurch erlebt, scheint so wichtig für das eigene Selbstbild zu sein, dass solche Erklärungen herangezogen werden, sogar bis in unsere Zeit, etwa wenn ein Krieg begonnen wird,[48] um das eigene Verhalten zu rechtfertigen. Da die

---

Ein und dieselbe Situation kann je nach Attribution völlig unterschiedlich beurteilt werden (»Das hat er geschafft, weil er so geschickt war!« – »Dass er das geschafft hat, war Zufall!«).

48 Während dieses Kapitel entsteht, erfolgt der russische Angriff auf die Ukraine im Februar 2022. Was für eine Herausforderung, angesichts dieser Aggression die Falle der simplen Unterscheidung in Gut und Böse zu vermeiden (und dabei nicht selbst als dumm und naiv zu gelten). Es gilt auch hier, was in Kapitel 6 formuliert wurde: Wer sich destruktiv verhält, der ist für sein

Perspektive des anderen meist ganz anders ist und er die Dinge oft genau andersherum, spiegelverkehrt attribuiert, können wir diese Form der fehlerhaften Wahrnehmung genau wie die in Kapitel 9.1 erwähnten Mechanismen als Eintrittskarte für das Empörungskarussell werten. Die Konfliktpartner werden über die einseitigen Wahrnehmungen immer tiefer in den Konflikt hineingeführt, beide beginnen, sich jeweils gegen den anderen »zu wehren«.

Der feindselige Wahrnehmungsfehler

Während der erste Wahrnehmungsfehler also in den Konflikt hineinführt, verhindert der zweite, der feindselige Fehler eventuell noch mögliche Auswege. Denn wenn wir erst einmal im Konflikt feststecken, tendieren wir dazu, dem in Ungnade gefallenen anderen kaum noch eine Chance zu geben. Alles ist *verdächtig*. Harmlose oder gar konstruktive Erklärungen für sein Verhalten werden vehement verneint (»Sie kennen ihn nicht, er sagt das nur so!«). Sie sind verdeckt durch das generelle Misstrauen in Bezug auf die Person des anderen. Er oder sie nämlich hat – ganz klar – ein negatives Motiv, handelt mit Absicht, will bewusst Ärger erzeugen.

Diese Form der unter Belastung veränderten Wahrnehmung wurde anfangs bei aggressiven Kindern beobachtet (Dodge, 2006): In einer Studie näherten sich Lehrpersonen mit einem freundlichen, neutralen und kritischen Gesichtsausdruck zwei Gruppen von Jugendlichen: In die erste Gruppe bestand aus unauffälligen, die zweite aus aggressiv-verhaltensauffälligen Jugendlichen. Während die Kinder der unauffälligen Gruppe sich auf die verschiedenen

---

Verhalten zur Verantwortung zu ziehen, wie auch immer die Dinge aus seiner Sicht anders ausgesehen haben und in welchem konflikthaften Teufelskreis er sich verfangen hat. Der Einsatz offener und massiver staatlicher Gewalt ist die letzte Stufe der Konflikteskalation, es ist eigentlich kein Konflikt mehr, weil es keine Mittel mehr gibt, diesem zu begegnen, denn auch das Recht, ja nicht einmal die UNO als eigentlich höchste Instanz, greift hier noch. Wie kommt man aus solchen Gewaltspiralen wieder heraus, die beide Seiten gefangen halten, auch die gewalttätige Seite in ihrem nicht mehr nachvollziehbaren Wirklichkeitserleben? Eine komplexe Frage, für die sich jede einfache Antwort verbietet.

Versuchsbedingungen unterschiedlich verhielten (freundlich bei der ersten, abwartend in der neutralen und vorsichtig zurückhaltend in der dritten Versuchsbedingung), reagierten die aggressiven Kinder in allen Bedingungen gleich, nämlich aggressiv. Es wurde also auch ein Lächeln des anderen etwa quittiert mit einer Aussage wie: »Was grinsen Sie so komisch, Sie finden mich wohl lächerlich oder was?« Dodge kam zu dem Schluss, dass es in sozialen Situationen, die von Misstrauen bestimmt sind, schwierig wird, die Intentionen[49] des anderen angemessen zu entschlüsseln. »Wer misstrauisch ist, strukturiert seine Wahrnehmungssituation so, dass er Akte, die einen Handelnden als vertrauenswürdig erscheinen lassen könnten, gar nicht diesem selbst, sondern anderen Gründen (z. B. seinen eigenen misstrauischen Vorkehrungen) zurechnet« (Luhmann, 1989, S. 49). Die Grundannahme ist, dass der andere einen schädigen will – und zwar auch dann, wenn er sich konstruktiv verhält. Tragischerweise wird dann also sogar ein freundliches Verhalten des anderen negativ bewertet: »Jetzt versucht er diesen miesen Trick!«, »Meint sie jetzt, so damit bei mir durchzukommen? Hä, ich bin doch nicht blöd!«

So werden mögliche Auswege, die in einem Kompromissangebot oder einer Versöhnungsgeste liegen könnten, erschwert. Dabei liegt es in der Natur der Sache, dass auch bei einem »Gegner« verschiedene innere Stimmen aktiv sind und er oder sie vielleicht manchmal in einem versöhnlicheren Modus unterwegs ist. Doch wenn man gerade in dem Moment, in dem man dem anderen einen kleinen Schritt entgegenkommen möchte, abgebügelt wird, wird man dazu tendieren, dem anderen eher eskalativ zu antworten (»Na gut, ich hab's versucht, aber ich kann auch anders, du wirst schon sehen!«), falls es nicht gerade ein psychologischer Versuch, sondern freie Wildbahn ist. Der andere sieht sich in seinem Misstrauen bestätigt (»Ich wusste doch, dass er es nicht ernst meinte!«) und eine Chance ist vertan. So wird durch diese Art der Wahrnehmung sozialer Situationen ein Kontext selbsterfüllender Prophezeiungen erzeugt: Das freundliche Angebot wird schroff abgelehnt oder höh-

---

49 Daher sprach er auch von »intention cue deficit disorder«, also der Unfähigkeit, Schlüsselreize (»cues«), die die Intention des anderen anzeigen, korrekt zu entschlüsseln (Dodge, 2006).

nisch kommentiert (»Ach, jetzt versuchst du's auf die weiche Tour? Verfängt bei mir nicht!«), und wenn der andere dann sauer reagiert, wird das als »Beweis« verstanden, dass das Angebot nicht aufrichtig war, sodass sich eine negative Gegenseitigkeit festigt (Stierlin, 1979). Beispiel aus einer Konfliktmoderation zwischen zwei Brüdern:

Der eine Bruder beschwerte sich im Einzelgespräch: »Stellen Sie sich vor, mein Bruder hat die Frechheit gehabt, mir eine Einladung zu seinem 60. Geburtstag zu schicken! Es ist ja wohl klar, dass er mich damit verhöhnen will!« Es war nicht einfach für ihn, zumindest die Idee zuzulassen, dass es auch eine versöhnliche Geste des Bruders gewesen sein könnte: »Nein, Sie kennen ihn nicht, er will mich reinlegen!« Erst die Frage, ob der Bruder denn, gesetzt den Fall, dass er es tatsächlich ehrlich gemeint hätte, überhaupt eine Chance hätte, dass er das glauben würde, machte ihn nachdenklich: »Nein, die hätte er nicht ...« So wurde ihm bewusst, dass er selbst es war, der dem Bruder diese versagte. In einer späteren Sitzung, als sein Bruder die Einladung noch einmal wiederholte, lehnte er diese nicht mehr rundweg ab, bedankte sich und versprach, es sich zu überlegen.

Wenn man eine Konfliktdynamik konstruktiv beeinflussen möchte, empfehlen sich kleine Gesten der Wertschätzung und des Interesses an einer Verbesserung der Beziehung. Mit ihnen signalisiert man die Bereitschaft, ein wenig auf den anderen zuzugehen (qua definitione ist derjenige, der einen solchen Schritt macht, immer der »Stärkere«, zumindest emotional stärker). Diese Geste sollte klein sein (man bringt dem anderen beispielsweise eine Zeitschrift mit, von der man weiß, dass er sie gern liest), fast »beiläufig« gegeben/gezeigt werden, an keinerlei Bedingung geknüpft sein und nicht den Charakter eines Besänftigungsversuchs haben (Omer u. von Schlippe, 2004; 2010). Man muss dabei den feindseligen Wahrnehmungsfehler mit einrechnen, das heißt, die Chance einer Abfuhr ist hoch, eine freundliche Geste dürfte zumindest am Anfang meist brüsk zurückgewiesen werden. Das Gegenüber wird zeigen wollen, dass es sich nicht »manipulieren« lasse. Hier braucht die Geberin einer Geste starke Nerven, denn eine solche Zurückweisung einer freundlich gemeinten Handlung kränkt besonders. Aber wenn man weiß, dass hier eigentlich aus dem anderen der feindselige Wahrnehmungsfehler spricht, kann man das leichter ertragen. Entscheidend jedenfalls – und das könnte wieder einen Eintrag ins Konfliktnotizbuch wert sein – ist es, die Entwertung solcher Gesten gleichmütig zu kommentieren: »Oh, du musst die Zeitschrift nicht lesen, ich habe nur an dich gedacht, als ich sie im Bahnhof sah, ich weiß ja, dass das Thema dich interessiert.« Nur so wird die feindselige Wahrnehmung selbst konstruktiv verunsichert (»Wie, es gibt keine Bedingung, meint sie es wirklich freundlich?«).

Eine Anregung, wie dieses Thema in der Konfliktmoderation explizit umgesetzt werden kann, wurde von Fritz Glasl vorgestellt (Glasl, 2013). Ich habe sie einmal aufgegriffen und als Übung ausformuliert (von Schlippe, 2018b, im Weiteren beziehe ich mich auf diesen kleinen Text). Während die oben erwähnten freundlichen Gesten sich auch für eine sogenannte One-Party-Mediation eignen, da sie auch einseitig vorgenommen werden können, ist diese damit eng verwandte Übung gut in der Konfliktarbeit mit zwei zerstrittenen Parteien einsetzbar, wenn es darum geht, Misstrauensvorbehalte bei Konflikten zu reduzieren. Es geht darum, durch kleine Kreditangebote, also durch begrenzte Vertrauensangebote beide Seiten einzuladen das Muster des Misstrauens zu durchbrechen. Denn dies ist ja für gewöhnlich das typische Muster in Konflikten: Eine Partei ist nur bereit, der anderen entgegenzukommen, wenn im Voraus bestimmte Konditionen erfüllt sind. Dies legt jedoch wiederum die Gegenseite als Beweis dafür aus, dass es die eine Partei nicht wirklich ernst meint und fordert, dass es zuerst ein Entgegenkommen von der anderen Seite brauche. So blockieren beide Parteien gegenseitig die Auflockerung. Im Zuge der Übung können die Parteien erkennen, wie sie das Konfliktmuster durch einseitige Versprechungen ansatzweise überwinden können.

In der Mediation werden dabei zunächst mit den Parteien getrennt Gespräche geführt. Es wird gefragt, was die Gegenpartei und was man selbst tun könnte, um die Atmosphäre zu verbessern, das Ganze wird als Versuch deklariert, der über einen überschaubaren Zeitraum (circa zwei Wochen) laufen könnte. Dazu wird weitergehend gefragt:

1. Welche kleinen Kreditangebote würden Sie sich von der Gegenpartei wünschen? Das heißt, was könnte die Gegenpartei tun, um Ihnen kleine Beweise des Vertrauens zu geben?
2. Wie sollte die Gegenpartei solche kleinen Kreditangebote für Sie unzweideutig sichtbar machen? Nachdem die eine Partei die Art und Weise beschrieben hat, wie diese Kreditangebote mitgeteilt werden könnten, übernimmt die Moderatorin als dritte Partei die Rolle des advocatus diaboli und bringt Einwände vor: »Wie können Sie sicher sein, dass Ihnen keine Falle gestellt wird? Geben Sie, wenn Sie das akzeptieren, nicht mehr preis als die Gegenpartei?« usw.
3. Welche kleinen Kreditangebote glauben Sie, erwartet die Gegenpartei? Welche könnten Sie ihr von sich aus machen?
4. Auf welche Art und Weise können Sie diese der anderen Seite nahebringen, sodass die Gefahr von Missverständnissen so klein wie möglich gehalten werden kann? Bedenken Sie: Das, was wirkt, ist nicht unbedingt das, was gewollt war, oft liegt der Ausgangspunkt eines Konflikts in einem Missverständnis und die Anhäufung der Nebeneffekte kann das eigentliche Problem sein beziehungsweise dieses noch vertiefen.
5. Bei welchem Ihrer möglichen Kreditangebote könnten Sie für die Dauer der genannten Frist von zwei Wochen auf Garantiekonditionen verzichten, wenn stattdessen vereinbart wird, dass nach dieser Frist die Auswirkungen des Kreditangebotes überprüft werden?
6. Die Moderation sorgt dafür, dass nach einem ähnlichen Gespräch mit der anderen Partei beide ihre kleinen Kreditangebote auf den Tisch legen, ohne dass über weitere Konditionen gesprochen wird.

Durch die separate Erarbeitung der Angebote wird eine besondere Form der Wechselseitigkeit eingeführt, durch die zeitliche Befristung auf zwei Wochen können die Parteien die Wirkung ihres Angebotes leichter übersehen.

9.3 Der einseitige Blick (Folge 3): Absicherung überstabiler Muster

Wenn man sich einmal eine Meinung über den anderen gebildet hat, neigt man dazu, diese beizubehalten.[50] Informationen, die dieser Meinung widersprechen, erzeugen eine unangenehme kognitive Dissonanz, die man gern vermeidet, indem man dieser Information weniger Aufmerksamkeit zukommen lässt. Ganz anders ist es dagegen mit Informationen, die das eigene Bild bestätigen und damit den eigenen Standpunkt vor anderen oder auch vor sich selbst verteidigen. Mit solchen, den eigenen Standpunkt rechtfertigenden, Informationen fühlt man sich bestätigt und damit gut. So kommt es langsam zu einer sich in sich selbst verstärkenden Suche: Alles, was die eigene Präferenz bestätigt, wird akzentuiert wahrgenommen, während man andere Informationen eher vermeidet, ignoriert oder entwertet (»Okay, das war aber eine Ausnahme ...«). Die selektive, sogenannte konfirmatorische Informationssuche (»confirmation bias«) stellt somit einen weiteren verhängnisvollen Mechanismus auf dem Empörungskarussell dar (Jonas, Schulz-Hardt u. Frey, 2001; Nickerson, 1998). Das Denken, das schon durch die anderen erwähnten »Filter« stark beeinflusst wurde, wird nun noch weiter verengt. Das Fatale ist auch hier, ähnlich wie beim feindseligen Wahrnehmungsfehler, dass potenziell deeskalierende Verhaltensweisen des anderen nicht wahrgenommen werden oder schnell so eingebaut werden, dass sie zu dem einmal gefassten Bild vom anderen passen: »Ja, das macht er manchmal, das meint er aber nicht ernst ...«; »Ich kenne sie besser, das ist einer ihrer Versuche, mich mit ihrer aufgesetzten Freundlichkeit zu manipulieren ...«. Eine einmal eingenommene Meinung über einen anderen wird nur sehr schwer wieder aufgegeben.

---

50 Wenn sich also systemtheoretisch gesprochen, erst einmal ein »überstabiler Sinnattraktor« ausgebildet hat, werden Störungen, Irritationen, die diesen infrage stellen können, selbstorganisiert wieder ausgeglichen (Kriz, 2017b, S. 161 f.).

9.4 Groupthink: Die Gleichschaltung der Kommunikation

Die genannten Muster, mit denen die Realität durch einseitig verzerrte Linsen betrachtet wird, verstärken sich noch, wenn es um Konflikte verschiedener Gruppen oder gar Nationen geht (Janis, 1991, 2011; Redlich u. Rogmann, 2014). Es kann zu verhängnisvollen Dynamiken kommen, wenn das Denken unter Gruppendruck gerät. Es sind dies Gruppen und Teams mit einem großen Zusammenhalt, in denen der Wunsch nach Einstimmigkeit größer ist als eine realistische Einschätzung der möglichen Alternativen. »It requires that members share a strong ›we-feeling‹ of solidarity and desire to maintain relationships within the group at all costs« (Janis, 1991, S. 237). Wenn eine solche Gruppendynamik die Entscheidungen bestimmt, ist das Muster der konfirmatorischen Informationssuche oft sehr prägnant. Die Mitglieder bestärken sich wechselseitig in ihrer Sicht auf die Wirklichkeit, kontrollieren einander aber auch daraufhin, dass diese beibehalten wird. Ein solches Muster macht es immer schwerer, in der Gruppe mögliche konstruktive Alternativen zu überlegen und zu vertreten: Der Betreffende wird sofort als Abweichler ausgegrenzt und unter Druck gesetzt (»Wie kannst du so dumm sein und glauben, dass …?«). Janis untersuchte mehrere Fälle dramatischer Fehlentscheidungen, etwa die Challenger-Katastrophe von 1986 oder das Desaster der Invasion in der Schweinebucht nach dem Aufstieg Fidel Castros. Hier untersuchte er die Audiodaten von Besprechungen des Teams um den ehemaligen US-Präsidenten Kennedy. Dieser hatte die Invasion befürwortet und systematisch die Ratschläge der Berater bevorzugt, die seiner Meinung waren. Die Gegner der Invasion bekamen grundsätzlich weniger Redezeit. Es war genau das Muster konfirmatorischer Informationssuche. Die Invasion der Schweinebucht endete in einem Fiasko und gilt als Kennedys schlechteste Entscheidung (Janis, 1991).

9.5 Zwischenfazit

»Feste Erwartungen schaffen blinde Flecken«, diese Aussage des Organisationsforschers Karl Weick steht in seinem Buch über High Risk Organizations (Weick u. Sutcliffe, 2017, S. 159). Dies sind Organisationen, in denen Fehler schnell in höchste Gefahren führen können (etwa Atomkraftwerke oder Flugzeugträger). Diese Organisationen müssen sich immer wieder und in hohem Maße genau daraufhin prüfen, inwieweit ihre Wahrnehmungen durch ungeprüfte Vorannahmen und Denkfehler oder auch durch problematische Gruppendynamiken beeinflusst sind. Eine der Regeln dort ist, dass jeder Mitarbeiter – unabhängig von seiner Position – ein ungutes Gefühl sofort an- und ausspricht. Ein Prüfvorgang im Atomkraftwerk wird im Zweifelsfall noch einmal wiederholt, der Start eines Flugzeugs auf dem Flugzeugträger wird unterbrochen. Man lässt sich nicht davon irritieren, wenn eine Mehrheit auf eine andere Wahrnehmung festgelegt ist.

Groupthink ist nicht nur ein Gruppenphänomen. Im Konfliktfall werden auch die alternativen Stimmen des »inneren Parlaments« zum Schweigen gebracht. Es könnte ein gutes Fazit für dieses Kapitel sein, zum einen einer solchen inneren Stimme gut zuzuhören, wenn sie sagt, dass die Dinge auch anders, weniger festgefügt sein könnten, als man meint. Zum anderen könnte es gut sein, aufmerksam auf die Stimme eines vielleicht nicht besonders hochrangigen Mitglieds einer Gruppe zu hören, das eine andere Beschreibung vorschlägt als alle anderen.

Denn all die besprochenen Mechanismen sorgen dafür, dass man, während man auf dem Empörungskarussell fährt, zunehmend blind für den eigenen Anteil am Konflikt wird – und das Karussell dreht sich weiter ...

10 Dumm, krank, böse: Dämonisierung

Abbildung 13: Der Dämon (Zeichnung: Björn von Schlippe)

> »Die dämonische Sicht ist eine sich entwickelnde Haltung, die mit
> Zweifel beginnt, sich mit Verdächtigung fortsetzt, mit Gewissheit
> endet und schließlich droht, in einer Form gewalttätiger Aktion
> zu münden. Wenn eine Person erst einmal in eine dämonische
> Geisteshaltung geraten ist, sucht sie nach Hinweisen und Signa-
> len und überprüft die verborgenen negativen Motive des ande-
> ren. Man muss wachsam und vorsichtig gerade bei beruhigenden
> Anzeichen sein. Es gibt kein Detail, sei es noch so klein, das nicht
> bedeutsam werden könnte« (Omer, Alon u. von Schlippe, 2007,
> S. 25).

Das Karussell ist nun auf Touren gekommen. Immer mehr entwickelt sich eine Einstellung gegenüber dem anderen, die von Ver-
dacht und Misstrauen gekennzeichnet ist. Der andere bewegt sich
in einer Logik, die man aus der eigenen Perspektive nicht nachvoll-

ziehen kann (siehe das Stichwort Polykontexturalität in Kapitel 4). Wenn man nun aber selbst davon ausgeht, über die einzig richtige Situationsbeschreibung zu verfügen, stehen dann eigentlich nur drei Möglichkeiten der Erklärung zur Verfügung: Der andere ist entweder dumm, krank oder böse. Gelegentlich kann man noch auf die Erklärung: »Ach, du bist ja betrunken!« zurückgreifen, die ist dann glücklicherweise vorübergehend. »Dumm, krank, böse« – sich die Dinge so zu erklären, dürfte jedem irgendwie vertraut sein. Wer hat nicht schon einmal dem anderen ein »Spinnst du?« zugerufen oder das zumindest einmal gedacht. Solange das auf einem solchen, vielleicht noch oberflächlichen Level bleibt, und der andere etwa mit »Ist schon klar!« reagiert, ist das nicht weiter problematisch. Doch eine sich verfestigende Haltung dem anderen gegenüber (»Der tickt einfach nicht mehr richtig, der hat den Verstand verloren!«) kann auch den Einstieg in eine höhere Eskalationsstufe des Konflikts bedeuten. In den Kapiteln 8 und 15 ist beschrieben, wie durch den Schritt von den Sachinteressen weg zu einer personenorientierten Zurechnung, zu Motivunterstellungen und dem Angriff auf »das Gesicht des anderen« der Konflikt an Schärfe zunimmt. Prägnant zeigt dies das Beispiel der beiden bereits im letzten Kapitel erwähnten Brüder (von Schlippe, 2014c, S. 128):

Beide waren gemeinsame Eigentümer am väterlichen Familienunternehmen, über Jahre hinweg hatte sich ein hoch eskalierter Konflikt aufgebaut, es war kaum möglich, mit beiden gemeinsam zu sprechen. In Einzelgesprächen wurde deutlich, wie sehr sie sich auf eine dämonisierende Beschreibung festgefahren hatten: Beide waren studierte, kluge Männer, sodass die Kategorie »dumm« nicht wirklich passte, also wählten sie »krank« und »böse«. Der eine sagte zu mir: »Sie sind ja Psychologe, daher werden Sie schon erkannt haben, dass mein Bruder schwer psychisch krank ist. Ich weiß sogar die Diagnose. Aber ich will Ihnen da gar nicht die Arbeit abnehmen. Die werden Sie ja auch schon selber finden.« Im anschließenden Gespräch mit dem anderen fiel folgende Äußerung: »Mein Bruder ist ein Verbrecher, nicht)wie(ein Verbrecher, nein, er ist einer!! Das müssen Sie wissen und das ist sehr wichtig. Denn wie jeder gute Verbrecher hat er sich eine Geschichte zurechtgelegt, es könnte sogar sein, dass er selber an diese Geschichte glaubt. Aber Sie müssen aufpassen, dass Sie der nicht auf den Leim gehen.«

Auf einen anderen Kontext übertragen und humoristisch überspitzt skizziert dies Abbildung 14.

Abbildung 14: Dämonisierung (Zeichnung: Björn von Schlippe)

Aus einer systemtheoretischen Sicht heraus gesehen, ist die Frage danach, ob denn der andere nicht vielleicht doch wirklich dumm, krank oder, schlimmer noch, böse ist, nicht beantwortbar. Denn diese Sicht fragt nicht danach, wie die Dinge »sind«, sondern danach, wie sie beschrieben werden: Welche Wirklichkeit wird mit welcher Art von Beschreibung erzeugt? In seinem Buch »Laws of Form« nennt der Erkenntnistheoretiker George Spencer-Brown die Aktivität »Draw a distinction«, also »Triff eine Unterscheidung, ziehe eine Grenze« als elementare Aktivität alles Lebendigen (Spencer-Brown, 1994). Wir sind darauf angewiesen, Unterscheidungen zu treffen, um überhaupt erkennen zu können. Etwas wird von etwas anderem unterschieden und erst dadurch erkennbar. Aus dieser Sicht geht es nicht in erster Linie um die objektive Beschreibung der Sache, sondern um den *Vorgang* des Unterscheidens und Bezeichnens durch jemanden, durch einen Beobachter. Denn »alles, was gesagt wird, wird von einem Beobachter gesagt« (Maturana, zit. nach Pörksen, 2015, S. 4). Mit unseren Unterscheidungen sind wir als erkennende Wesen in dieser Welt aktiv und auch verantwortlich für unser Unterscheiden.[51] Es wird also nicht in erster Linie danach gefragt, ob die Unterscheidung stimmt oder nicht, sondern danach, welche Unterscheidungen getroffen werden, wenn es darum geht zu erkennen. Welche Differenz eröffnen sie und welche blinden Flecke[52] werden damit erzeugt? Beispielsweise erzeugt man, wenn man den Begriff »böse« verwendet, die Differenz zwischen gut und böse und weist damit beide Begriffe jeweils entsprechenden Personen zu (besonders beliebt: »du – böse«, »ich – gut«). Unabhängig davon, ob das »richtig« ist (zwischen »richtig« und »falsch« geht es auch wieder um eine bestimmte Unterscheidung), können wir aus systemischer Sicht fragen, wie hilfreich die Unterscheidung entlang des Kontinuums »gut–böse« ist, die wir verwenden, und welche Form von Wirklichkeit wir erzeugen.

Denn die Unterscheidungen, mit denen wir die Welt sortieren, sind alles andere als harmlos. Zugleich sind wir uns der Konstruktionsprinzipien der Unterscheidungen meist nicht bewusst, wir meinen ja nur harmlos zu beschreiben … Wenn jedoch Menschen einander mit einem Etikett belegen, geschieht etwas Merkwürdiges. Unsere Beschreibungen sind eben nicht einfach harmlose Abbilder der Wirklichkeit, sie greifen vielmehr in sie ein. Niemand ist derjenige geworden, der er beziehungsweise sie ist, ohne dass er eine Fülle von Zuschreibungen und Beschreibungen erlebt hat. Wir sind darauf angewiesen, uns im Spiegel der Beschreibungen anderer als die zu erkennen, die wir sind (Tomasello, 2020). Es ist eines der Geheimnisse der sozialen Verfasstheit von uns Menschen, dass der andere eben auch derjenige »ist« oder »wird«, als den wir ihn oder

---

51 Das klingt jetzt sehr individuell. Natürlich sind es komplexe Prozesse, die dazu beitragen. Aber im Reflektieren kann jeder für sich die Frage danach stellen, mit welchen Unterscheidungen er oder sie unterwegs ist.
52 Es ist nicht möglich, etwas zu beobachten und zu beschreiben, ohne etwas anderes nicht zu beobachten und zu beschreiben. So sind im Prozess des Erkennens blinde Flecken unvermeidbar (zum »blinden Fleck« siehe auch Kapitel 20).

sie beschreiben. Mit der Verwendung dämonischer Beschreibungen für Menschen, mit denen wir im Konflikt feststecken, tragen wir das unsere dazu bei, die Eskalation zu verstärken.

Der Schriftsteller Max Frisch hat sich mit genau diesem Thema beschäftigt. Immer wieder taucht in seinen Romanen das Moment auf, wie ein Mensch zu dem, der er ist, durch die Art und Weise wird, wie er von anderen beschrieben wird (insbesondere etwa in »Andorra«). In seinen Tagebüchern schreibt er dazu: »In gewissem Grad sind wir wirklich das Wesen, das die anderen in uns hineinsehen. Freund wie Feinde. Und umgekehrt. Auch wir sind die Verfasser der anderen. Wir sind auf eine heimliche und unentrinnbare Weise verantwortlich für das Gesicht, das sie uns zeigen. Wir halten uns für den Spiegel und ahnen nur selten, wie sehr der andere seinerseits eben Spiegel unseres erstarrten Menschenbildes ist. Unser Erzeugnis, unser Opfer« (Frisch, 1964, S. 33 f.).

Wenn nun die Konfliktparteien einander wechselseitig mit dämonischen Beschreibungen belegen, ist das Karussell in voller Fahrt, nur die Musik ist nicht lustig. Die Geschichten, die erzählt werden, beruhen auf dämonischen Narrativen, die wenig Spielraum lassen. Jede Handlung des anderen wird entsprechend dämonisierend gewertet. Das Denken vereinfacht sich auf die Unterscheidung von gut und böse hin. Der Weg für die ambivalenzfreie Empfindung von Gefühlen wie Wut, Empörung und Hass ist frei.

Es ist ein Prozess der wechselseitigen Zuschreibung, in dem die Akteure gefangen sind. Das Kommunikationsmuster der dämonisierenden Beschreibungen richtet sich seine Akteure zu. So, wie Max Frisch es beschreibt, *wird* nun der andere zunehmend zu der monströsen Figur, als die er beschrieben wird. Es entstehen dämonisierte Zonen (Glasl, 2013, S. 55 ff.) zwischen den Akteuren. Es kommt zu Aktivitäten, die das Karussell weiter befeuern. Es »[...] tritt ›Kollateralschaden‹ auf, wenn sich eine Streitpartei durch starke Emotionen zu manchen Handlungen treiben lässt. Sie fühlt sich aber für deren Folgen nicht verantwortlich, ›weil diese ja nicht vorsätzlich waren!‹ – Auch die Reaktion der Gegenpartei erfolgt nach diesem Muster und löst ihrerseits eine Mischung von gewollten und nicht gewollten Wirkungen aus« (Glasl, 2014a, S. 103 f.). Das bedeutet, dass hier schlimme Dinge passieren können, ohne dass man Verantwortung für das eigene Handeln übernimmt: »Das hat er sich jetzt selbst zuzuschreiben!« (siehe Abbildung 15).

Abbildung 15: Dämonisierte Zonen (Zeichnung: Björn von Schlippe)

Das Thema der Dämonisierung führt schnell in Grundsatzkonflikte. Gibt es sie denn nicht »wirklich«, diese narzisstischen, geisteskranken Führer? Haben nicht gerade wir in unserem Volk mit solchen Gestalten genug Erfahrungen? Diese Fragen (und ich bin selbst keineswegs davon verschont) können natürlich, wenn sie in dieser Form gestellt werden, nicht anders als bejaht werden, Beispiele aus älterer und jüngerer Vergangenheit kann jeder sofort aufzählen.[53] Eine Perspektive allerdings, die die Dämonisierung selbst in den Blick nimmt, sucht eher danach, welche Konsequenzen sich aus welchen Beschreibungen ergeben, an welcher Wirklichkeit hier gestrickt wird und welcher Kontrast vom Beschreibenden durch die Definition, selbst »gesund« und (im Gegensatz zum anderen) »voll im

---

53 Wie schon erwähnt, bewegt mich während des Schreibens der russische Angriff auf die Ukraine sehr – gerade weil ich mit dem Thema Konflikt auf einer ganz anderen Ebene beschäftigt bin.

Besitz der geistigen Kräfte« zu sein, erzeugt wird. Jede Beschreibung geht mit ihren eigenen blinden Flecken einher, das ist unvermeidbar.

Ins Konfliktnotizbuch können wir als Fazit an dieser Stelle vielleicht das Wittgenstein'sche Wort hineinschreiben: »Alles, was beschrieben wird, kann auch anders beschrieben werden.« Entsprechend ist es ratsam, mit der Verwendung der eigenen Unterscheidungen vorsichtig und selbstreflexiv umzugehen. Einfache, holzschnittartige und etikettierende Begriffe nützen meist nicht viel (außer dem schönen, aber trügerischen Gefühl, auf der richtigen Seite zu stehen). Sie sind im Gegenteil vielleicht gerade dann schädlich, wenn man darauf angewiesen ist, miteinander zu sprechen, um innerhalb eines Konflikts wieder etwas in Bewegung zu bringen. Betonierende Beschreibungen werden erstarrte Fronten jedenfalls nicht aufweichen.

11 Aufpassen: Gefährliche Gedanken

Abbildung 16: Gefährliche Gedanken (Zeichnung: Björn von Schlippe)

Wie von selbst und meist ohne dass man es merkt, verändert sich das Denken, wenn ein Konflikt sich verschärft und umgekehrt. Emotion und Kognition befeuern einander gegenseitig, intensive Gefühle lassen »gefährliche Gedanken« entstehen, man gerät immer tiefer in affektiv-kognitive Eigenwelten hinein (siehe Kapitel 10). Im heißen Konflikt sind sich die Konfliktparteien dann sogar oft paradoxerweise in einigen Aspekten ihres Denkens ganz ähnlich (wie sagt es das Sprichwort: »Der beste Spiegel ist das Auge des anderen ...«). »Er oder ich!«, könnte so eine Überzeugung sein, die beide teilen, »Kompromisse sind unmöglich, es kann nur einen Sieger und einen Verlierer geben!« oder auch: »Es gibt eine richtige Sicht der Dinge, und zwar meine. Wer das anders sieht als ich, kann nur dumm, krank oder böse sein!«, »Wenn ich jetzt nachgebe, werde ich total vernichtet, und der andere trägt den Endsieg davon!« usw. (Ciompi, 2005; Eidelson u. Eidelson, 2003; Omer et al., 2007; Omer u. von Schlippe, 2004; 2010).

Was man sich, vor allem als selbst vom Konflikt Betroffener, selten bewusst macht ist, dass beide Seiten sich nicht nur wütend, sondern oft auch hilflos fühlen (dieser Satz könnte übrigens auch gut ins Konfliktnotizbuch aufgenommen werden). Sie wollen um jeden Preis, dass der andere sich anders verhalten, ihren Forderungen nachgeben solle oder Ähnliches – und er beziehungsweise sie tut das einfach nicht! Die Idee, den anderen kontrollieren zu können, ja zu müssen, hat eine Rückseite, und das ist die Hilflosigkeit. Kontrollidee und Hilflosigkeit können in ihrer Affektlogik die Vorstellung erzeugen, dass eine Auseinandersetzung nur über die völlige Unterwerfung oder gar Ausschaltung des anderen beendet werden kann. Der Konflikt springt um in Gewalt. Die Gefahr liegt in der Unumkehrbarkeit derartiger Veränderungen des Denkens. Luc Ciompi etwa spricht vom »psychischen Krebs« (2005, S. 214 f.), um die Bedrohlichkeit solcher Gedanken herauszustreichen. Ähnlich drastische Worte findet der polnische Journalist Ryszard Kapuscinski, der fundamentalistisches Denken (die extreme Steigerung der angesprochenen Denkwelt) als »Seuche« bezeichnet: »Ein Denken, das von dieser Seuche befallen wurde, ist in sich geschlossen, eindimensional, monothematisch, ein Denken, das sich stets nur um eines dreht – um den Feind. Der Gedanke an den Feind nährt uns, erlaubt uns zu existieren. Daher ist der Feind immer anwesend, immer dabei« (Kapuscinski, 1996, S. 324f).

Die Gefährlichkeit dieser Gedanken dürfte real sein. Aus dem kognitiven Gefängnis scheint es nur noch einen Ausweg zu geben: Steigerung der Eskalation. Im Folgenden soll eine Auswahl dieser Denkwelten skizziert werden. Sie finden sich sowohl auf individueller Ebene als auch auf der Ebene von Gruppen unterschiedlicher Größe.

11.1 Der Glaube an den Mythos der Macht

»Mächtige Menschen […] verhalten sich so, als hätten sie einen Hirnschaden. Im wörtlichen Sinne. Sie sind impulsiver, egoistischer, rücksichtloser, arroganter, narzisstischer und grobschlächtiger als

der Durchschnitt [...] Sie sind schamloser und zeigen selten den ganz spezifischen Gesichtsausdruck, der die Menschen im Tierreich einzigartig macht. Sie erröten nicht. Macht scheint wie eine Art Anästhetikum zu wirken, das den Betreffenden von anderen abgrenzt« (Bregman, 2020, S. 253).

Macht ist, genau genommen, kein Thema, bei dem sich das Denken erst im Konfliktfall verändert. Macht zu besitzen heißt, einen Status zu haben, der es ermöglicht, den Status eines anderen zu verändern. Diese Möglichkeit verändert, so das anfängliche Zitat, einen Menschen und sein Denken tiefgreifend (Keltner, 2016). Damit wirken aber Macht und das Denken in Kategorien von Macht unmittelbar auf den Verlauf von Konflikten ein. Dieser Denkstruktur unterliegt die Idee der Möglichkeit der Macht, der Gedanke also, dass es möglich sein könnte, einen anderen Menschen, eine andere Gruppe oder gar eine andere Nation dazu zu bringen, genau das zu tun, was man möchte. Damit ist die Richtung der Aktivität klar vorgegeben: Ich will, dass du anders bist/handelst! Und wenn ich es mit meinen bisherigen Versuchen nicht geschafft habe, dass du endlich ... (gewünschte Tätigkeit, Handlung bitte einsetzen), dann muss ich diese Anstrengungen eben noch verschärfen. So entstehen Kriege.

Gregory Bateson, der sich mit Macht intensiv auseinandergesetzt hat, bezeichnete den Mythos der Macht als erkenntnistheoretischen Irrtum, ja sogar als Schwachsinn und erkenntnistheoretische Krankheit (1981, S. 614 f.). Macht, so sagte er, ist eine Idee, eine starke Idee, die allerdings nur dadurch Bestand hat, dass wir an sie glauben. Für ihn ist unilaterale Kontrolle nicht möglich, es kann keine einseitige Macht geben, da kein Teil eines »in sich interaktiven Systems eine einseitige Kontrolle über den Rest oder irgendeinen anderen Teil haben kann« (Bateson, 1981, S. 408). Wer daher menschliche Beziehungen in Begriffen von Macht denke, so Bateson, schaffe eine sich selbst erfüllende Prophezeiung. Jede Interaktion wird in Kategorien von Manipulation, Taktik, Strategie und Kontrolle gedeutet und entsprechend beantwortet. Und über eine lange Zeit hin scheint sich das Versprechen der Macht auch zu erfüllen – mit der darin liegenden Verführung, dass »die sich langsam aufbauende Wirkung der Macht« zum Machtmissbrauch einlädt (Keltner, 2016, S. 8). Zugleich bleibt auch der stärkste Machthaber darauf angewiesen, dass andere »mitmachen« (und er muss zugleich gerade vor diesen ständig auf der Hut sein). »Davon auszugehen, Macht zu besitzen, vernachlässigt [...] die systemische Natur der Dinge: Wenn ich Teil des Systems bin, in dem ich mich bewege, und kausal zu wirken versuche, dann bin ich immer darauf angewiesen und davon abhängig, wie die anderen Elemente des Systems agieren« (Nagel, 2021, S. 45). Macht ist ein Kulturphänomen. Die unbegrenzte Akkumulierbarkeit von Macht ist dabei »im Wesentlichen tragisch«, denn »einmal unterliegt jeder« (von Weizsäcker, 1977, S. 59).

Der eigentliche Irrtum, die »erkenntnistheoretische Krankheit«, liegt, so gesehen, in der Vorstellung, dass es möglich wäre, mit Methoden von Kontrolle, Manipulation und Beherrschung dauerhaft stabil, glücklich und befriedigend leben zu können. Es ist eine verhängnisvolle Idee zu glauben, dass es möglich wäre, als Teil eines Systems einen anderen Teil vollständig kontrollieren zu können,[54] ohne dass dies wiederum negative Rückwirkungen auf einen selbst hätte. Den Glauben an Macht als Mittel der Beziehungsgestaltung hält Bateson für ein, wenn nicht das größte Problem menschlicher Erkenntnis (eben eine »Krankheit der Erkenntnistheorie«), denn die Konsequenzen sind immer zerstörerisch – dies gilt insbesondere in einem Zeitalter, in dem die Möglichkeiten für eine zerstörerische Eskalation stark gestiegen sind:[55] »Verfügt man über eine hinreichend effektive Technologie, so dass man tatsächlich nach seinen Irrtümern handeln und die Welt, in der man lebt, verwüsten kann, dann ist der Irrtum tödlich« (Bateson, 1981, S. 623).

Um nicht missverstanden zu werden: Bateson behauptet nicht, dass Macht eine reine Fiktion sei. Sie ist zwar machttheoretisch

---

54 Ins Konfliktnotizbuch könnte der schöne Spruch an dieser Stelle eingetragen werden: »Der einzige, den ich wirklich verändern kann, bin ich selbst – und auch das ist schon schwer genug!«

55 Die Doppelgesichtigkeit technologischen Fortschritts schlägt sich prägnant in einem Zitat von William Ury nieder: »The use of guns did not just enhance once's ability to win the fight; it changed the very nature of fighting, destroying the sense of proportion [...] modern weapons change the very nature of what it means to fight. Weapons of mass destruction destroy all sense of proportion« (Ury, 2000, S. 88).

gesehen eine soziale Konstruktion (Anter, 2012), das heißt, Macht kann nicht einem der Partner allein »als Eigenschaft oder als Fähigkeit« zugeschrieben werden (Luhmann, 2012, S. 23). Doch auch soziale Konstruktionen können hart werden wie Beton und reale Folgen nach sich ziehen,[56] Menschen leiden und sterben unter der Macht, die ein anderer in Besitz genommen hat. Zugleich hat die Idee der Macht auch diesen ihrerseits »in Besitz« genommen. Wenn man einmal, wie auch immer, Macht erlangt hat, ist man in der Gefahr, ein anderer zu werden, ohne sich dessen bewusst zu sein (vgl. das Zitat zu Beginn des Abschnitts). Denn der Mythos der Macht korrumpiert: »Wer eine mythische Abstraktion begehrt, muss immer unersättlich sein« (Bateson, 1984, S. 272). Der Glaube an den Mythos der Macht, die Idee, es wäre möglich, mit Mitteln der Kontrolle, der Unterwerfung, der Unterdrückung und letztlich Gewalt irgendwann in einen befriedigenden Zustand zwischenmenschlichen Miteinanders zu kommen, verändert das Denken und zerstört Bezogenheit.

Um diese verhängnisvolle Illusion geht es Bateson. Denn Macht funktioniert nicht dauerhaft als befriedigende Beziehungsform. In vielen begrenzten Kontexten haben wir es zwar mit Machtdifferenzen zu tun, die funktionieren (Organisationen, Militär, Schule, Polizei). Doch hier geht es um Aufgabenerfüllung – und auch diese Felder sind auf Kooperation angewiesen. Der Anspruch absoluter Machtausübung zerstört genau diese. Das macht Konflikte im Kontext von Macht und Machtdifferenzen so schwierig, weil manche Machtstrategien nicht unbedingt auf eine Lösung hin angelegt sind, sondern eher darauf, aus reiner Lust, aus reinem »Narzissmus« (siehe das Eingangszitat von Bregman) den anderen zu verunsichern und zu demütigen (Ponschab, 2018).

Insbesondere in Feldern, in denen es um das gemeinsame Zusammenleben im Rahmen persönlicher Beziehungen geht, erleben Menschen, die sich in Machtkämpfe verwickeln, Paare, Familien, Lehrpersonen usw., die tragische Seite des Glaubens an den Mythos

---

56 Im sogenannten Thomas-Theorem wurde schon früh festgestellt: »If men define situations as real, they are real in their consequences« (Thomas u. Thomas, 1928, S. 571 f.).

der Macht. Es ist beinahe wie in einer Formel: In dem Maße, in dem man in einer Beziehung mit Machtmitteln versucht, die eigenen Interessen durchzusetzen, gehen die positiven Qualitäten der Beziehung verloren. Sie werden durch den Kampf um die Macht ersetzt – Macht verdrängt Liebe. Der Machtkampf wird besonders dann verzweifelt geführt, wenn mehr darum gekämpft wird, nicht zu verlieren, als zu gewinnen. Dann ist die Hauptfrage: Wie kommt man aus einem eskalierten Machtkampf, einem »malignen Clinch« (Stierlin, 1979) ohne Gesichtsverlust wieder heraus?

11.2 Das Denken in Kategorien von Entweder-Oder

Ein großes Problem in Konflikten ist die Ausdünnung des Kontakts. Die Möglichkeiten, sich zu besprechen, die Position des anderen kennenzulernen und zu verstehen, werden mit Konfliktbeginn immer stärker begrenzt (Kontaktabbruch, Abbruch der diplomatischen Beziehungen). So koppelt sich das Denken immer mehr aus der Kommunikation aus und bezieht sich auf sich selbst (in einem Gruppenkonflikt wird zwar noch kommuniziert, aber die Engführung des Denkens gilt auch hier, sie ist nur eine Gemeinschaftsleistung). Das Denken wird eingeengter, einfacher, auf Kategorien von entweder – oder, schwarz – weiß, gut – böse reduziert. Wie in Kapitel 10 beschrieben, greift man vielfach auf simplifizierende Unterscheidungen zurück, um die Situation zu beschreiben. Die Landkarte mag einfach sein, doch sie lädt in eine Denkwelt ein, die ein wenig der des Duells ähnelt: In den Ritualen um ein Duell wird deutlich, wie die Kontrahenten auf perverse Weise miteinander kooperieren können. Beide sind sich paradoxerweise darin einig, dass eine Ehrverletzung nur durch eine totale Lösung, den Tod von einem der Kontrahenten, aus der Welt zu schaffen ist. Beide wissen, dass sie sich in derselben Logik bewegen, und können so ganz ruhig, aber in tödlichem Hass »kooperieren«: »Bitte sehr, ich überlasse Ihnen die Wahl der Waffen!« – »Sehr wohl, mein Herr! Wo treffen wir uns?« Was passiert hier? Die Vielfalt der inneren Stimmen, die ganz unterschiedliche, eben eventuell auch versöhnliche Ansichten vertreten (Schulz-von Thun, 2014), werden auf Einheitlichkeit eingeschworen (vgl. das Thema »Groupthink« in Kapitel 9.4).

Man kann sie nicht mehr zulassen, denn man ist in einem affektlogischen Zustand, in dem nur noch die totale Niederlage oder der totale Sieg vorstellbar ist.

11.3 Die Idee der eigenen Überlegenheit und der Andersartigkeit des anderen

Die Überzeugung einer Person, in wichtigen Bereichen besser zu sein als andere Menschen, verbindet sich mit dem Gefühl der Besonderheit und mit der Überzeugung, besondere Ansprüche stellen zu können. Das kann so weit gehen, dass eine Person gesellschaftliche Regeln als für sich irrelevant betrachtet, da sie ihre eigenen Gedanken, Gefühle und Erfahrungen als privilegiert erlebt. Auch Gruppen können diese Idee teilen. Hier geht es dann um die Überzeugung, moralisch der anderen Gruppe überlegen zu sein, im Vergleich zu ihnen besonders zu sein, bis hin zu der Idee, zu einer besonders auserwählten Gruppe zu gehören (Eidelson u. Eidelson, 2003, S. 184 f.).

Die Erfahrung, die mit dieser Art Denken einhergeht, ist die, vom anderen ganz und gar getrennt zu sein, der andere ist völlig anders als man selbst. In gewisser Weise ist er oder sie gar kein wirklicher Mensch, eher eine Art Tier, Dämon oder Roboter.[57] In dem Moment, wenn es zu einer offenen Kontaktaufnahme kommt, können derartige Annahmen nicht mehr aufrechterhalten werden:

- In einem Bericht über die Aktion »Ferien vom Krieg«, wo Jugendliche aus verfeindeten Völkern unter professioneller Moderation gemeinsam Urlaubszeit verbringen,[58] wurde ein palästinensischer Jugendlicher mit der Bemerkung über einen moderierten Gesprächskreis zitiert: »Als das israelische Mädchen begann zu weinen, war ich ganz erstaunt. Ich dachte immer, Israelis haben keine Gefühle!« (zit. aus dem Gedächtnis).

---

57 Rassismus ist die extreme Steigerung dieser Denkungsart. So wurden in Zeiten der Sklaverei die schweren körperlichen Strafen damit begründet, dass die Sklaven ein anderes Gefühl für Schmerz hätten als man selbst.
58 Zum Projekt »Ferien vom Krieg. Dialoge über Grenzen hinweg«, siehe die Website https://ferien-vom-krieg.de/

- Der Film »Merry Christmas« spielt 1914 im Ersten Weltkrieg, er beruht auf einer wahren Geschichte: Die Soldaten der verfeindeten Nationen liegen einander schon seit Monaten an der Westfront im Stellungskrieg gegenüber. Am Heiligabend entsteht eine Situation, in der sie sich zum Teil mit Zeichen, zum Teil auch ohne Worte auf einen inoffiziellen Waffenstillstand verständigen. Das erste Weihnachtslied beginnt, die andere Seite antwortet mit Applaus, man beginnt, gemeinsam zu singen. Mit Kerzen geschmückte Tannenbäume werden im Niemandsland aufgestellt. Die Soldaten verlassen die Gräben und wünschen einander ein frohes Fest. Am nächsten Tag können sie nicht mehr aufeinander schießen. Auf beiden Seiten arbeiten die Offiziere dann daran, den Geist der Andersartigkeit wieder in die Soldaten einzupflanzen, der Erfolg ist nur mäßig. Die Gruppen werden auseinandergerissen, einige werden als Rädelsführer hingerichtet, andere an andere Frontabschnitte beziehungsweise die Ostfront versetzt.

Wer es darauf anlegt, in den angesprochenen dämonisierten Zonen destruktiv zu agieren, ohne die Verantwortung für das eigene Handeln übernehmen zu müssen, braucht die essenzielle Asymmetrie, die Idee der teuflischen Andersartigkeit des anderen. Dieses Denken und die entsprechende Rhetorik sind nicht an eine bestimmte Kultur oder Konfliktform gebunden; fundamentalistische und rassistische Gruppen bedienen sich ihrer, aber wenn es beispielsweise um den Kampf gegen den Terrorismus geht, finden sich derartige Töne auch bei demokratischen Politikerinnen, Politikern oder in den Medien (von Schlippe, 2022c/im Druck).

Zwei bewegende Gruppierungen möchte ich noch an dieser Stelle nennen, die mich sehr beeindruckt haben, weil sie sich diesem Denken mit einer besonderen Kraft entgegenstellen. Zum einen ist dies die Gruppe »Combatants for Peace«,[59] eine Gruppe von ehemaligen Kämpferinnen und Kämpfern aus Palästina und Israel, die sich zusammengetan haben aus der Erfahrung heraus, dass man mit der Verteufelung des anderen keinen Zentimeter im Friedensprozess

---

59 https://cfpeace.org/ Abruf 2.4.2022

vorankommt. In dem von ihnen herausgebrachten Film »Disturbing the peace«[60] wird die Entstehungsgeschichte dieser Gruppe gezeigt (so waren sich zu Beginn beide Seiten sich unsicher, ob die erste Kontaktaufnahme nicht eine Falle sein würde). Die andere Gruppe ist der »Parents Circle«,[61] eine Vereinigung israelischer und palästinensischer Familien, die eines gemeinsam haben: Sie haben ein Familienmitglied, meist ein Kind, aufgrund terroristischer oder kriegerischer Kampfhandlungen verloren und sich entschieden, nicht den Weg der Rache zu gehen, sondern aufeinander zuzugehen. In dem bewegenden Buch »Apeirogon« wird die Geschichte zweier dieser Familien exemplarisch am Beispiel der Väter, Bassam und Rami, dargestellt (McCann, 2021). Erzählt wird der beeindruckende Weg der beiden Personen, die jeweils den Verlust einer Tochter erleben mussten. Statt auf Rache zu sinnen, wurden sie Freunde und entschieden sich, als politisch aktive Menschen anderen ihre Geschichte zu erzählen und für ein Ende der Besatzung und der Gewalt zu werben. Was der Israeli Rami vom ersten Treffen erzählt, zeigt, wie zerstörerisch der Gedanke der Andersartigkeit des anderen ist und welche Kraft darin liegt, ihn loszulassen: »Ein Bus hielt, und mehrere Palästinenser stiegen aus. Das war ein Schock. Ich wusste, es würden welche dabei sein, und trotzdem war ich fassungslos. Araber? Die zum selben Treffen gingen wie Israelis? Wie war das möglich? Denkende, fühlende, atmende Palästinenser? Und dann sah ich diese Frau, ganz in Schwarz, in einem traditionellen […] Kleid mit Kopftuch – eine Frau, die ich an einem anderen Ort vielleicht für die Mutter eines der Mörder meines Kindes gehalten hätte. Sie […] kam langsam und würdevoll auf mich zu. Und dann sah ich es, sie hielt ein Foto ihrer Tochter vor der Brust […] Ich war wie vom Donner gerührt: Diese Frau hatte auch ihr Kind verloren. Das klingt vielleicht wie eine ganz simple Einsicht, aber so war es nicht. Ich hatte in einer Art Sarg gelebt und auf einmal sprang der Deckel auf. Der Schmerz unterschied sich in nichts von meinem Schmerz […] Das

---

60 https://peacenews.com/disturbing-the-peace-new-film-reveals-hope-for-israel-palestine/ Abruf 2.4.2022; Vorsicht: nicht mit dem gleichnamigen Kriminalfilm zu verwechseln.
61 https://www.theparentscircle.org/en/about_eng/ Abruf 2.4.2022

war wie ein Hammerschlag auf den Kopf, der mich aus meiner inneren Erstarrung löste.« Etwas später ergänzt er: »Damals fehlte mir das Bewusstsein, um es mir einzugestehen [...] Ich war Ende vierzig, und zum ersten Mal in meinem Leben begegneten mir Palästinenser als menschliche Wesen [...] als reale Menschen. Ich kann nicht fassen, dass ich das sage, es hört sich total falsch an, aber es war wie eine Offenbarung – ich erkannte sie als Menschen, die die gleiche Last trugen wie ich, dasselbe Leid empfanden« (McCann, 2021, S. 292 f.).

11.4 Grundmisstrauen, Verschwörung und Heimlichkeit

Was wir bereits beim feindseligen Wahrnehmungsfehler (Kapitel 9) kennengelernt haben, hat seine Entsprechung auch im Denken. Es geht von der Feindseligkeit und den böswilligen Absichten der anderen Seite aus. Sich realistisch bewusst zu sein, dass Menschen nicht immer positive Absichten haben, ist ein nützlicher Schutzmechanismus. Wenn man aber das Verhalten anderer grundsätzlich misstrauisch interpretiert, beeinträchtigt diese Übergeneralisierung die Fähigkeit, zwischen Personen und Situationen zu unterscheiden, in denen Vertrauen angemessen ist oder eben nicht (Eidelson u. Eidelson, 2003, S. 187). Alles, was der Gegner macht, erlebt man in der Konfliktlogik potenziell gegen sich gerichtet. Das bedeutet zugleich, dass man selbst dafür sorgen muss, sich zu verschwören und heimlich eigene Pläne zu verfolgen. Die Grundannahme lautet, dass nichts so ist, wie es scheint. Auch das positive Verhalten des Gegners ist unter dieser gedanklichen Brille nichts als ein Trick. Entsprechend muss man selbst ebenfalls heimlich aktiv werden, verschwiegen sein, um den Gegner zu isolieren und potenzielle Kritik im eigenen Lager zu unterbinden. Insbesondere in Gruppenkonflikten (ausführlich zu Gruppenkonflikten siehe Redlich u. Rogmann, 2014) kann diese Art des Denkens dazu führen, dass innerhalb der jeweiligen Gruppe soziale Konformität gefordert wird. Die Gruppe schottet sich gegen externe Information weitgehend ab. So können gefährliche Eigenwelten entstehen, denn die »Wirklichkeit«, auf die reagiert wird, ist sehr eigensinnig und wird von externen Beobachtern keineswegs geteilt.

Ins Konfliktnotizbuch könnte an dieser Stelle eine
Anregung von Niklas Luhmann eingetragen werden.
Er war sich durchaus bewusst, dass blindes Vertrauen
gefährlich werden kann: Vertrauen braucht »Hilfs-
mechanismen des Lernens, Symbolisierens, Kon-
trollierens, Sanktionierens und […] Kraft und Aufmerksamkeit« (Luhmann, 1989, S. 99). Und doch
ging er davon aus, dass Vertrauen »die Strategie mit der
größeren Reichweite« sei. Risikomündige Schritte in die
Richtung des Aufbaus einer Vertrauenskultur müssen immer mit
dem »Problem der riskanten Vorleistung« umgehen (Luhmann,
1989, S. 23; siehe auch Kapitel 18.4 in diesem Buch), die Möglichkeit der Enttäuschung bleibt. Zugleich ist es eine besondere Form
von Investition: »Alles Vertrauen beginnt mit Großzügigkeit. Und
es ist sehr schwer, sich dem Charme großzügig unterstellten Vertrauens zu entziehen« (Sprenger, 2012, S. 135). Vertrauen braucht
Beziehungsarbeit. Dann hat es die Chance, soziales Kapital zu ver-
mehren, die Renditeerwartung ist hoch, aber auch genauso wenig
sicher wie an der Börse (von Schlippe, 2014d, S. 201).

11.5 Die Notwendigkeit der unmittelbaren Reaktion

Es gehört zu einem konflikthaften Mindset, dass der andere auf
keinen Fall denken dürfe, er habe aus seinem Verhalten einen Vorteil gewonnen. Was immer er oder sie also tut, braucht möglichst
sofort eine Reaktion. Aus der Anspannung des Konflikts und einer
Handlung des anderen heraus verlangt das voll unter Adrenalin
stehende Denken, dass man *sofort* zurückschlagen müsse – sonst
habe man schon verloren. So nimmt zum einen die Eskalations-
geschwindigkeit zu, zum anderen auch die Intensität der Reaktion.
Es ist genau dieser Gedanke, der die Eskalationsschleife weiter nach
oben treibt. Hier ist gut erkennbar, wie ein Konfliktsystem die Verhaltensspielräume der Akteure immer mehr einengt. Es gibt nur
die Steigerung der Eskalation als Möglichkeit, man empfindet beinahe eine Verpflichtung dazu: »Das geht doch jetzt nicht anders! Ich
bin gezwungen, so zu handeln!« Doch ähnlich wie der Begriff der
Alternativlosigkeit ist auch das Muss ein Produkt unseres Denkens:

Es gleicht einem »Gleis, das in der Sprache angelegt ist« (Wittgenstein, 2015, S. 166).

11.6 Versunkene Kosten

Mit versunkenen Kosten wurde ursprünglich ein finanzwirtschaftlicher Denkfehler beschrieben (die sogenannte Sunk Cost Fallacy), den man auch auf Konflikte anwenden kann (von Kummer u. von Schlippe, 2022):[62] Wenn eine bereits getätigte Investition nicht das erhoffte Ergebnis erbracht hat, tendiert man dazu, weiter Zeit und Geld in das Projekt zu stecken in der Hoffnung, dass sich die frühere Investition letztendlich doch gelohnt haben möge. Man investiert paradoxerweise also umso mehr, je mehr man bereits vergeblich investiert hat – ein Phänomen, das an Glücksspielsucht erinnert: Der Einsatz wird mit irrationaler Beharrlichkeit gesteigert.

Auch in persönlichen Konflikten können wir eine solche Verformung des Denkens entdecken. Denn die Aufrechterhaltung einer Konfliktlage ist ebenfalls eine »Investition« – man streitet sich ja, weil man im Ergebnis »Recht haben« will, und man leistet dabei einen Einsatz – an Emotionen, an Nachdenken, aufgesetzten Schriftstücken, konsultierten teuren Anwälten, angerufenen Schiedsgerichten usw. Je festgefahrener und chronischer ein Konflikt ist, umso größer werden die Hürden, sich mit der Unlösbarkeit abzufinden, das Streiten sein zu lassen oder gar nachzugeben.

Kosten sind bei Fehlinvestitionen »versunken«, wenn sie sich nicht amortisieren, nicht rückgängig gemacht und auch nicht mehr beeinflusst werden können. Gleiches gilt im Konflikt – die Lebenszeit und die Nerven, die man in einem Konflikt gelassen hat, bekommt man nicht zurück. Der Denkfehler liegt nun darin, dass man, wenn man schon so viel in den Konflikt investiert hat, diesen eigentlich unbedingt gewinnen, aber doch wenigstens ohne Gesichtsverlust nicht verlieren will. Das bisherige Engagement soll nicht umsonst gewesen sein. Damit versinkt man aber im Teufelskreis sich steigernder Eskalation.

---

62 Auf diesen Text gehen die nun folgenden Ausführungen weitgehend zurück.

Der Umgang mit versunkenen Kosten ist psychologisch herausfordernd: Menschen tun sich schwer, ein Scheitern zu akzeptieren. Die Entscheidung, verfehlte Investitionen – oder einen festgefahrenen Streit – abzuhaken, erfordert das Eingeständnis, eine verlustbringende Fehlentscheidung getroffen zu haben. Wer sich dieser Erkenntnis verweigert, hält daran fest, dass man irgendwie doch das Richtige getan habe und doch noch zu einem lohnenden Ergebnis kommen werde. Die Wahrnehmungsverzerrung soll das Selbstwertgefühl schützen, da man sich ungern eingesteht, falschgelegen zu haben. Doch der Preis mag hoch sein. So wie man gutes Geld schlechtem hinterherwirft, verschwendet man hier kostbare Lebenszeit, Energie und Mittel damit, einen festgefahrenen, sich steigernden Konflikt am Leben zu erhalten.

In das Konfliktnotizbuch könnte an dieser Stelle der Eintrag passen: Nicht jede einmal angefangene Aktivität muss auch zu einem Ende gebracht werden – mitunter ist ein Projektabbruch mit Schadensbegrenzung der bessere Weg. Es kann eine Befreiung sein, sich von der Erwartungshaltung zu lösen, dass sich vergangene Investitionen unbedingt amortisieren müssen. Der Preis, gleichzeitig der Gewinn der Freiheit, kann darin liegen, einen Konflikt einfach »fallenzulassen«. Der beste Weg ist natürlich, Anzeichen des drohenden Strudels, in den man gerät, frühzeitig zu erkennen und Konflikte nicht so weit zu treiben, dass man nur noch in Kategorien von Sieg oder Untergang denken kann.

12 Immer schneller: Hochgeschwindigkeitskommunikation

Abbildung 17: »Immer!« – »Nie« (Zeichnung: Björn von Schlippe)

Die Argumentation oszilliert in den verschiedenen Kapiteln ja immer wieder zwischen dem Geschehen auf der seelischen Ebene (Wahrnehmung, Denken) und der Ebene des Sozialsystems (Kommunikation). Nachdem die letzten Kapitel sehr stark psychologischen Vorgängen gewidmet waren, kommen wir in diesem und im nächsten Kapitel zurück zu der Frage, was in der Zwischenzeit eigentlich mit der Kommunikation passiert ist. Auch hier engen sich die Möglichkeiten der Beteiligten stark ein, inzwischen sind feste Muster entstanden, wie die Kommunikation des einen jeweils vom anderen verstanden und beantwortet wird. Das hatten wir schon beim feindseligen Wahrnehmungsfehler (Kapitel 9): Wenn man erst einmal auf dem Karussell Platz genommen hat, wird es immer schwerer, dieses zu verlangsamen oder gar zu stoppen. Die Konflikteskalation verlangt sozusagen von selbst nach Beschleunigung.

Ein Weg der Beschleunigung besteht in der »geeichten Kommunikation«, für die meines Erachtens der Begriff »Hochgeschwindigkeitskommunikation« noch besser passt (auch wenn es hier nicht um technologischen Fortschritt geht): Warum sich noch Mühe geben zu verstehen, was der andere gesagt beziehungsweise vielleicht sogar gemeint hat, wenn man doch sowieso schon weiß, was er sagen will? In manchen Situationen ist das ja sogar ein Vorteil, etwa wenn man eingespielt, Hand in Hand miteinander arbeitet und ein Pfiff bereits unhinterfragt verstanden wird als: »Gib mir mal eben den Vierzehner-Schlüssel rüber!«

Doch wenn es um Konflikte geht, ist das anders. Vermutlich kennt in Ansätzen jeder diese Art Muster: Man setzt an, einen Satz zu sagen, wird nach zwei bis drei Worten vom anderen unterbrochen: »Stimmt doch gar nicht!«; »Das war ganz anders!« oder auch (gleich ein Sprung in den nächsten Gang der Karussellgeschwindigkeit): »Quatsch! Dein narzisstisches Gewäsch muss ich mir nicht länger anhören!« (besonders beliebt unter Psychologenpaaren). Der Begriff »geeicht« wird meines Wissens genutzt, um Geräte, Waagen und Messvorrichtungen daraufhin zu prüfen, ob sie auch das messen, was sie zu messen vorgeben, ob ein Gewicht, das in der Waage auf dem Markt ein Kilo Kartoffeln abwiegt, auch wirklich ein Kilo wiegt. Es geht also um immer »das Gleiche«.

In der Kommunikation unter Stress geht es oft genau darum. In geeichten Schleifen wird nicht mehr nachgefragt, sondern man setzt das Gehörte mit dem gleich,[63] was man bereits erwartet zu hören, man braucht es nicht mehr zu überprüfen, weil man schon weiß

---

63 Ein kleiner Hinweis an dieser Stelle: Wenn es ähnlich wird, ist es besonders wichtig, auf die Unterschiede zu achten! Denn eine Aussage wie: »Du bist *genau* wie mein Vater!« beendet jedes Gespräch. Man packt den anderen sozusagen in eine feste Kategorie und »weiß«, wie er ist); schon, wenn man stattdessen sagt: »Du bist ganz ähnlich wie mein Vater!«, entstehen neue Chancen, man kann neugierig auf die Unterschiede werden und danach fragen, in welcher Hinsicht er denn vielleicht auch anders ist, und dann kommt man vielleicht zu der Erkenntnis: »Du bist in der und der Hinsicht ähnlich wie mein Vater, aber zum Glück bist du in dieser Hinsicht auch ganz anders als er!« Eine kleine Faustregel also für das Konfliktnotizbuch: Vermeiden Sie Formulierungen wie »genauso wie«, »gleich« und ersetzen Sie sie konsequent durch »ähnlich«. In unserem sozialen und seelischen

(siehe Kapitel 8). Damit macht man sich für Feinheiten der Kommunikation blind. Man hält das für real, von dem man *denkt*, dass der andere es sagt. Und auch falls das nicht ganz mit der Erwartung zusammenpasst, weiß man auf jeden Fall trotzdem, was er wirklich meint: »Ja, das sagst du jetzt so, aber du meinst es anders, nämlich …!« Die eigene Wahrnehmung wird als Wahrheit verbucht und gegen jedes Hinterfragen abgeschottet. Die amerikanische Familientherapeutin Virginia Satir identifizierte zusammen mit ihren Schülern (die später das NLP, das Neurolinguistische Programmieren, begründeten) eine Reihe typischer Muster (Bandler, Grinder u. Satir, 1976; siehe zum Überblick auch Plate, 2013). Sie wirken zusammen und ergeben diese Form der Kommunikation, die von den Beteiligten meist als ausgesprochen quälend erlebt wird.

- *Gedankenlesen:* Die Interpretationen eigener Beobachtungen werden unhinterfragt für wahr gehalten. Eine an sich harmlose Frage wie: »Ist eigentlich die Bestellung an die Firma X rausgegangen?«, wird dann unhinterfragt verstanden als: »Jetzt werde ich schon wieder kontrolliert, ich halte das nicht mehr aus!« und entsprechend bissig beantwortet.[64] Der andere fragt sich vielleicht verwundert, was er denn jetzt schon wieder falsch gemacht hat. Manchmal hilft es, sich klar zu machen, dass man dem, was da gesagt wurde, einen zu großen Bedeutungsüberschuss beigemessen hat.

In einem Konfliktgespräch zwischen Vater und dem erwachsenen Sohn kam es immer wieder auf beiden Seiten zu sehr heftigen Reaktionen, die mich erstaunten, weil sie mit dem Inhalt des Gesagten sehr wenig zu tun hatten. Nachdem wir mehrfach die Dialoge wie beim Video mit der »Zurücktaste« noch einmal genau durchgespielt haben (»Was wurde gesagt?« – »Was wurde gehört?«), kommen wir zu dem Bild des »Abwertungshörgerätes«, das beide im Ohr haben. Sehr schnell wird dem, was der jeweils andere gesagt hat, eine negative Bedeutung zugeschrieben

---

Leben passt das Wort »gleich« eigentlich nie. Es zu nutzen, kann verhängnisvoll sein, denn man hört auf, nach Unterschieden zu suchen, und das Gespräch endet.

64 Peter Fuchs schreibt dazu den schönen Satz: »Wir behandeln […] Gedanken als das, was sie nicht sind, nämlich Kommunikationen« (Fuchs, 1993, S. 35).

(eben Bedeutungsüberschuss). Im weiteren Verlauf spielte die Metapher des Abwertungshörgerätes eine wichtige Rolle, unter anderem deshalb, weil das Wort bei beiden schnell ein Schmunzeln auslöste.

- *Gedankenlesen voraussetzen:* Eine Aussage wird nicht gemacht, der Mensch verhält sich aber so, als habe er sie gesagt und erwarte beispielsweise die Erfüllung eines Wunsches (»Sie müsste wissen, was ich von ihr will ...« oder, noch schwieriger: »Wenn sie mich wirklich lieben würde, würde sie ...«). Es wird selbstverständlich davon ausgegangen, dass der andere genau weiß, was in einem selbst vorgeht – und wenn er oder sie sich nicht dementsprechend verhält, zeigt das seine geringe Bereitschaft zur Lösung. Eine klare Aussage fehlt, aber es wird erwartet, dass der andere sich so verhält, als sei sie ausgesprochen worden.
- *Es wird vermieden, persönlich Stellung zu beziehen:* Statt prägnant die eigenen Bedürfnisse und Sichtweisen zu vertreten, werden in verfahrenen Konfliktsituationen persönliche Fürwörter oft vage gebraucht (wir, sie, man, jemand), oder es wird im Passiv gesprochen (»Es müsste noch mal nachgedacht werden, ob ...«).
- *Teiläquivalenz:* Ein Teil der kommunikativen Botschaft wird für das Ganze genommen, also man reagiert etwa nur auf mimische Signale (beispielsweise die zusammengezogenen Augenbrauen des anderen) oder den Klang der Stimme, ohne auf den Inhalt zu achten (»Wenn er so guckt, weiß ich schon Bescheid!«).
- *Übermäßige Generalisierung:* Welche Erfahrung es in einer spezifischen Situation auch ist, sie wird auf die gesamte Wirklichkeit bezogen (»Sehen Sie, so ist sie immer!«). Sprachlich werden Universalien verwendet wie: Nie ..., Immer ..., Alle ....

Das wesentliche Merkmal der geeichten Kommunikation ist die Geschwindigkeit, mit der sie abläuft. Gerade in der Paartherapie kommt man als Therapeutin dem Schlagabtausch der Partner gar nicht mehr nach, es ist wie beim Tennis, nur dass der Kopf des Beobachters noch schneller hin und hergehen muss. Daher ist das Gegengift hier vor allem Verlangsamung und – ein viel strapaziertes Wort – Achtsamkeit, durch die es möglich wird, den anderen auf eine neue Weise anzusehen. Diese kann durch einen kontrollierten Dialog unterstützt werden (eine Übung, die ich persönlich – so nützlich sie ist – immer etwas mühsam finde): Der andere darf jeweils erst dann eine Antwort geben, wenn er die Aussage des einen in eigenen Worten wiedergegeben, also paraphrasiert hat. Leichter geht es vermutlich, wenn eine dritte Person im Raum ist, die als »professioneller Übersetzer« bei der Verlangsamung hilft. Auch die in Kapitel 3 vorgestellte kleine Übung zu den eigenen Knöpfen, die einen in Empörung schießen, kann hier vielleicht helfen. Wenn man sie erkennt, kann man dem anderen möglicherweise einen kleinen Tipp geben, wie er oder sie es anstellen kann, einen selbst ganz schnell auf 180 zu bringen. Das ist allerdings nur empfehlenswert bei geringen Eskalationsgraden …

Ein interessanter methodischer Zugang der Auflösung geeichter Schleifen bei Paaren stammt aus der Arbeit einer systemtherapeutischen Lehrpraxis, in der ich als Mitglied eines therapeutischen Dreierteams[65] lange Jahre tätig war (Grabbe, Jürgens u. von Schlippe, 1998):

Wir arbeiteten jeweils so, dass einer von uns das Gespräch führte, während die anderen beiden als Reflektierendes Team (RT; siehe Kapitel 20) das Gespräch kommentierten. Bei diesem systemischen Vorgehen wird das Gespräch in verschiedene Phasen unterteilt. Zu Beginn führt eine Beraterin mit einem Paar (oder einer Familie, einem Team oder Ähnlichem) etwa 30–45 Minuten ein Gespräch, in dem das Problem aus verschiedenen Perspektiven beschrieben wird. Anschließend wechselt der Fokus der Aufmerksamkeit: Nun führen die beiden Beobachter ein Gespräch über das Gespräch, das die Ratsuchenden verfolgen. Im Modus des Zuhörens wird es wesentlich leichter, neue Sichtweisen entspannt aufzugreifen und auf die eigene Situation hin zu durchdenken.

Da wir in der Arbeit immer wieder die beschriebene Hochgeschwindigkeitskommunikation beobachteten, vor allem bei Paaren unter Stress, überlegten wir uns ein Vorgehen, das die Grundidee des RT aufgriff, diese aber zugleich modifizierte: Die Veränderung bestand darin, dass wir die Betroffenen gelegentlich einluden, selbst in eine reflektierende Position zu gehen (Drews et al., 2021). Das heißt, einer

---

65 Gemeinsam mit Gesa Jürgens und Michael Grabbe.

von uns führte mit einem Partner das Gespräch, die andere saß bei den beiden Beobachtern und hörte zu. In der Reflexionsphase wurde sie dann eingeladen, mit den Mitbeobachtern ihre Eindrücke zu reflektieren, der Partner verfolgte auch dieses Reflexionsgespräch und kommentierte es kurz. Danach wurde getauscht und der andere sah jetzt zu, wie die Partnerin interviewt wurde, ohne dass er eingreifen konnte. Mehrfach erlebten wir in dieser Art der Arbeit eine große Betroffenheit: Es wurde deutlich, an welchen Stellen das intime Paargespräch im gestressten Alltag durch einen schnellen Widerspruch (der ja nun unterbunden wurde) zum Erliegen kommt. Die Erfahrung, dass das, was den anderen eigentlich bewegte, doch etwas ganz anderes war, als der jeweilige Partner »immer schon gewusst« hatte, war für diese oder diesen durchaus immer wieder erschütternd. Mehrfach bekamen wir die Rückmeldung, dass durch dieses Vorgehen die Partner einander auf eine ganz neue Weise kennengelernt hätten.

13 Das Gedächtnis sozialer Systeme: Die transgenerationale Weitergabe von Konflikten

Abbildung 18: Die Macht der Geschichten (Zeichnung: Björn von Schlippe)

Auf dem Karussell findet sich noch eine besondere Karussellfigur. Sie sieht ein wenig anders aus als die anderen, kann aber ganz besonders dazu beitragen, dass das Karussell sich über lange Zeit weiterdreht. Es ist die Karussellfigur der Geschichten. Es geht dabei um Geschichten von erlebten Erfahrungen, die ein Mensch in sich trägt, die im engsten Kreis erzählt werden und Menschen miteinander verbinden.

Geschichten sind die universale Form, in der Erfahrungen erinnert und an andere Menschen weitergegeben werden, manchmal über Generationen hinweg. Der Personenkreis, der in die jeweiligen Geschichten einbezogen ist, umfasst unterschiedliche Größenordnungen, vom »Familiengedächtnis« (Wetzel, 2022) bis hin zu kulturellen Gedächtnisstrukturen, in die Volksgruppen oder ganze Völker einbezogen sind (Assmann, 1988; Straub, 2019). Über Erzählungen verorten Menschen sich selbst sinnhaft in der Welt und gewährleisten so das Fortbestehen der Kultur. Geschichten formen das Bild, das ein Mensch von sich selbst hat, prägen seine Selbstbeziehung, seine »narrative Identität« (Straub, 2019). In dieses Bild fließen die persönlichen Erfahrungen ein, aber auch die familiären Erzählwelten, in die er oder sie hineingeboren wurde. Damit können Geschichten als »Gedächtnis sozialer Systeme« auch Konflikte generationenübergreifend am Leben erhalten, diese können manchmal länger leben als die Akteure selbst – von Familienfehden und Blutrachekämpfen bis hin zu Kriegen dürfte die Spannweite dieser Dynamik reichen (ich erinnere an den Begriff »Erbfeind« in Kapitel 6).

Zugleich sind Geschichten schwer zu fassen. Denn eine Erzählung ist kein Foto des eigentlichen Geschehens, sondern als aktive Konstruktion des Bewusstseins nur locker daran gekoppelt. Sie sind dynamische soziale Ereignisse, die eine Vielzahl möglicher Wahrheiten übermitteln, indem sie in den verschiedensten Kontexten, in der Familie, aber auch unter Freunden, in der Schule, in Organisationen usw. wieder und wieder erzählt werden und auch nichtsprachlich, szenisch und körperlich in die Kommunikation gelangen. Gerade die nur angedeuteten Geschichten, die mit nonverbalen Signalen verbunden werden (wie einem Stöhnen, einem schmerzverzerrten Gesicht, wenn etwa Kriegserlebnisse nur andeutungsweise erzählt werden), vermitteln sich besonders intensiv (Mattes u. Musfeld, 2005, S. 7, fassen dies mit dem Begriff »symbolische Performanz« zusammen).

Die Geschichte ist dabei – und das ist wichtig – nie mit den Ereignissen, die sie beschreibt, identisch. Vielmehr ist jede Geschichte eine Form der Gestaltung der Ereignisse, die Erzählerin ist also immer auch Autorin, die mit der Erzählung eine Erklärung, ein bestimmtes Verständnis des Ereignisses vermittelt. Dieser Prozess beginnt schon in der Kindheit: »Es scheint in der Natur des menschlichen Geistes zu liegen, dass wir für alles, was uns und anderen widerfährt, nach Erklärungen suchen […] Das Erzählen einer Geschichte ist nur einer von vielen möglichen Wegen, Fakten überschaubar anzuordnen. Sie ist das Ergebnis der ununterbrochenen Suche des Verstandes nach Ordnung, nach einem ›größeren Rahmen‹, in den eine Handlung eingebettet werden kann« (Stern, 2016, S. 137 f.). So lernt ein Kind, welchen Ereignissen Bedeutung beizumessen ist, wie der eigene Platz im Leben, in der Familie aussieht und wie es in Kultur und Gesellschaft eingebunden ist: »Familienmitglieder stellen das Kind in eine spezifische familien- und individualgeschichtliche Reihe, sie weisen ihm einen kulturell und individuell vorinterpretierten Ort als national, regional, familiär bestimmtes Geschlechtswesen zu. Sie vermitteln dem Kind familiäre Zugehörigkeit. All dies geschieht auf dem Königsweg narrativer Einbettung« (Boothe, 2009, S. 31).

Das Bedürfnis nach Struktur und Ordnung ist uns bereits bei den Themen Erwartungen (Kapitel 2) und Kausalität (Kapitel 5) begegnet. Dass viele der Ordnungsstrukturen die Form von Geschichten im weitesten Sinn haben, dürfte gut nachvollziehbar sein. Denn jede Erfahrung muss, um bewusst so erinnert zu werden, dass man sie anderen und/oder sich selbst erzählen kann, in eine Geschichte verwandelt werden – und wird damit zu einer vom jeweiligen Autor gestalteten Erzählung (Bruner, 1998, 1999). Damit folgt sie dann einer der Erzählung eigenen Logik kausaler Ketten, einem sogenannten Plot: »Also, sie hatte … zu mir gesagt, und darüber war ich so wütend, dass ich zu ihr … gesagt habe. Aber dass die dann deswegen gleich … – das geht dann doch zu weit!«

Wir wollen in die narrative Theorie an dieser Stelle nicht tiefer einsteigen (ausführlich siehe Jakob, Borcsa, Olthof u. von Schlippe, 2022). Es soll hier ja um etwas anderes gehen, nämlich um die Rolle von Konfliktgeschichten und deren Weitergabe im Karussell der Empörung. Eine Geschichte wirkt nämlich auch dann, wenn man sie selbst nur im Hören nacherlebt – im Positiven wie im Negativen. Sie wirkt, weil sie erzählt wird und die mit ihr verbundenen Gefühle sozial geteilt werden. Die Zuhörer reagieren erleichtert auf die Erzählung einer wunderbaren Rettung, sie sind gerührt zu hören, wie zwei Liebespartner einander gefunden haben, lachen über ein komisches Zusammentreffen, freuen sich, wenn das Schicksal einen Bösewicht bestraft – und sie sind eben auch empört, wenn sie von Ungerechtigkeit, Demütigung und andauernden Konflikten hören.

Geschichten sind nicht nur für denjenigen, der sie erzählt, eine Möglichkeit, seine Erlebenswelt zu strukturieren. Sie bewahren auch als kommunikatives Gedächtnis die Erinnerungen einer Gemeinschaft, einer Familie, einer Gruppe, ja auch ganzer Völker (Bleakney u. Welzer, 2009; Welzer, 2005; Wetzel, 2022). Das bedeutet aber, dass durch Geschichten auch über die Generationen hinweg Konflikte und Konfliktdeutungen weitergegeben werden (von Schlippe, 2022b), und zwar nicht nur als Information. Geschichten werden erzählt, um affektive Beteiligung zu erzeugen, der andere soll mitfühlen und im Mitfühlen davon überzeugt werden, dass die Geschichte stimmt. Das ist alles andere als trivial. Jeder weiß, was es bedeutet, von einem berührenden Einzelschicksal zu erfahren, dem kann man sich kaum entziehen. Genau damit wird ja auch Politik gemacht, eine Opferstatistik über unvorstellbare Zahlen berührt weniger als die eine Erzählung, das Interview eines Betroffenen – und selbst wenn wir wissen, dass damit Stimmung gemacht wird, von welcher Seite auch immer, können wir uns dem nur schwer entziehen.

Um wie viel schwerer wird es für ein Kind sein, das in eine Welt der Geschichten hineingeboren wird, die eine Familie schon miteinander teilte, ehe sein Leben begann. Es lernt über diese Geschichten die Lebenswelt kennen, in der es sich bewegt. Elementare Informationen darüber werden gegeben, wer die »Guten« (wir), wer die »Bösen« (die) sind. Auf diese Weise können auch Konflikte verewigt werden, wenn die Erzählerinnen und Erzähler mit sich nicht im Reinen sind, wenn schmerzliche Erfahrungen von Ungerechtigkeiten, von Verlusten und Beschädigung oder gar vom Tod geliebter Menschen nicht verwunden wurden. Solche Geschichten wirken nachhaltig auf spätere Generationen, denn Kinder nehmen diese natürlich zunächst kritiklos auf und identifizieren sich rückhaltlos mit dem jeweiligen, ihnen nahestehenden Erzähler: »Kinder, die sich als Retter der Eltern fantasieren, können deren ungelöste Konflikte sogar massiver austragen als diese selbst, denn ihre Empörung und ihre Bindung versorgen sie mit dem Gefühl absoluter moralischer Berechtigung. Das beinhaltet eine ganz eigene Tragik: Derjenige, der selbst eine schwere Kränkung erlebt hat, kann irgendwann trotz allem auf den anderen zugehen und einen Schlussstrich ziehen: ›Komm', lass uns die alte Sache begraben!‹ Das geht aber nur bei eigenen Kränkungen. Bei einer Geschichte, über die ein Kind mit einem aus der früheren Generation loyal verbunden ist, ist dies nicht möglich, denn eine Versöhnung würde die Loyalität zu dieser Person verraten ... Die Geschichte ist eine ›Konserve‹ geworden, unveränderlich. Sie wird an einem falschen Ort fortgesetzt, an dem es keine Lösung gibt. Massive transgenerationale Konflikte bis hin zu generationsübergreifenden Fehden lassen sich möglicherweise so erklären und rekonstruieren« (von Schlippe, 2022b, S. 130 f.). Durch derartige Erinnerungen aus zweiter Hand können schwer auflösbare Loyalitätsbindungen entstehen. Geschichten von erlebten Ungerechtigkeiten mögen erzählt und so an Enkel und Urenkel tradiert werden, die die Ereignisse selbst gar nicht erlebt haben, aber dennoch die Emotionalität, die damit verbunden war, weitertragen: Wurde nicht schon Opas Partnerin immer von seinen Geschwistern abgelehnt? Hatten nicht deshalb seine Kinder unter der Verwandtschaft zu leiden? Und warum soll man selbst als Gesellschafter sich denen gegenüber kooperativ zeigen, die doch »alles« zu verantworten haben, was in der Familie schieflief?

Das folgende Beispiel wurde leicht modifiziert entnommen aus von Schlippe (2014c, S. 149):

In einer großen Unternehmerfamilie hatte es über viele Jahre hinweg einen intensiven Familienzusammenhalt gegeben. Die Eltern und die sechs Geschwister lebten örtlich sehr nah, man traf sich ständig, es war »wie eine einzige große Familie«, die Türen standen offen, die Kinder waren »überall zu Hause«. Doch, wie es so ist, irgendwann kam es um einen der Geschwister zum Streit. Er fühlte sich abgelehnt und ausgegrenzt, vor allem hatte er den Eindruck, seine Frau werde von den anderen nicht wirklich akzeptiert. Schließlich zog er mit seiner Familie aus dem Ort fort, in dem alle Kinder des Gründers mit ihren Familien lebten. Seine einzige Tochter fühlte sich zeitlebens von der Großfamilie abgelehnt. Sie beteiligte sich trotz ihres hohen Einzelanteils am Unternehmen wenig an den Geschicken des Unternehmens. Ihr ebenfalls einziger Sohn kannte das Geschehen nur noch aus Erzählungen. Er war empört über das, was man seiner Familie angetan hatte. Nachdem er die Anteile übernommen hatte, begann er, sich in den Gesellschaftertreffen heftig einzumischen und sich bei allen möglichen

Entscheidungen querzustellen: »Nein! Warum sollte ich jetzt zustimmen? Ihr habt es damals unserer Familie auch nicht leicht gemacht!« Da in den anderen Familien über die Generationen hin weitaus mehr Kinder geboren worden waren, hatte er nun den größten Einzelanteil. Seine Stimme hatte einiges Gewicht, die Unternehmensführung war zwar nicht blockiert, aber doch deutlich beeinträchtigt. Es war allerdings nur noch eine »Verhinderungsmacht«, die sich aus den alten Geschichten herleitete und die ursprünglichen Konflikte verewigte. Denn er revanchierte sich für die Demütigungen früherer Generationen. Den anderen entgegenzukommen, wäre ihm wie ein Verrat an seiner Herkunftsfamilie vorgekommen.

Die Empörung über vergangene Untaten wird weitergegeben, das Karussell wird mit frischer Energie versorgt – so kann ein Konflikt ewig leben.

14 Wir haben ein Haustier: Der Konflikt als parasitäres Sozialsystem

Abbildung 19: Der Krake zieht die Fäden (Zeichnung: Björn von Schlippe)

> »Die destruktive Kraft des Konflikts liegt nicht in ihm selbst und erst recht nicht in den Schäden an Reputation, Handlungspotential, Wohlstand oder Leben, die er den Beteiligten zufügt; sie liegt in dem Verhältnis zum System, in dem der Konflikt Anlass und Ausgang gefunden hatte – etwa im Verhältnis zum Nachbarn, in der Ehe oder Familie, in der politischen Partei, im Betrieb, in den internationalen Beziehungen usw. Insofern eignet sich die Metapher der parasitären Existenz von Konflikten; aber das Parasitentum ist hier typisch nicht auf Symbiose angelegt, sondern tendiert zur Absorption des gastgebenden Systems durch den Konflikt in dem Maße, als alle Aufmerksamkeit und alle Ressourcen für den Konflikt beansprucht werden« (Luhmann, 2004, S. 532f.).

14.1 Das Konfliktsystem

Wir sind nun schon weit im Empörungskarussell nach vorn gerückt (obwohl das Karussell ja rund ist und jedes Vorwärtskommen eine Illusion). An dieser Stelle möchte ich noch einmal zu einem kleinen Ausflug in die Systemtheorie einladen. Kommen wir noch einmal auf die Grafik von Jürgen Kriz im ersten Kapitel zurück (siehe Abbildung 2). Sie verdeutlicht, wie aus sich wiederholenden Abläufen langsam ein System entsteht, das diese Abläufe nach einiger Zeit seinerseits bestimmt, ja beherrscht.[66] In den vergangenen Kapiteln wurde deutlich, wie sehr wir Menschen von archaischen Mustern beeinflusst sind, wenn es um die Entstehung des Empörungskarussells geht. Wir reagieren auf das Konfliktgeschehen mit affektlogischen Reflexen, durch die wir, ohne darüber kritisch zu reflektieren und ohne es zu merken, ein eigenes Konfliktsystem entstehen lassen, das zunehmend von den Kontrahenten Besitz ergreift und sie – also uns – in seine Logik hineinzwingt. Damit werden die Verhaltensmöglichkeiten der Akteure immer geringer, es gibt nur noch die Möglichkeit, weiter zu eskalieren – es sei denn, man wählt den Weg der Bewusstheit und betrachtet das Geschehen reflektierend, sozusagen von oben, aus der Vogelperspektive heraus. Doch das erfordert es, über den eigenen Schatten zu springen. Dazu später im dritten Teil mehr (insbesondere Kapitel 20).

Konflikte als ein System eigener Art zu sehen, kann dabei helfen, die Idee loszulassen, der Konflikt würde irgendwo in einer Person und deren Fehlern liegen und es stünde in seiner oder ihrer Macht, ihn zu beenden (meist liegen ja ohnehin die Ideen, wer derjenige wäre, der sich ändern müsste, wie erwähnt, weit auseinander). Alexander Kluge sagt in einem Interview mit Peter Neumann (2022) über die Extremform des Konflikts, den Krieg: »In einer antagonistischen, pluralen Welt kann man nicht entscheiden. Niemand kann das. Man kann nur verhandeln oder Krieg führen. Aber gerade im Krieg kann man nicht entscheiden. Der Krieg ist ein Dämon, den man nicht

---

66 In der Sprache der Synergetik spricht man davon, dass ein »Ordner« die Dynamik der Elemente, aus denen er besteht, »versklavt« (Kriz, 2006, 2017a, 2017b).

beherrschen kann. Im Krieg ist nichts entscheidbar. Keiner kann gewinnen. Wer auch immer gewinnt, stürzt ab [...] Sie dürfen den Krieg gar nicht erst anfassen, denn er ist infektiös wie ein Virus.« Es kommt darauf an, sich vom Blick auf die handelnden Personen zu lösen und diese auch als Gefangene des entstandenen Konfliktsystems zu sehen, das ihnen seine Gesetzmäßigkeit aufzwingt. Das macht es leichter, sich von der Schuldfrage zu verabschieden (wohlgemerkt: Das bedeutet nicht, einen Menschen nicht für seine konkreten Handlungen verantwortlich zu machen). Es wird erkennbar, dass das aus den eigenen Interaktionen heraus entstandene Konfliktsystem nun den Beteiligten seinerseits die Abfolge der Interaktionen in seiner ganz eigenen Logik diktiert, in der Logik des Empörungskarussells: Die Parteien haben sich in gewisser Weise ein »Haustier« geschaffen, das sie nun im Griff hat.[67] Es wird in der Systemtheorie auch als »parasitäres Sozialsystem« bezeichnet: »Konflikte sind [...] soziale Systeme, die sich aus gegebenem Anlass in anderen Systemen bilden, die aber nicht den Status von Teilsystemen annehmen, sondern parasitär existieren« (Luhmann, 1984, S. 531 f., 1996; siehe auch Bonacker, 2008).

Was das bedeutet, müssen wir uns noch etwas näher ansehen. Ein Konflikt braucht ein bestehendes Kommunikationssystem. Er setzt sich in dieses hinein und »nährt« sich von den Erwartungsstrukturen, das heißt, er zerstört sie, indem er zunehmend alle Aufmerksamkeit und alle Ressourcen für sich (den Konflikt) beansprucht. Während, wie schon oft gesagt, viele Konflikte Alltagsphänomene sind, die sich meist schnell wieder auflösen und daher nicht für unsere Fragestellung von Interesse sind, kann sich manchmal daraus ein parasitäres System mit einer eigenen Kraft entwickeln. Dann richtet sich der Konflikt seine Akteure zu, indem er sie zwingt, sich nach seiner Logik zu verhalten. »Es bilden sich Freund-Feind-Verhältnisse aus

---

67 Das wunderbare Kinderbuch von Irina Korschunow »Wenn ein Unugunu kommt« beschreibt als Symbolgeschichte eigentlich genau dieses Phänomen: Eines Sonntagnachmittags klingelt ein undefinierbares Wesen, eben ein Unugunu, bei einer Familie und watschelt ins Wohnzimmer. Auf dem bequemsten Sessel sitzt es da, »dick und aufgeblasen wie ein Luftballon« und beginnt, die Familie zu terrorisieren. Es braucht einiges an Aufregung, bis diese sich von dem Monster befreit (Korschunow, 1981).

und somit extreme Vereinfachungen gegenüber realen Situationen« (Luhmann, 2004, S. 337). Mit jeder Interaktion werden die Freiheitsgrade für die Beteiligten geringer. Daher spricht Luhmann auch von der »organisierenden Kraft« von Konflikten, die zu hochintegrierten Sozialsystemen werden und die Verhaltensspielräume der Akteure immer mehr einschränken.

Konflikte entstehen nicht aus dem Nichts. Sie brauchen die Verwerfung einer bereits gebildeten Erwartungsstruktur – einfacher gesagt: Sie brauchen etwas, wozu man Nein sagen kann. Wenn zwei Leute sich treffen, haben sie nicht sofort einen Konflikt, es sei denn, sie treffen mit schon vorab gebildeten Erwartungsstrukturen aufeinander (»Ah, du gehörst zu der verfeindeten Volksgruppe, also bist auch du mein Feind!«). Ohne Erwartungen, die enttäuscht werden (die im ersten Kapitel angesprochene doppelte Verneinung), gibt es keinen Konflikt. Wenn ein solcher dann aber einmal in Gang gekommen ist, übernimmt er die Kontrolle »[...] in dem Maße, als alle Aufmerksamkeit und alle Ressourcen für den Konflikt beansprucht werden« (Luhmann, 1984, S. 533). Ja, der Konflikt verselbstständigt sich und sucht sozusagen nach Personen, die ihn weiterführen. So können Konflikte auch manchmal länger leben als die aktuell Beteiligten.

In Konflikten besteht daher grundsätzlich die Gefahr einer Erosion der Kultur des alltäglichen Umgangs. Auch Interaktionen, die im Allgemeinen unhinterfragt sind und unter »Latenzschutz« stehen (Luhmann, 1984, S. 458 ff.), können durch den Konflikt erfasst werden. Es sind Handlungen, die in unserer Kultur als selbstverständlich gelten: Man grüßt einen anderen Spaziergänger, reicht dem Fremden am Nebentisch, der darum bittet, die Speisekarte, hält einem anderen die Tür auf oder Ähnliches. Im eskalierten Konflikt dagegen wird die Bitte der Ehepartnerin um das Salzfass mit einem »Hol's dir doch selbst!« beschieden, man lässt dem Kollegen die Tür vor der Nase zuschlagen, Briefe beginnen ohne »Sehr geehrte/r ...« und enden ohne Grußformel usw. Wenn erst einmal ein solches Stadium erreicht ist, ist es sehr fraglich, ob es noch einen Ausweg gibt:

Ich habe mehrfach Teams kennengelernt, in denen der eine, wenn er der Kollegin auf dem Flur begegnete, den Kopf wegdrehte, um sie nicht grüßen zu müssen. In einer Situation nahm eine Kollegin weite Umwege auf sich, um in ihr Büro zu kommen, wenn ihr gegnerischer Kollege schon da war; er arbeitete immer mit offener Tür und sie vermied, an der Tür vorbeizugehen. Eine Intervention, die hier eine Art heilsame Erschütterung bringen kann (nicht muss!), ist es, im Vorgespräch danach zu fragen, ob der Konflikt die Alltagskultur schon derartig untergraben habe. Wenn das bejaht wird, kann man sagen: »Dann bin ich nicht bereit, mit Ihnen zu arbeiten. Vermutlich ist es zu spät und ich befürchte, dass es keine Hoffnung für Sie gibt! – Falls Sie sich jedoch entscheiden sollten, elementare Spielregeln der Höflichkeit wieder aufzunehmen, können Sie mich ja anrufen, dann wäre ich bereit, einen Termin mit Ihnen zu verabreden!« – Diese Intervention lässt das Team auf eine gute Weise betroffen zurück und erhöht die Chance auf einen entsprechenden Anruf.

14.2 Demoralisierung

Die Natur des gemeinsam erzeugten Haustiers bringt es mit sich, dass beide Seiten sich aneinander abarbeiten, zugleich sich dabei immer tiefer festfahren. Der Versuch, den anderen dazu zu bringen, sich so zu verhalten, wie man es möchte, scheitert regelmäßig, muss scheitern[68] und irgendwann an einen Punkt kommen, an dem die Beteiligten sehr hilflos und demoralisiert sind: »Es bringt doch alles nichts!« Während man als Moderatorin diese Erfahrung nachvollziehen kann, weil man versteht, wie sehr das Konfliktsystem die Akteure im Griff hat, sind diese allerdings selbst voll davon überzeugt, dass es der andere ist, mit dem es keinen Sinn mehr hat zu reden – also doch vor Gericht? Oder besser noch einen Auftragsmörder anheuern? Das ist zum Glück eine nur selten gewählte Option, in internationalen Konflikten allerdings ist Gewalt eine Option, die zunehmend wieder wählbar erscheint mit regelmäßig

---

68 Wir hatten das schon: Der einzige Mensch, den man aktiv und vor allem zielgerichtet verändern kann, ist bekanntlich man selbst – und das ist, wie gesagt, schon schwer genug. Auch Kinder können sich eigentlich »nur selbst erziehen« (Rotthaus, 2010). Natürlich ist es möglich, einen Menschen in Veränderungsprozessen zu unterstützen, doch nur sofern er aktiv kooperiert – und auch dann steht das Ergebnis nie fest.

destruktiven Konsequenzen, meist für alle Seiten – wie sang schon der Rocksänger Sting vor vielen Jahren: »[...] nothing comes from violence, and nothing ever will.«

Man kann hier sehen, dass ein Aspekt des Konfliktsystems die Vorstellung ist, man müsse und könne erreichen, dass der andere sich so verhält, wie man es sich wünscht. Und immer wieder misslingt dies und man entfernt sich immer mehr von der Option, wieder in eine Kultur der Kooperation, des »give and take« einzusteigen. Entsprechend erhöht man mit diesem Anspruch den Eskalationsgrad, um nun endlich doch zu erreichen, dass man den anderen kontrollieren kann (vgl. das Kapitel 11.1 über den Mythos der Macht).

Demoralisierung ist sehr gravierend. Sie schwächt das Engagement, sich an Optionen zu beteiligen, wie ein Konflikt gestaltet und verändert werden kann. Hier kann es helfen, im Prozess immer wieder einmal auf die positiven Seiten zu verweisen, etwa:

- dass man überhaupt miteinander spricht (»Sie haben bereits einen ersten sehr wichtigen Schritt getan. Das ist der wichtigste: zu reden, anstatt die Waffen sprechen zu lassen!«);
- dass elementare Höflichkeitsformen gewahrt bleiben (»Ich habe gesehen, wie Sie sich freundlich begrüßt haben/beim Abendessen entspannt geplaudert haben ... Ich kenne Teams/Gruppen/Paare/Familien, bei denen der eine den Kopf wegdreht, wenn er den anderen auf dem Flur trifft. Bei Ihnen hat das Haustier ganz offenbar noch nicht die ganze Macht übernommen!«);
- dass man in der Lage ist, kleine Zugeständnisse (»kleine Kreditangebote«) zu machen (siehe Kapitel 9);
- dass man sich am Ende auf etwas Drittes (siehe Kapitel 21) geeinigt hat, das wichtiger ist als der Streit – etwa dass das Unternehmen (und die Mitarbeiter) auf jeden Fall keinen Schaden leiden, dass es den Kindern gut gehen soll, dass der Zusammenhalt der Familie doch wichtiger ist, dass die Loyalität zum Großvater über dem Konflikt steht, der sich nicht im Grabe umdrehen müssen soll ...

15 Keinen Schritt weiter: Die apokalyptischen Reiter und der Abgrund

Abbildung 20: Der Abgrund (Zeichnung: Björn von Schlippe)

> »Hass ist so viel einfacher als Versöhnung; es werden keine Zugeständnisse oder Kompromisse verlangt. Krieg bietet das Versprechen des Sieges und damit die verlockende Aussicht auf Wiedergutmachung für die Erniedrigung der Vergangenheit [...] Rhetorik ließ Vernunft weit hinter sich, als die Logik des Krieges das Kommando übernahm« (Wright, 2016, S. 140 und S. 184).

15.1 Die neun Stufen der Eskalation

Im achten Kapitel wurde beim Thema des Selbstwertgefühls die Stufenleiter der Konflikteskalation bereits angesprochen, die von Fritz Glasl erarbeitet wurde (Glasl, 2014b). Da sie in den letzten Stufen das durchaus immer auch mögliche Ende mit Schrecken eines Konflikts markieren kann, soll sie als letzte Karussellstation hier vorgestellt werden. Konflikte entwickeln sich manchmal schnell, manchmal langsam in höhere Eskalationsstufen. Manchmal sind sie als kalte Konflikte über lange Zeit nicht erkennbar, die Beteiligten sind resigniert oder haben Angst, sich ausdrücklich in eine offene Auseinandersetzung zu begeben (Glasl, 2014a). Es kommt zur inneren Kündigung, zum Rückzug voneinander, zu einem »fried-höflichen«, also nur formal korrektem Umgang miteinander (Schulz-von Thun, 1981). Eine solche Dynamik kann dann aber auch schnell durch irgendein Ereignis umschlagen: »Jetzt reicht's!« Vielfach entwickeln sich die Stufen aber auch graduell mit »ansteigender Hitze«, von der Verhärtung der Standpunkte über eine polemischer werdende Kommunikation geht es langsam weiter die Stufen hinunter (siehe Abbildung 20).

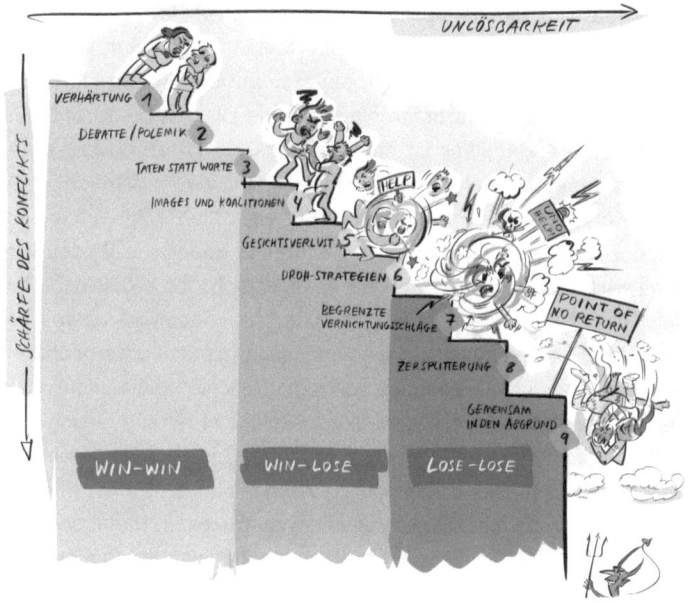

Abbildung 21: Neun Eskalationsstufen nach Glasl (Quelle: von Schlippe u. Rüsen, 2020, S. 24; Zeichnung: Björn von Schlippe)

Die neun einzelnen Stufen sollen hier nicht noch einmal explizit herausgearbeitet werden, es liegen einige sehr gute Darstellungen vor (z. B. die erwähnte von Glasl, 2014b, selbst; Ballreich u. Glasl, 2011). Sie lassen sich grob unterteilen, zunächst in eine Anfangsphase (etwa 1–3), in der Win-Win noch möglich erscheint. Das heißt, beide Seiten können hier noch aus eigener Kraft mit einem befriedigenden Ergebnis aus dem Konflikt herausfinden. Ein entscheidender Wendepunkt in der Skala ist, wie bereits erwähnt, der Moment, in dem die Dynamik von der Sachseite umkippt auf den persönlichen Angriff auf den anderen (ungefähr auf Stufe 4), die Erregung im Konfliktsystem steigt deutlich an. Hier gibt es eine schöne Geschichte zu erzählen, die vielleicht noch für eine solche Situation von großer gemeinsamer Aufregung in einer überschaubaren Gruppe passen mag:

Das Team des Weinheimer Ausbildungsinstitutes für Familientherapie[69] hatte eine amerikanische Therapeutin eingeladen, ein Gespräch mit einer als besonders schwierig geltenden Familie zu führen. Dieses verlief sehr turbulent, die Auseinandersetzungen wurden immer lauter, bis die Therapeutin sich plötzlich auf den Boden legte. Verständlicherweise unterbrach sie damit die Diskussion abrupt, alle schauten auf sie: »Was ist denn jetzt los?« – »Wissen Sie«, sagte die Therapeutin, »ich wollte einmal sehen, was eigentlich unter dem Konflikt liegt. Worum geht es hier eigentlich?« Sie setzte sich wieder hin und das Klima des Gesprächs änderte sich deutlich. Eine wichtige Frage: Worum geht es eigentlich? Ich selbst habe bislang eher Hemmungen gehabt, mich auf den Boden zu legen. Aber der Effekt ist fast genauso, wenn man das Gespräch unterbricht mit den Worten: »Ich würde Ihnen gern eine Geschichte erzählen!« (wie wir aus Kapitel 13 wissen, sind Menschen immer für eine Geschichte offen). Wann immer ich jedenfalls, wenn im Gespräch die Spannung stieg, die Geschichte erzählte, erntete ich mindestens eine Unterbrechung, meist auch ein Lachen und Nachdenklichkeit. Damit stieg die Chance, dass mehr über die Frage gesprochen wurde, ob eigentlich

---

69 An diesem Institut war ich selbst lange als Trainer tätig: https://if-weinheim.de/systemische-ausbildungen/

die Sache oder eher die dahinter liegenden Kränkungen und erlebten Verletzungen Thema seien.

Eine solche Intervention passt, wenn die Betroffenen noch einigermaßen ansprechbar sind und bereit, den Konflikt, meist mit Unterstützung, aktiv anzugehen. Kritisch werden dann vor allem die weiteren Stufen, etwa wenn ehrenrührige Angriffe erfolgen und der anderen Seite die moralische Integrität abgesprochen wird (Stufe 5). Spätestens jetzt sind die Konfliktparteien meist nicht mehr in der Lage, eigenständig aus der Eskalation herauszufinden, vor allem wenn nun auch noch Drohungen dazukommen (Stufe 6) und das Angstniveau steigt. Eine Konfliktmoderation durch eine dritte Partei kann hier helfen, die Sachseite und die persönliche Seite wieder auseinanderzuhalten und eine Einigung zu unterstützen. An einem weiteren Punkt auf der Skala wird dann wieder eine entscheidende weitere Schwelle überschritten: Nun geht es einer oder beiden Seiten darum, die andere Seite zu schädigen – und da hilft es auch nicht, sich auf den Fußboden zu legen! In Stufe 7 kann das eine kalkulierte Demütigung sein, ein Faustschlag, eine Anzeige bei der Steuerbehörde, weil man etwas vom anderen weiß, was dieser lieber nicht veröffentlicht sähe, das Zerreißen eines Bildes oder die Beschädigung eines vom anderen geschätzten Gegenstands. Wenn es dann in Stufe 8 darum geht, den anderen zu zerstören (heutzutage glücklicherweise nur noch selten physisch), dann ist auch die Stufe 9 schon nicht mehr weit, auf der man bereit ist, für die Vernichtung des Gegners sogar den eigenen Untergang in Kauf zu nehmen:

Ein Nachfolger aus einem Familienunternehmen erzählte mir, dass sein Onkel ihn mit fast fünfzig Prozessen überzogen hatte. Alle bis auf einen, der mit einem Vergleich endete, hatte der Onkel verloren, was bedeutete, dass dieser zusätzlich zu den Gerichtskosten auch die Anwaltskosten beider Seiten tragen musste. Vermutlich zehrte dieser Kampf sein gesamtes Vermögen auf, von den Belastungen für die andere Seite ganz zu schweigen. Denn auch der Beklagte musste sich auf jeden Prozess vorbereiten, der Stress, die aufgewendete Lebenszeit und die erforderliche Manpower wurden nicht erstattet. William Ury, einer der Väter des Harvard-Modells der Konfliktmoderation, zitiert

Voltaire mit dem Ausspruch: »Ich war immer zweimal ruiniert, das eine Mal, als ich einen Prozess verlor, das andere Mal, als ich ihn gewann« *(Ury, 2000, S. 87, übersetzt von AvS).*

In diesen letzten Phasen ist eine klassische Moderation oft nicht mehr möglich, es braucht manchmal eher eine Shuttle-Mediation, bei der die Mediatorin als »go-between« in Einzelgesprächen zwischen den Parteien pendelt. Diese Begleitungsform kann »gerade durch ihren ergebnisorientierten und emotionsschonenden Charakter einer Präsenzmediation überlegen sein« (Ponschab, 2014, S. 127).[70] Auch ein Schiedsgericht, das von beiden Seiten anerkannt wird, kann hier helfen, aus der verfahrenen Lage herauszukommen. Manchmal braucht es aber auch einfach »die UNO«, eine dritte Kraft, die die Parteien voneinander trennt. In all diesen Fällen ist es unwahrscheinlich, dass die persönlichen Beziehungen wieder in ein gutes Fahrwasser kommen; eher geht es darum, mit möglichst wenig Kollateralschaden zu einer einigermaßen einvernehmlichen Trennung zu kommen.

Und manchmal ist dann eben auch der Abgrund die letzte Station auf dem Karussell: Beide haben vielleicht ihr Vermögen verloren, sind am Konflikt krank geworden oder gar mit ihm/an ihm verstorben. Meisterhaft ist dies in dem Film »Der Rosenkrieg« beschrieben, in dem am Ende beide Ex-Ehepartner versuchen, einander das Leben zu nehmen und durch den absichtlich herbeigeführten Absturz eines großen Kronleuchters gemeinsam getroffen im Sterben liegen. Die Hand, die einer der beiden noch ausstreckt, um die der anderen zu berühren, wird von dieser brüsk zurückgestoßen – und beide sind tot.

Wie auch immer es ausgeht, in der Regel sind die Parteien (sofern sie überleben) nach wie vor fest davon überzeugt, dass es der andere war, der an allem die Schuld trägt. Das Konfliktmonster, der Parasit kann sich eben sehr gut tarnen! Die Kälte, mit der in diesem

---

70 Ponschab weist darauf hin, dass diese Art von Mediation oft auch als Telefonmediation durchgeführt wird und dadurch Menschen in Konfliktlagen geholfen werden konnte, die von sich aus niemals in eine Beratungspraxis gegangen wären (Ponschab, 2014, S. 127).

Stadium manchmal übereinander gesprochen wird, kann schwer erträglich sein:

Lange Zeit nach dem Ende einer Konfliktberatung berichtete mir die Tochter von einem der in diesem Buch bereits erwähnten beiden Brüder, mit denen eine Kollegin und ich einen längeren Beratungsprozess durchlaufen hatten. Sie war zu ihrem Onkel gegangen, der auch noch ihr Patenonkel war, und hatte ihn inständig gebeten, ein wenig kompromissbereiter zu sein, weil sie Sorge um die Gesundheit ihres Vaters hatte. Der Onkel habe ihr geantwortet: »Na und, wenn er stirbt, dann stirbt er eben. Ich werde keinen Millimeter von meinen Forderungen abweichen!« *(von Schlippe u. Quistorp, 2020).*

15.2 Die apokalyptischen Reiter

> *»Every marriage demands an effort to keep it on the right track; there is a constant tension within the emotional ecology of every couple between the forces that hold you together and those that can tear you apart. Even if you and your spouse have arrived at a stable pattern, you should be alert to the early warning signs that tell you if you are beginning to get shunted toward a dead end« (Gottman, 1995, S. 69).*

Mit einem besonderen Blick auf Paarkonflikte hat der amerikanische Paartherapeut John Gottman typische Kommunikationsmerkmale beschrieben, die den Zusammenbruch der Partnerschaft ankündigen. Diese Herolde nannte er »apokalyptische Reiter« mit Bezug auf die fünf Figuren, die in der Offenbarung des Johannes in der Bibel das Jüngste Gericht und damit das Ende der Welt ankündigen (Gottman, 1994, 1995, 2002; Gottman u. Levenson, 2000). Gottman fand heraus, dass die Qualität von Paarbeziehungen und die Wahrscheinlichkeit ihres langfristigen Bestandes sehr gut vorhergesagt werden können, wenn man sich auf die in der verbalen Interaktion erkennbaren Kommunikationsmuster konzentriert. Prägnant ist dabei seine Aussage, dass er in 96 % der Fälle vorhersagen könne, ob sich ein Paar innerhalb der kommenden zwei Jahre trennen werde, nachdem er nur wenige Minuten einem Streit der Partner zugehört habe

(Gottman, 2002, S. 57). Wenn nämlich das Verhältnis von positiven zu negativen Aussagen deutlich geringer liegt als 5:1, gerät die Beziehung dauerhaft in eine Schieflage, das heißt, eine negativ-kritische Beziehungsgeste braucht etwa fünf positive, um ausbalanciert zu werden (die sogenannte Gottman-Konstante, siehe Abbildung 22).

Abbildung 22: Die »Gottman-Konstante« (Zeichnung: Björn von Schlippe)

Diese Reiter zeigen sich in einer angespannten Konfliktsituation kontinuierlich mehr oder weniger stark:
1. *Hemmungslose Kritik (Du-Sätze), Anklagen und Schuldzuweisungen*
   Hier wird der andere ohne Rücksicht scharf kritisiert und teils grundlos beschuldigt.
2. *Abwehr und Rechtfertigung*
   Kritik wird unabhängig von ihrem Wahrheitsgehalt abgewehrt, häufig gepaart mit Leugnung eigener Anteile, Rechtfertigungen und Gegenkritik; eigenes Verschulden am Konflikt wird geleugnet.
3. *Verachtung*
   Der Respekt voreinander ist verloren gegangen. Sarkasmus und Zynismus dominieren die Konflikte, nonverbal erkennbar etwa an Augenrollen, lautem Stöhnen bei Aussagen des anderen usw.

Dieser Reiter wird von Gottman als der gefährlichste bezeichnet – paradoxerweise zeigt er sich in einem Nachlassen der Konfliktintensität und Lautstärke: Die Partner werden einander immer mehr egal, was einen bevorstehenden Abbruch der Beziehung wahrscheinlicher werden lässt.

4. *Abblocken*
Abwendung vom Gegenüber, der verloren gegangene Respekt zeigt sich auch körperlich (wegdrehen, den Raum verlassen), totales Dichtmachen und Versteinern, sodass der andere gegen eine Wand redet.

In einem eigenen Projekt untersuchten Christina Then-Bergh und ich die Frage, inwieweit Gottmans Analyseschema auch in anderen Systemkontexten, etwa Teams, Organisationen oder größeren Familiensystemen, passt (das Team um Gottman hat sich ausschließlich auf Partnerschaftskonflikte konzentriert). Da wir die Chance hatten, die anonymisierte E-Mail-Kommunikation von verschiedenen Unternehmerfamilien im Konflikt zur Verfügung gestellt zu bekommen, um sie auf mögliche Eskalationsmuster hin zu untersuchen, verbanden wir unsere Ausgangsfrage mit der Frage, wie sich die apokalyptischen Reiter unter den Bedingungen digitaler Kommunikationsmedien verändern (Then-Bergh u. von Schlippe, 2020). In der Digitalisierung liegen hier drei besondere Gefahren:
- Zum einen ist es die Geschwindigkeit: Konflikthafte Kommunikationen, für deren Austausch früher per Post einige Tage ins Land gingen, werden heute im Minutentakt hin- und her gesendet, sodass eskalative Höhen schneller erreicht werden.
- Das nächste Risiko liegt in der Möglichkeit der schnellen Ausweitung des Adressatenkreises: Per cc und bcc kann eine beliebige Zahl von Personen mit in den Konflikt hineingezogen werden, der »kollektive Adrenalinausstoß« steigt an. Und wenn dann mehrere oder auch nur einzelne aus der Gruppe der Empfänger sich bemüßigt fühlen, sich einzuschalten und ihrerseits Kommentare abzugeben, wächst die Komplexität exponentiell an.
- Ein drittes Risiko sind die zunehmenden möglichen Missverständnisse und die sich daraus ergebende Steigerung der Konfliktdynamik. Denn die Nutzung digitaler Medien reduziert

die Informationsdichte der Mitteilung (Daft u. Lengel, 1983). Verschiedene Medien sind für verschiedene Zwecke jeweils besser oder schlechter geeignet. Ausschlaggebend ist etwa die Frage, ob direktes Feedback möglich ist, ob eine natürliche Sprache genutzt werden kann und ob nonverbale Signale empfangen werden können. Wenn es um reinen Informationsaustausch geht (»Das Treffen findet am … um … Uhr in … statt«), ist eine Mail oder eine SMS ausreichend. Persönliche Mitteilungen werden über digitale Medien besser nicht vermittelt, wenn die Beziehungen angespannt sind.

Es zeigte sich in unserer Studie, dass in der digitalen Interaktion in den Familien, die in jeweils mittel- bis hochgradig eskalierten Konflikten feststeckten, zum Teil ähnliche Muster wie bei Paarkonflikten, zum Teil aber auch andere zu beobachten waren. Es ergaben sich zehn typische Muster (Then-Bergh u. von Schlippe, 2020, S. 279 ff., leicht gekürzt):

1. *Entwertung, schonungslose Kritik, Vorwürfe*
   Hier wird das Gegenüber angegriffen und sein Selbstwert infrage gestellt. Dies kann durch fehlende Begrüßungen oder Abschiedsworte geschehen oder auch direkt durch offene Beleidigungen.
2. *Ultimaten und Drohungen*
   Durch das Setzen von Fristen wird das Gegenüber unter Druck gesetzt, die Androhung von Konsequenzen erhöht diesen noch. Ein Beispiel für diese Taktik wäre »Solltest du innerhalb der nächsten 14 Tage nicht Stellung genommen haben, sehen wir uns gezwungen, dich aus unserem Kreis auszuschließen.«
3. *Ironie und Sarkasmus*
   Hier wird ähnlich wie auch in der Vis-à-Vis-Kommunikation etwas in übertriebener Weise behauptet, das offenkundig nicht der Wahrheit entspricht. Dies können sowohl (absichtlich) überzogene Fehldeutungen des zuvor Gesagten sein als auch generelle hämische Aussagen.
4. *Distanzierung, Formalisierung persönlicher Beziehungen*
   Das Zurückziehen von der persönlichen Ebene und die Formalisierung der Kommunikation signalisiert Distanz. Beispiel: Die Anrede des Bruders mit »Lieber Ludwig und Geschäftspartner«,

was etwa vergleichbar ist mit dem Verweigern eines Handschlags im persönlichen Kontakt.
5. *Einseitige Ursachenzuschreibung, Attributionsfehler*
Die Unterstellung, dass alles Negative ausschließlich vom Gegenüber ausgeht, während man bei sich selbst keine Schuld sieht, ist hier charakteristisch.
6. *Motivunterstellungen und personenbezogene Zurechnung, analysierender Modus*
Hier steht die Annahme im Vordergrund, das Gegenüber habe per se schlechte Absichten. Auch laienpsychologische »Diagnosen« sind nicht selten, wie z. B.: »Wieder einmal muss ich feststellen, dass du überhaupt nicht kritikfähig bist.«
7. *Ausweitung des Adressatenkreises und Frontenbildung*
Durch die Vergrößerung der Zuhörerschaft, indem E-Mails an weitere Personen versandt werden, entsteht eine »Wir gegenüber Dir«-Konstellation, die den Angesprochenen isoliert. Äußerlich erkennbar ist dies durch die Nutzung der »cc«-Funktion oder durch Sätze wie: »Daher habe ich mich, was den Inhalt dieses Schreibens betrifft, mit den Mitgliedern des Familienrates abgestimmt.«
8. *Metaphorisches »Laut«-Werden*
Die stattfindende Übertragung des Anhebens der Stimme auf den digitalen Raum findet vornehmlich durch Großschreibung, die Wiederholung von Satzzeichen (vornehmlich Ausrufezeichen oder Fragezeichen) oder die Nutzung von Formatierungsoptionen wie Unterstreichungen und Fettdruck statt.
9. *Monetäre Hyperbeln*
Gerade bei Unternehmerfamilien fiel bei der E-Mail-Kommunikation die Übertreibung von geldbezogenen Themen auf.
10. *Antwortgeschwindigkeit*
Die Veränderung der Geschwindigkeit des Antwortverhaltens lässt Rückschlüsse auf die Eskalationsstufe und das Ausmaß der emotionalen Erregung der Beteiligten zu. So spricht eine erhöhte E-Mail-Frequenz in kurzer Zeit für starke Emotionen, die tendenziell zu einer schnelleren weiteren Eskalation führen, da keine Zeit für Reflexion und das Hinterfragen möglicher Fehlinterpretationen bleibt.

Damit liegt eine erste Checkliste vor, mit der man die Qualität des eigenen E-Mail- und SMS-Verkehrs auf eskalative Angebote hin prüfen kann. Und auch hier gilt: »Prevention is the best intervention« (Ury, 2000, S. 139). Es ist allemal sinnvoller, dem anderen offen mitzuteilen, wenn man sich durch eine Mail gekränkt fühlt, als schnell zurückzuschießen. Daher haben wir in dem besagten Aufsatz auch zehn Vorschläge zur Entschärfung konflikthafter digitaler Nachrichten gemacht (Then-Bergh u. von Schlippe, 2020, S. 283, leicht modifiziert):

1. *Zunächst den eigenen Dank aussprechen und stehen lassen, ohne diesen gleich durch ein Aber zu relativieren*
   Ehe geantwortet wird, wird ein Dank für die Mail ausgesprochen, z. B.: »Danke für deine letzte Mail. Ich denke, es ist wichtig, dass der Dialog zwischen uns weitergeht …«
2. *Zunächst das Konstruktive aufgreifen, gute Momente schaffen, Sarkasmus vermeiden*
   Positive Aspekte hervorheben wie beispielsweise das entgegengebrachte Engagement; dabei wertschätzende Sprache verwenden, etwa: »Ich freue mich, dass ich dir nicht egal bin …«, »Dein Engagement beeindruckt mich …« oder »Besonders hat mir an deiner Mail gefallen …«. Gottman empfiehlt wie gesagt ein Verhältnis von einer negativen zu fünf positiven Interaktionen für eine ausgeglichene Beziehung. Das heißt, wenn man daran interessiert ist zu deeskalieren, kann man darauf achten, immer wieder gute Momente herzustellen – im persönlichen Kontakt ist dies ein Lächeln, ein Händedruck oder Ähnliches. In der digitalen Kommunikation braucht es entsprechend explizite Formulierungen: »Ich habe ein Interesse an einer guten Beziehung …«
3. *Persönlich adressieren*
   Die Nutzung von cc sollte stark eingegrenzt, bcc ganz vermieden werden. Konflikte sollten nicht über Messenger-Dienste in größeren Kreisen ausgetragen werden.
4. *Persönliche Ansprache*
   Hilfreich ist auch eine direkte Ansprache, in der die eigene Betroffenheit ohne Wertungen wie richtig oder falsch ausgedrückt wird, z. B.: »Ich habe verstanden, dass du … Ich sehe es etwas anders …«; »Das hat mich bewegt …«; »Das hat mich getroffen …«.

5. *Ausdruck von Bedauern*
Eigenes Bedauern ausdrücken und Missverständnisse richtigstellen, wie: »Ich verstehe jetzt, dass das so aufgenommen werden kann, ich hatte es ganz anders gemeint ...«; »Das tut mir leid!« (siehe ausführlicher dazu Kapitel 18.6).

6. *Das Zauberwort »teilweise«*
Dem anderen in Teilen Recht zu geben, kann dazu führen, dass er sich nicht gänzlich unverstanden fühlt und der Wille zur konstruktiven Konfliktlösung nicht von vornherein durch Ablehnung zerstört wird. Ein Beispiel hierfür wäre: »Ich habe noch einmal nachgedacht. Ja, teilweise kann ich dir Recht geben. Ich bitte dich nur darum, auch zu sehen, dass ...«

7. *Fragen statt Diagnosen, eigene Irrtümer vorwegnehmen*
Eigene Interpretationen der Absichten des anderen in Frageform kleiden oder als Vermutungen kenntlich machen: »Das war mein Eindruck ...«; »Ich bin mir nicht sicher, geht es dir vielleicht in erster Linie um ...?«

8. *Metaphorisches »Laut«-Werden vermeiden*
Alle Formen von ironischen oder betonenden Akzentuierungen vermeiden, um Sachlichkeit bemüht bleiben, im Wissen darum, dass derartige Signale – vor allem digital – nur selten hinreichend und ohne Missverständnisse vermittelt werden können.

9. *Positive Beziehungssignale senden*
Interesse an einer guten (Kooperations-)Beziehung ausdrücken, Komplimente machen und verdeutlichen, dass man an einer Lösung des Konflikts arbeiten möchte, z. B.: »Ich habe ein großes Interesse daran, die Beziehung zu dir zu verbessern«; »Es gibt so vieles, was ich an dir schätze, es wäre schade, wenn ...«

10. *Sich Zeit lassen*
Der Umgang mit der eigenen Empörung ist in Konflikten zentral. Aus hochgradiger Empörung heraus wird man schnell zu einer eskalierenden Antwort verleitet. Oftmals neigt man selbst besonders in hochemotionalen Situationen zu Fehlinterpretationen von unklaren Signalen, wie sie gerade bei E-Mail-Verkehr häufig zu finden sind. Daher geht es immer zunächst darum, die mit den eigenen Gefühlen verbundene Erregung abklingen zu lassen und sich dann reflektiert an das Schreiben

einer Antwort zu begeben: »Schmiede das Eisen, wenn es kalt ist!« (Omer u. von Schlippe, 2004) – »soziale Eisen« werden eben besser geschmiedet, wenn sie kalt sind.

Mit diesem Kapitel beenden wir nun das Karussellfahren. Tatsächlich ist es in gewisser Weise »immer dasselbe«, es sind Mechanismen, die unserer Spezies von der Evolution mitgegeben wurden und denen wir verfallen, wenn wir sie uns nicht bewusst als Mechanismen vor Augen halten. Sie wollen uns verführen, von der Sachebene wegzugehen und uns ihnen zu überlassen. Doch die Lösungsideen, die sie uns anbieten, sind ebenso archaisch wie die Zeiten, in denen sie entstanden: er oder ich,[71] Aggression bis zur Vernichtung des Gegners, bis zum Krieg. Die Message dieses Buches liegt darin zu erkennen, dass es überkommene Mechanismen sind, die uns daran hindern, uns zu einigen, uns einander anzunähern. Vor allem hindern sie uns daran zu verstehen, dass wir einander viel ähnlicher sind, als wir denken. Doch das zu erkennen und danach zu handeln, ergibt sich nicht von allein.

---

71 In diesem Fall wird vermutlich keine Leserin darauf bestehen, mitgenannt zu werden. Ja, es sind wohl eher »männliche« Mechanismen, auch wenn Frauen sich durchaus auch darauf verstehen.

Dritter Teil: Wege im Konflikt – Der mögliche Ausstieg

Nach den ausgiebigen Karussellrunden wird Ihnen als Leserin, als Leser vermutlich ziemlich schwindelig sein. Es wäre nicht fair, Sie nun einfach so dahintorkeln zu lassen, daher soll der dritte Teil sich mit Möglichkeiten befassen, wie man mit dazu beitragen kann, das Karussell zu verlangsamen oder auch daraus auszusteigen. Ich denke dabei nicht in erster Linie an professionelle Möglichkeiten des Umgangs mit Konflikten. Daher wird es, wie bereits eingangs in der »Gebrauchsanleitung« erwähnt, an dieser Stelle keine detaillierten Handlungsanweisungen für ein strukturiertes Vorgehen in Moderation oder Mediation geben. Denn hier liegen zahlreiche, sehr gute und empfehlenswerte Texte vor. Handwerkszeuge (Tools) und detaillierte Fundgruben mit konkreten Anweisungen für die Beratung findet man etwa in den Büchern »Professionelle Konfliktlösung« (von Hertel, 2013), »Konfliktmanagement und Mediation in Organisationen« (Ballreich u. Glasl, 2011), »Systemisch-lösungsorientierte Mediation und Konfliktklärung« (Lindemann, Mayer u. Osterfeld, 2018), »Lösungsfokussiertes Konflikt-Management« (Röhrig u. Scheinecker, 2019) oder im Buch über das Harvard-Konzept (Fisher et al., 2019, neu übersetzte und ergänzte Version des Klassikers). Einen sehr breiten Überblick bietet das Buch »The Mediation Process« (Moore, 2003), verschiedene Varianten von Mediation vergleichen Redlich und Schroeter (Redlich u. Schroeter, 2015). Die Fülle der Texte ist schwer zu überschauen, ich nenne hier nur noch exemplarisch einige weitere Titel (Glasl u. Weeks, 2008; Hofstetter

Rogger, 2015; Kellermanns, von Schlippe, Mähler u. Mähler, 2018; Knapp, 2012; Krabbe, 2015; Montada u. Kals, 2007). Zum Teil habe ich ja in den Kapiteln der ersten Teile auch immer wieder einmal die eine oder andere Übung oder Vorgehensweise skizziert.

Im ersten Teil war es mir um den Motor des Karussells gegangen: Wie lassen sich Konflikte theoretisch als Phänomene beschreiben, in denen eine bestimmte Form des Erlebens – eben die Empörung – sich mit kommunikativen Vorgängen so verbindet, dass eskalierende Teufelskreise entstehen? Der zweite Teil war der Fahrt auf dem Karussell selbst gewidmet, den vielen psychologischen Mechanismen, die sich in solchen Dynamiken »wie von selbst« entwickeln.

Der nun folgende dritte Teil unterscheidet sich deutlich von den beiden ersten. Er ist so etwas wie eine Standortbestimmung, fasst viel von meinem persönlichen Erfahrungswissen zusammen und ist daher auch etwas weniger wissenschaftlich geschrieben. Neben grundsätzlichen Überlegungen zu Empörung und zum Management von Konflikten stellt dieser Teil einen Aspekt in den Vordergrund, der mir besonders wichtig ist: Bewusstheit. Wer Konfliktdynamiken versteht, ist ihren Mechanismen nicht mehr unbewusst unterworfen. Ein veränderter Blick kann zu verändertem Handeln führen und kleine Veränderungen können dazu beitragen, dass sich Konfliktdynamiken konstruktiver entwickeln. Entsprechend denke ich weniger in Kategorien von Handwerkszeugen. Vielmehr möchte ich meinem Anliegen mit diesem Buch treu bleiben und erneut eher *Denkwerkzeuge* in den Vordergrund stellen – professionell genauso nutzbar wie aus persönlicher Betroffenheit heraus (der Begriff »Denkwerkzeuge« bedeutet übrigens nicht, dass sich daraus nicht auch Handlungsempfehlungen ableiten lassen).

Mir persönlich haben die im Folgenden vorgestellten Überlegungen geholfen, meine Empörung (etwas mehr) in Grenzen zu halten und mit den Menschen, mit denen ich mich in Konflikten befand, so zu sprechen, dass der Gesprächsfaden nicht abriss. Sie helfen mir auch, wenn ich als Dritter zu Konfliktgesprächen angefragt werde, diese Gespräche so normal wie möglich zu führen. Es geht meines Erachtens weniger darum, so viele Techniken wie möglich einzusetzen, sondern dazu beizutragen, dass ein Kontext gemeinsamen Verstehens entsteht. Verstehen[72] ist für mich der beste Weg, um die Chancen für eine konstruktive Entwicklung zu erhöhen. In eskalierten Konflikten ist allein dies schon eine Herausforderung, kann doch der eine das Verstehen des anderen schnell als Angriff oder Parteilichkeit empfinden (es gilt allerdings, wie gesagt: Verstehen bedeutet weder zuzustimmen noch gutzuheißen – oder gar, den anderen von der Verantwortung für sein Handeln freizusprechen). So sehe ich eine Haltung freundlicher Wertschätzung, Empathie und Authentizität (Rogers, 1983) als Grundlage, auf der sich verschiedene Zugangswege und Instrumentarien entspannt nutzen lassen, wie sie in Beratungs- oder Therapieausbildungen vermittelt werden. Diese Aspekte sind nicht Gegenstand dieses Buchs und es wäre verfehlt, diese hier erneut vorzustellen (siehe für die systemische Praxis etwa von Schlippe u. Schweitzer, 2009, 2019).

---

72 Im weiteren Sinn, nicht nur als kognitives Verstehen, sondern im Sinn des Sprichworts »1000 Meilen in den Mokassins des anderen gegangen zu sein«.

16 Rehabilitierung der Empörung

Sicher eine der zentralen Aufgaben – und das sollte durch dieses Buch deutlich werden – ist es, der Empörung zu widerstehen oder sie zumindest in Grenzen zu halten. Empörung zieht uns unweigerlich in eine Dynamik hinein, für die wir zwar von der *Natur* her ausgestattet sind, die zugleich aber die *Kultur* unseres Umgangs miteinander zerstören kann. Je mehr wir lernen, die Mechanismen zu durchschauen, mit denen wir im Rahmen der Entwicklung unserer Spezies ausgestattet wurden, desto weniger sind wir ihnen unterworfen. Empörung und ihre besonderen Treiber personenbezogene Zurechnung, Motivunterstellungen und wertende Beschreibung erzeugen in dem Moment, in dem sie in die Kommunikation gelangen und zu sozialen Ereignissen werden, einen Sog, dem man sich kaum noch entziehen kann.

Allerdings ist die Empörung in diesem Buch bislang doch eher schlecht weggekommen. Es ist hier wohl an der Zeit, sie zumindest ein Stück weit wieder zu rehabilitieren. Es gibt wahrlich genug Dinge auf der Welt, über die man empört sein kann. Wenn wir Empörung empfinden, informiert uns unser Sensorium darüber, dass elementare Werte verletzt sind und dass wir uns dafür einsetzen, uns gegen Unverschämtheiten zu wehren und zu zeigen, dass wir uns nicht alles gefallen lassen und dass wir entschieden sind, den eigenen Unwillen über Missstände, Protest über politische Fehlentscheidungen deutlich kundzutun. Und doch bleibt auch hier die Frage, wie sehr man sich der eingebauten Steigerungsdynamik der Empörung überlässt. Denn es gibt auch eine andere Seite der Empörung. Jeder kennt Bilder, die entstehen, wenn öffentliche Protestveranstaltungen in Krawalle münden, wenn der Ausdruck von Empörung in Gewalt umschlägt. Dieser zweite Teil der Empörung ist mit dem Anspruch verbunden, dass »alles« erlaubt sei, um den anderen dahin zu bringen, dass er sich so verhält, wie wir es wollen. Dieser wird auf das Ansinnen vermutlich seinerseits empört reagieren, das hatten wir schon mehrfach im Buch: die Zirkularität der Eskalationsfalle, das Karussell. Die Kernfrage ist mithin: Wie kann Empörung konstruktiv genutzt, vielleicht auch verwandelt werden und welche Formen lassen sich finden, ihr auf eine Weise Ausdruck zu geben, dass positive Ergebnisse erwartet werden können?

Erinnern wir uns an die ersten Kapitel: Empörung entsteht, wenn jemand sehr gegen unser eigenes Wertesystem handelt, aber Empörung bedeutet auch, dass wir den Horizont des anderen, den Kontext aus dem er oder sie handelt, noch nicht verstanden haben. Ich würde an dieser Stelle gern eine eigene Erfahrung davon erzählen, wie es mir gelang, die eigene Empörung zu verwandeln (leicht gekürzt entnommen aus von Schlippe, 2020, S. 87):

Zu Besuch in einer ostdeutschen Großstadt, wir sitzen im Taxi. Ein Stau hält uns auf. Der Taxifahrer schimpft: »Die Baustelle ist hier schon so lange und nichts passiert, und das soll noch sieben Jahre so weitergehen. Was machen die da eigentlich?« Es geht weiter – mit der Regierung, die nichts gebacken kriegt, was die alles rumgeschlampt haben, Berliner Flughafen usw. Ich stimme vage zu, Projekte großer Komplexität sind ja wirklich schwierig zu steuern ... Da kommt ein neuer Zungenschlag ins Gespräch: »Und die Afrikaner, die kommen alle hierher und machen Urlaub! Auf unsere Kosten!« – »Nun ja, die meisten sind ja Flüchtlinge«, werfe ich ein. »Von wegen, die wollen es sich hier doch nur gut gehen lassen, 400.000 kommen da jedes Jahr! Und die lachen sich ins Fäustchen ...« Ich spüre kurz die Versuchung, über Fakten zu diskutieren, aber wer in einer solchen Debatte auf die Ebene von Argumentation geht, hat schon verloren (»Lügenpresse, Falschinformation, Sie haben ja keine Ahnung, wie es wirklich ist ...«). Ich merke Wut und Empörung in mir aufsteigen, überlege, ob ich fordere, dass er anhält und wir aussteigen. Aber dann – mit den Koffern mitten in einer verstopften Straße? Der Pragmatismus siegt.

Ein Dilemma: eine unergiebige Diskussion oder eine klare Stellungnahme, dass man diese Position nicht duldet und die zugleich den anderen in die Opferposition bringt (»So weit ist es schon gekommen, dass man das nicht einmal mehr sagen darf!«)? Da fällt mir zum Glück ein Drittes ein: Fragen. Und ich komme in einen anderen Modus: »Wenn ich Ihnen zuhöre, denke ich mir, dass Sie vermutlich AfD wählen werden, oder?« – »Darauf können Sie sich verlassen!« – »Was würden die denn anders machen?« – »Vermutlich nichts, aber die kommen sowieso nicht an die Regierung.« – »Aber, warum wählen Sie die dann?« – »Na ja, irgendwer muss denen da oben mal in den Arsch treten, so geht es nicht weiter!« – »Protest also?« – »Genau!« – »Was sollten die denn verstehen, wenn Sie protestieren?« – »Sie tun einfach nichts für die kleinen Leute. In dreißig Jahren hat sich nichts verändert!!« Ich weise auf die renovierten Häuser hin, die Straße ist in gutem Zustand. »Ja, ja, das ist aber nichts, in der DDR ging es mir besser als heute!« – »Und wie ist es mit Reisen?« – »Ja, gut, aber wer soll das bezahlen? Nee, es war schon besser damals!« Wir fahren am Büro der Linken vorbei: »Warum wählen Sie denn nicht die, die vertreten doch viele von den Positionen, die Ihnen wichtig sind?« – »Die? Die sind doch in der Regierung hier. Und die tun nichts. Früher habe ich die mal gewählt!« – »Aber nun sind Sie enttäuscht von denen?« – »Ja, die setzen doch nichts um, was sie versprechen!«

Ich denke nach. Enttäuschungen haben ja viel mit Erwartungen und Hoffnungen zu tun. Ich denke an Arlie Hochschilds Studie (2017), an die Enttäuschungen der Amerikaner, die an den American Dream geglaubt hatten: »Jeder kann es schaffen!« (siehe Kapitel 7.3). Und ich vergleiche es mit dem Versprechen der »blühenden Landschaften« der 1990er Jahre. Welche Erwartungen wurden da geweckt, dass heute die Enttäuschung so groß ist? Ich frage ihn: »Was bräuchten denn Sie persönlich?« – »Dass man mal sieht, in was für einer Lage ich bin: 68 Jahre alt, 560 Euro Rente, meine Wohnung kostet 555 Euro! Und von den 5 Euro, die noch übrig sind, soll ich leben? Warum muss ich denn wohl noch Taxi fahren?« – »Ah, verstehe, Sie fühlen sich abgehängt!« – »Was heißt denn ›ich‹? Das war doch 'ne Übernahme damals, alles haben sie kaputt gemacht, mit der Treuhand, unsere Wirtschaft, unseren Stolz!« Ich bin versucht zu argumentieren (»Wissen Sie, in welchem Zustand die ostdeutsche Wirtschaft damals war …«), aber ich halte mich zurück. »560 Euro, das ist ja wirklich nicht viel!« – »Aber da bekommen Sie doch Sozialhilfe!«, wirft meine Frau ein. »Sozialhilfe?! Das ist doch keine Lösung für jemanden, der sein ganzes Leben lang gearbeitet hat! Wissen Sie, ohne das Trinkgeld käme ich auch jetzt nicht über die Runden!« – Aha, denke ich, jetzt kann ich mir vorstellen, wohin die Konversation geht, aber ich bin auch ruhiger. Wir tauschen noch einige Argumente aus, am Ende ist mir der Mann gar nicht mehr so unsympathisch, ich bin froh, im Wagen geblieben zu sein. Und ich gebe ihm ein reichliches Trinkgeld, wir lachen und verabschieden uns.

Wie sagt der Organisationsforscher Henry Mintzberg so treffend: »Start with an interesting question, not a fancy hypothesis. Hypotheses close me down, questions open me up« (Mintzberg, 2017, S. 184).

17 Wer herrscht, wenn Krieg herrscht? Gedanken über das Management von Konflikten

> »Carter wachte am elften Tag mit der Gewissheit auf, die Situation sei hoffnungslos. Er konnte sich absolut nicht erlauben, dem Weißen Haus noch länger fernzubleiben. Er bat die Ägypter und Israelis, ihre abschließenden Positionsdokumente vorzubereiten und wies seine Berater an, eine Rede aufzusetzen, die er am Montag vor dem Kongress halten würde, um zu erklären, warum das Gipfeltreffen gescheitert war.«
>
> Das Zitat stammt aus dem Buch »Dreizehn Tage im September« über die Camp-David-Verhandlungen zwischen dem amerikanischen Präsidenten Jimmy Carter und seinen Kollegen Anwar al Sadat aus Ägypten und Menachem Begin aus Israel. Am elften Tag (!) war die Stimmung auf einem absoluten Tiefpunkt (Wright, 2016, S. 287).

Der Bericht über die historischen Friedensverhandlungen zwischen Ägypten und Israel unter Vermittlung der USA ist ein Lehrstück darüber, wie ein chronischer Konflikt, der den Umgang der Betroffenen und der Völker miteinander über eine lange Zeit bestimmt hat, auch die Dynamik der Verhandlungen um Frieden »beherrscht«. Die Sprache verrät es schon: Wenn ein Konflikt herrscht, dann herrscht eben ein Konflikt – und ein Krieg herrscht noch mehr.

Konflikte lassen sich aus meiner Sicht nicht managen. Die Zweckorientierung des Begriffs Management verspricht die mechanistische Handhabung eines Phänomens, das – und das war ein wesentlicher Kern der ersten beiden Teile – sich verselbstständigt hat und dazu tendiert, seinerseits die Akteure zu vereinnahmen und auf seine Bedingungen hin auszurichten. Sich aus dem Bann des Karussells zu befreien ist mühsam, erfordert Bewusstheit und Selbstarbeit und ist eher einer Wildwasserfahrt vergleichbar als einem zielorientierten Prozess. Eine Begrifflichkeit, hinter der sich ein »Mythos der Machbarkeit« vermuten lässt (Gehmann, 2022), ist für mich assoziiert mit einem Versprechen, das sich nur selten voll erfüllen wird. Daher bin ich auch vorsichtig mit den Begriffen Ziel und Lösung (die mir manchmal allzu leichtfertig verwendet werden). Jedenfalls habe ich nach Konfliktberatungen nur selten »Hollywoodlösungen« erlebt (vgl. die Gebrauchsanleitung am Anfang dieses Buchs). Es ist schon viel gewonnen, wenn das Karussell der Empörung verlangsamt ist, wenn die Beteiligten einander weniger dämonisieren (auch wenn sie den jeweils anderen meist weiterhin für die eigentliche Ursache der Probleme halten), wenn sie erleichtert sind, dass einige Sachfragen gelöst sind, dass sie wieder einigermaßen miteinander klarkommen. Ein größerer Abstand bleibt oft bestehen. Wenn es zu einer tiefgreifenden Aussöhnung kommt (und natürlich kenne ich auch diese), ist das ein großes Geschenk. Ich finde mich als hoch engagierter Begleiter bei aller eingesetzten Professionalität jedenfalls immer wieder in einer Mischung aus Ratlosigkeit und Ehrfurcht wieder – vor der Wucht, die eine Geschichte tiefer Verletzungen und Verluste für jeden einzelnen mit sich bringt, vor dem festsitzenden Groll, der sie unzugänglich füreinander werden lässt, manchmal auch vor dem Hass, den die Beteiligten gegeneinander hegen, und vor der Angst und dem Misstrauen, das sie gegenüber dem jeweils anderen auch dann haben, wenn er oder sie erkennbar gutwillig ist.

In dem ausgezeichneten Buch von Lawrence Wright ist sehr eindrücklich beschrieben, wie sehr man im Moderationsprozess all diesen Kräften ausgesetzt und wie wenig bewusste Steuerung dabei möglich ist – gut, es handelte sich um einen Konflikt zwischen zwei Nationen, die über Jahrzehnte hin Krieg geführt hatten, doch die *Empfindungen* bei hoch eskalierten und chronischen Dauerkonflikten in anderen Kontexten sind durchaus vergleichbar. Die Verhandlungen von Camp David waren auf fünf Tage angesetzt und wurden immer wieder verlängert. Unter der engagierten Moderation des US-Präsidenten, dessen politisches Schicksal hier mit auf dem Spiel stand, kämpften die Präsidenten Israels und Ägyptens um ihre Positionen, zum Teil stellten sie sich sogar gegen die Mitglieder der eigenen Delegation. Auch die Interessen, die sie zu diesen Positionen gebracht hatten, wurden mehr als deutlich, »manche Wörter waren […] so aufgeladen, dass sie nicht benutzt werden konnten, ohne starke Reaktionen hervorzurufen« (Wright, 2016, S. 299 f.). Roger

Fisher, der Begründer des Harvard-Modells (Fisher, Ury u. Patton, 2011; Fisher et al. 2019), war ebenfalls involviert (Ponschab, 2015, S. 272). Und doch: Immer wieder stand es Spitz auf Knopf, immer wieder schwankte die Stimmung zwischen Hoffnung und tiefster Enttäuschung und Verzweiflung, wie das anfängliche Zitat exemplarisch zeigen soll. Mehr als einmal stand das Thema Abbruch im Raum, mehr als einmal waren die Helikopter für die Abreise der einen oder der anderen Delegation schon bestellt. Kleine Zufälle, Glück, persönliche Beziehung und Freundschaft, Angst vor Blamage und natürlich auch Überredung und Verhandlungsgeschick sorgten immer wieder dafür, dass es dann doch einen Schritt weiterging. Sogar am letzten Tag stand der mühsam errungene Kompromiss (es ging vor allem um die jüdischen Siedlungen auf dem Sinai, den Status Jerusalems und die Rechte der Palästinenser) kurz vor dem Aus, und das Treffen wäre erfolglos abgebrochen worden. Jede Seite musste massive Abstriche von ihren Erwartungen machen, sodass am Ende alle enttäuscht waren, aber ein Minimalkonsens war gefunden worden – allerdings um den Preis der Nichtlösung der Palästinenserfrage und der Siedlungen auf der Westbank.

Der Verzicht auf den Begriff »Management« und die damit verbundene Haltung heißt nun nicht, dass man nichts tun kann. Im Gegenteil, Jimmy Carter setzte sich mit allem Engagement seiner Persönlichkeit und seines Amtes ein, sprach mit den Einzelnen, mit den verschiedenen Vertretern der Delegationen, machte eigene Vorschläge und zeigte seine Verärgerung und seine Wut sehr deutlich, wenn mal wieder eine Einigung zum Greifen nah war und durch einen Einwand wie eine Seifenblase zerplatzte. Um in der Wildwasser-Metapher zu bleiben: Auch Carter als erfahrener »Bootsführer« war von der Wucht mancher Wellen überfordert und stieß sich mehrfach den Kopf hart an den Felsen, und erst ganz am Ende wurde deutlich, dass die Fahrt sich gelohnt hatte. Das ist für mich auch der Unterschied zwischen Therapie und Konfliktarbeit: Man schaut aus der Beraterposition heraus durchaus gemeinsam mit den Streitenden auf die strittigen Sachfragen und überlegt mögliche Lösungen. Und obwohl ich im Allgemeinen als eher friedlich gelte: Ich habe schon in Konfliktberatungen mehrfach mit der Faust auf den Tisch gehauen, wenn ich den Eindruck hatte, dass an einem Punkt, an dem wir dem Ziel doch schon so nah waren, einer der Akteure doch noch eine Schleife drehte.[73] Erleichtert las ich, dass es Carter offenbar mehrfach ähnlich gegangen war, wenn er frustriert war über die Halsstarrigkeit der Konfliktparteien: »Es war herzzerreißend zu sehen, wie unbedeutend die Unterschiede wirklich waren, wenn man sie an den dauerhaften Vorteilen von Frieden maß« (Wright, 2016, S. 280). Doch am Ende erklärte sich Israel bereit, auf die jüdischen Siedlungen auf dem Sinai zu verzichten, um die bis zuletzt gerungen wurde. Ein Friedensvertrag zwischen Israel und Ägypten kam zustande, gegen dessen Bestimmungen seit 1979 kein einziges Mal verstoßen wurde (Wright, 2016, S. 356).

---

73 Zumindest einmal sorgte nach dem anfänglichen Schreck über meine emotionale Reaktion meine Smartwatch für eine unverhoffte Entkrampfung der Situation, weil sie laut und vernehmlich zu sprechen begann: »Offenbar bist du gestürzt, brauchst du Hilfe?« – die Szene löste sich in Lachen auf; manchmal kommt der Zufall zur rechten Zeit!

18 »Consciousness raising«, Entautomatisierung und Selbstarbeit

> »Mit einem Wort: Ihre Wahrnehmungsmaschinerie, die Art, wie Sie wahrnehmen, wird von einem System von Voraussetzungen regiert, das ich Ihre Epistemologie nenne: eine ganze Philosophie tief drinnen in Ihrem Geist, aber jenseits Ihres Bewusstseins« (Bateson u. Bateson, 2005, S. 136).

Die meisten der in dem Karussell-Teil dieses Buches beschriebenen Muster gehören zu der Ausstattung, mit der uns die Evolution versehen hat, um in einem Umfeld zu überleben, das einerseits überschaubar war, andererseits aber auch voller lebensbedrohlicher Gefahren steckte. Unsere Wahrnehmung und unsere Reaktionsmuster ermöglichten und ermöglichen uns, Situationen schnell gefühlsmäßig einzuschätzen und genauso schnell zu handeln. Nur haben sich die Rahmenbedingungen menschlichen Lebens inzwischen gewandelt. Wir leben in weitgehend künstlich erzeugten Lebenswelten, wir haben jederzeit Zugang zu Informationen aus jedem Winkel der Erde (ob zutreffend oder Fake News, sei dahingestellt), wir sind über Telefon und andere Medien durchgehend erreichbar und wir sind in einer Lage, in der wir nicht ständig – zumindest nicht im Nahbereich – um unser Leben fürchten müssen. Das bedeutet, dass viele der konflikthaften Muster für uns zum Problem werden, wenn wir uns ihnen unbewusst und unreflektiert überlassen.

Es geht also zentral darum, sich im Sinne des anfänglichen Zitates dieser Mechanismen bewusst zu werden. Ein Begriff, auf den ich in diesem Zusammenhang gestoßen bin, ist »consciousness raising«, das Arbeiten an der eigenen Bewusstheit im Konflikt (Harvey u. Evans, 1994; s. a. von Schlippe u. Frank, 2017). Es ist ein Irrtum zu glauben, dass man im Empörungskarussell voll den Überblick haben könne (siehe Kapitel 17). Vielmehr treibt man mit seinem Verhalten, gerade wenn es automatisch erfolgt, die Eskalation vielfach weiter voran. In dem Sinn halte ich *Selbstarbeit* für eine zentrale Aufgabe in der Arbeit am Konflikt. Wenn man lernt, sich mit sich selbst auseinanderzusetzen, Beobachter und Beobachterin seiner selbst zu werden, und mit der eigenen Erregung anders umzugehen, als zu eskalieren, ist man auf einem guten Weg. Aus dem Grundsatz der Selbstarbeit ergeben sich zahlreiche Handlungsmöglichkeiten, um innerhalb eines Konflikts den Zwang zur sich verschärfenden Eskalation zu durchbrechen und die Chancen für eine konstruktivere Auseinandersetzung zu erhöhen.

18.1 Die Kunst der unerwarteten Antwort

»Ein Unterbrechen des Teufelskreises wird möglich, wenn nicht eine feindselige Reaktion auf die Provokation (die eigentlich vom Gegner irgendwie erwartet wird) folgt, sondern eine Antwort der Besonnenheit – wider alle Erwartungen! Das entspringt nicht dem naiven Wunschdenken realitätsferner Theoretiker, sondern hat sich auch in stark eskalierten internationalen Konflikten bewährt« (Gareis, Kulessa, Hasse, Glasl u. Brzoska, 2014, S. 271).

Wer sich mit einem parasitären Kommunikationssystem anlegt, muss einem ziemlichen Sog standhalten. Man kann beginnen, die Veränderung ein wenig zu steuern, wenn man sich fragt, was in dem jeweiligen Kontext eigentlich die erwartete Reaktion wäre. Konflikte sind ja durch negative Erwartungsstrukturen gekennzeichnet. Diesen Erwartungen nicht zu entsprechen, vielleicht sogar das Gegenteil zu tun, dürfte das Gegenüber zunächst überraschen. Der Bibelspruch: »… wenn dich einer auf die rechte Wange schlägt, dann halt ihm auch die andere hin!« ist keine Einladung zum Masochismus, sondern eine Aufforderung, die unerwartete Alternative zu finden. So gibt man dem Schmetterlingseffekt eine Chance, dass sich aus einer kleinen positiven Veränderung etwas Neues ergeben kann.

Es geht darum, die eigene Empörung zu reflektieren beziehungsweise diese überhaupt erst einmal wahrzunehmen. Je genauer man sich ihrer bewusst wird, desto eher kann man lernen, der Automatik, in die sie einlädt, zu widerstehen und nicht aus der unmittelbaren Empörung heraus zu agieren, sondern zu verlangsamen. Adrenalin ist nie ein guter Ratgeber. Die große Herausforderung der Bewusstheit liegt darin, dem Sog der Eskalation zu widerstehen. Es ist der schwerste Schritt, sind doch die Anlässe und Einladungen zahlreich, die kleinen Spitzen, die man hört, die offenen Gemeinheiten oder Dominanzgesten, die man als »voll unfair« erlebt. Man kriegt sozusagen einen Schlag in die Selbstwertmagengrube, der tut weh und verleitet dazu, in einen »Bewaffnungsreflex« (Glasl) zu verfallen und blind zurückzuschlagen.

Bewusstheit beginnt da, wo man Mechanismen als solche erkennt. Dann ist man ihnen nicht mehr völlig unterlegen und kann mit »wehrhafter Freundlichkeit« (Ponschab, 2018, S. 257) reagieren oder sich einfach unvorhersehbar machen (wie ironisch überspitzt in Abbildung 23 dargestellt). Um das zu erreichen, kann es helfen sich vorzustellen, man sei ein Beobachter der Szene: Man stellt sich in der Fantasie neben sich[74] und beobachtet, was da gerade passiert. Statt empört zu denken oder gar zu sagen, was für ein dämlicher, böser, unerträglicher Zeitgenosse der andere doch ist, achtet man dann darauf, welche Knöpfe er oder sie drückt,[75] von denen er annimmt oder gar weiß, dass man damit schnell aufzuregen ist.

Denn mit der eigenen Aufregung würde man nur symbolisch den anderen füttern. Wenn man dagegen ein wenig innerlich aus der Szene heraustritt (sozusagen im positiven Sinne »außer sich« gerät), um sich in dem Kontext zu beobachten, beschäftigt man sich mit Fragen wie:
- Was passiert hier gerade?
- Was will der andere mit seiner Aussage und/oder Handlung erreichen?
- Welche Knöpfe werden gerade bei mir gedrückt und was passiert entsprechend mit mir? Was passiert hier gerade mit uns?

---

74 Im Coaching kann man das tatsächlich einmal durchspielen. Man steht von seinem Stuhl auf, der dem Kontrahenten gegenübersteht, und stellt sich daneben, um die Szene aus einer anderen Perspektive mit Blick auf beide Stühle zu betrachten. Das so durchgespielt zu haben, macht es dann im Ernstfall leichter, das gedanklich zu tun oder auch zu wagen, auch dort einmal aufzustehen und die Perspektive zu wechseln.
75 Im Sinn der kleinen Übung im Kapitel 3.6.

- Ist das eigentlich ein guter Weg, auf dem wir gerade sind? Will ich den Weg eigentlich mitgehen?
- Was brauche ich jetzt, um standzuhalten und besonnen handlungsfähig zu bleiben? Vielleicht eine »Erste-Hilfe-Pause« (siehe Kapitel 18.2)?

Es sind Fragen, die man, je nach Situation, unter Umständen auch offen stellen kann. Wichtiger aber ist, sich zu überlegen, wie denn eine im positiven Sinn überraschende Reaktion aussähe. Einfach das gewohnte Verhalten zu zeigen, entspräche ja nur der Logik des Konflikts. Manchmal genügt es, sich an die Aufforderung der lösungsorientierten Therapie zu halten: »Tue etwas anderes!« (siehe auch Groth, 2017, S. 75). Das Wichtige sollte dabei nicht das Überraschungsmoment für den anderen sein, sondern dass man sich in eine experimentierende Haltung versetzt, sich also auch selbst überrascht:[76] Was geschieht eigentlich an möglichen neuen kommunikativen Anknüpfungen, wenn ich die gewohnte Weise des Handelns verlasse? (von Schlippe, 2014c, S. 162).

Ganz klar, wenn sich eine Seite entscheidet, aus dem Teufelskreis auszusteigen, heißt das noch lange nicht, dass die andere Seite ihrerseits ebenfalls dazu bereit ist. Im Gegenteil, man muss damit rechnen, dass der Parasit, das System negativer Erwartungen, versuchen wird, sich wieder zu etablieren. Der oder die andere wird

---

76 Wenn man einmal damit anfängt, kann das auch im Alltag Spaß machen. Die Aufforderung: »Tue etwas anderes!« kann sich auf viele Lebensbereiche beziehen, denen Entautomatisierung guttut. Mit welchem Fuß stehen Sie normalerweise auf? Auf welcher Seite des Bettes schlafen Sie/Ihr Partner, haben Sie schon mal getauscht? Haben Sie schon einmal eine Nacht im Freien verbracht? Wie wäre es, wenn Sie einmal beim Aufschnittkauf einfach die Kombination nachkaufen würden, die die Person vor Ihnen gekauft hat, anstatt Ihr gewohntes Lieblingssortiment zu nehmen, oder etwas Ähnliches beim Hemdenkauf probieren? Waren Sie schon einmal auf einem Schützenfest, in einer Spielbank, beim Pferderennen, in der Oper, in einem klassischen, einem Punk-, einem Rockkonzert? Haben Sie schon mal in einem Eishotel übernachtet? Sind Sie schon einmal zu einer Weltmeisterschaft der Billard- oder Dartspieler gefahren? Haben Sie im Kino oder Theater schon einmal Roulette gespielt und blind eine Karte für einen Film oder ein Stück gekauft, bei dem Sie den Titel nicht kannten?

Abbildung 23: »Machen Sie sich unvorhersehbar« (Zeichnung: Björn von Schlippe)

vielleicht – anfangs sogar noch mehr als zuvor – die Konfrontation suchen, die zur Alltagssprache geworden ist. Veränderung von *Eskalationsgewohnheiten* braucht Zeit. Ein paar Ideen, mit dieser Situation umzugehen:
- Verlangsamung kann oft die bessere Alternative sein, als sofort zurückzuschlagen. An einem Punkt, an dem man sofort voller Wut und aggressiv reagieren würde, empfiehlt es sich zunächst, den eigenen Adrenalinausstoß zu begrenzen. »Self-Care« hilft, nicht in Panik zu geraten – etwa indem man tief atmet, vor allem: ausatmet (Ponschab, 2018, S. 260), oder man zählt bis 100 (manchmal wohl auch eher bis 1000 oder mehr …), ehe man reagiert (vorausgesetzt, man will etwas ändern, natürlich). Und wenn dann die eigene Antwort schon einmal »ein wenig schwächer« ausfällt als erwartet, ist man auf einem guten Weg.
- Im Elterncoaching wird für diesen Moment empfohlen, wie ein Mantra in der Meditation den Satz vor sich herzusagen: »*Ich lasse mich da jetzt nicht hineinziehen!*« Dann ist der Geist zunächst mit etwas anderem beschäftigt als damit, sich zu empören (Omer u. von Schlippe, 2004, S. 229 ff.).

- Manchmal ist es sicher auch passend, in ruhiger Weise eine Grenze zu ziehen, ohne etwa durch eine Gegenbeleidigung die Grenze des anderen zu verletzen: »Das ist mir jetzt zu viel!«, »Das bin ich nicht bereit so stehenzulassen!«.
- Eine meist unerwartete Resonanz auf unverschämte Provokationen kann darin bestehen, sich nicht zu einer Wutäußerung hinreißen zu lassen, sondern interessiert nachzufragen:[77] »Wie meinen Sie das genau?«, »Können Sie das etwas näher ausführen?«, »Was meinst du mit ›nie‹?« oder Ähnliches (Thiele, 2018, S. 105, dort sind auch weitere »Schlagfertigkeitstechniken« aufgeführt).
- Besonders sinnvoll könnten hier indirekte »Fragen mit konstruktiven Vorannahmen« sein (von Hertel, 2013, S. 207 f.), über die die Erwartung vermittelt wird, dass man sich vorstellen kann, dass eine plausible Absicht hinter der Provokation steckt. Man kleidet diese Fragen am besten in Aussagesätze ein, die weniger fordernd sind als eine direkte Frage: »Ich habe, glaube ich, noch nicht ganz verstanden, wofür Ihnen das wichtig ist …«, »Ich überlege, was Ihrer Meinung nach genau geändert werden sollte …«, »Ich frage mich, was Sie wohl an meiner Stelle jetzt antworten würden … «
- Nicht immer wird es gelingen, aber ein großer Schritt aus der »automatischen« Reaktion heraus könnte es sein, ein Reframing zu finden, also ähnlich wie im letzten Abschnitt von konstruktiven Vorannahmen auszugehen. Eine persönliche Anfeindung kann man für sich vielleicht auch als etwas ungeschickten Selbstverteidigungsversuch des Gegenübers beschreiben, der mit einer Attacke ein bedrohtes Selbstwertgefühl absichert. Eine solche Umdeutung kann helfen, wesentlich gelassener zu bleiben.
- Das Wörtchen »teilweise« kann ein Zauberwort sein. Es erfüllt die Erwartung einer Eskalation nicht, ist zugleich aber auch keine Niederlage. Es gibt eben zwischen Schwarz und Weiß viele Nuancen und man kann so den Sinn für Differenzierungen wieder einführen: »Ich kann dir teilweise recht geben«; »Ich kann teilweise nachvollziehen, was du meinst …« (Abbildung 24).

---

[77] Von der Form her sollten »Warum-Fragen« jedoch vermieden werden, sie führen in der Regel nicht weiter (von Hertel, 2013, S. 205).

Abbildung 24: Teilweise (Zeichnung: Björn von Schlippe)

- Schließlich kann es helfen, sich mit sich selbst in ein Selbstgespräch zu begeben, das mit den Worten beginnt: »Wie interessant, dass …« (Groth, 2017, S. 13). Ein solcher Satz lädt zur Neugier ein. Während Empörung mit einer Bewertung verbunden ist (»Unverschämtheit!«), die die Neugier beendet, betrachtet man so die Lage wie ein schwieriges Rätsel. Offenbar hat man bislang noch nicht verstanden, wie das Gegenüber tickt: »Wer schnell versteht, hat vielleicht nichts verstanden« (Groth, 2017, S. 13). Neugier lädt in den Beobachtungsmodus ein: »Wie interessant, dass …«

18.2 »Die Erste-Hilfe-Pause«

So sehr man auch weiß, wie sinnvoll es ist, auf Attacken hin ruhig zu bleiben und sich auf emotionale Spiele nicht einzulassen – in einer akuten Situation kann es sein, dass die Forderung nach Bewusstheit einfach nicht greift. Die Unverschämtheiten, die man sich da vom anderen anhören muss, erlebt man als so unerträglich, dass man platzen könnte – und der Knall ist umso lauter, je länger man sich vorher versuchte zu beherrschen. Hier kann eine Erste-Hilfe-Taktik darin bestehen, eine Pause einzufordern, anstatt zu eskalieren. Es ist dabei wichtig, diese Pause gut einzuleiten, denn nicht jede Unterbrechung ist deeskalativ. Wenn man beleidigt schweigt (»Ich sag jetzt gar nichts mehr!«) oder aufsteht und wutschnaubend die Tür zuschlägt, nachdem man vorher vielleicht noch etwas Beleidigendes gesagt hatte, steigert das nur unnötig die Spannung und beidseits die negativen Gefühle.

Wenn man dagegen eine Unterbrechung damit einleitet, dass man ankündigt, später auf das Thema zurückzukommen, wenn die Erregung abgeklungen ist, handelt man nach dem Motto: »Schmiede das Eisen, wenn es kalt ist« (Omer u. von Schlippe, 2004). »Soziale Eisen« werden, wie gesagt, ganz anders »geschmiedet« als Pferdehufeisen – eben besser, wenn sie abgekühlt sind. Die konstruktive Unterbrechung ist eine Form, in der man deutlich macht, dass man »bleibt, wenn man geht« (übrigens ein griffiger Merksatz für das Konfliktnotizbuch!): »Ich merke, dass ich jetzt unter ziemlicher Spannung stehe. Ich könnte jetzt etwas sagen oder tun, was ich selbst nicht gut finden würde. Ich brauche jetzt für mich eine Pause, aber ich komme später darauf zurück« oder: »Nein, ich mag das nicht, ich bin nicht einverstanden und ich werde darüber nachdenken. Im Moment bin ich zu aufgewühlt, um mir in Ruhe darüber klar zu werden!« Solche klaren Markierungen können helfen, eine Eskalation zu unterbrechen – und später in Ruhe darauf zurückzukommen.

Wenn beide Seiten den Sinn einer derartigen Unterbrechung einsehen, aber große Schwierigkeiten damit haben, die eigene Erregung in konkreten Situationen zu regulieren, kann es in einer länger dauernden Konfliktmoderation hilfreich sein, ein Symbol für die Pause zu finden. Beispielsweise kann der Begriff »Stopp-Taste« für beide ein Signal sein, bei dem beide sofort Abstand voneinander nehmen und jede Interaktion für mindestens eine Stunde unterbrechen.

18.3 »Weder zu viele noch zu wenige Worte!«

Gerade wenn man aufgeregt ist, neigt man dazu, viele Worte zu machen, sich immer wieder zu wiederholen, zu erklären, zu fordern – und das meist nicht in einem Modus von freundlicher, ruhiger Zugewandtheit. Erklärungen jedoch tendieren dazu, die Konfliktdynamik noch zu verschärfen (Simon, 2012, S. 35). Je mehr Worte man macht, je mehr man (»Damit es ganz klar ist, sag' ich es noch mal ...!«) Positionen und Aussagen wiederholt (sogar, wenn es sich um so sinnvolle Anregungen handelt wie: »Ich hab' dir doch schon zigmal gesagt, dass du das Konfliktbuch von von Schlippe lesen sollst!«), desto weniger wird der andere auf den Inhalt reagieren. Bestenfalls stellt er oder sie die Ohren auf Durchzug; meist aber redet man sich selbst den Mund fusselig und kriegt entsprechend zurück, sodass man sich am Ende in einem unerquicklichen Wortsalat wiederfindet. Simon empfiehlt, sofern sich Erklärungen nicht vermeiden lassen, diese zumindest so aufzubauen, dass sie allen Akteuren lautere Motive zuschreiben, um einen Kampf um die eine richtige Erklärung zu vermeiden (Simon, 2012, S. 35).

Damit soll nicht einem versteinernden Schweigen das Wort geredet werden, sondern einer bewussten Zurückhaltung vor zu viel erklärenden, zurechtrückenden Worten, die dann wieder missverstanden, beziehungsweise negativ gedeutet werden (»Das sagst du ja jetzt bloß so!«) usw. und damit die Eskalation befeuern. Das starre Schweigen eines tiefgefrorenen Konflikts, in dem sogar die alltäglichen, unter »Latenzschutz« stehenden Floskeln wie »Reichst du mir bitte mal das Salz?« und die entsprechenden Reaktionen darauf ausbleiben (siehe Kapitel 14), ist hier nicht gemeint. Im Gegenteil, es ist empfehlenswert, sich dem »Parasiten« zu widersetzen und beispielsweise herabsetzende Abwandlungen formaler Handlungen zu vermeiden. So empfehle ich, egal wie verletzt man ist, bei einer Anrede mindestens ein »Sehr geehrte/r ...« zu schreiben (nie nur den Namen), einen Brief immer mit einer Grußformel zu unterschreiben und auf die Frage nach Salz oder Zucker so zu reagieren, dass man das Gewünschte mit einem »Bitte!« reicht usw. Je souveräner man damit umgeht, desto souveräner wird man sich selbst erleben. Schreiben Sie sich das bitte als Selbstversprechen ins Konfliktnotizbuch: »Egal wie heftig ein Konflikt tobt, ich werde diesem nie so weit entgegenkommen, dass ich elementare Handlungen aufgebe, die mich als Kulturwesen ausmachen!«

18.4 Dem Sog der Dämonisierung widerstehen

Der Sog der Dämonisierung ist eine besondere persönliche Herausforderung. Die Versuchung ist sehr groß zu denken, dass das Verhalten des anderen wohl doch auf irgendwelche psychopathologischen Ursachen zurückzuführen ist – ist er oder sie nicht »wirklich« so?[78] Einfach dumm, krank oder böse? Misstrauen ist die Grundlage der dämonischen Sicht. Dem anderen wird etwas in ihm innewohnendes Negatives unterstellt, wie auch immer er oder sie sich verhält (unschwer ist hier der feindselige Wahrnehmungsfehler zu erkennen). Wer sich entscheidet, den anderen nicht mehr zu dämonisieren und etwa bereit ist, von sich aus einseitige Maßnahmen der Spannungsverminderung vorzunehmen, setzt sich einem gewissen Risiko aus (siehe Kapitel 11.4). »Vertrauen ist viel leichter in Misstrauen zu verwandeln als umgekehrt Misstrauen in Vertrauen« (Luhmann, 1989, S. 99). In solchen Momenten ist das Konfliktsystem sehr vulnerabel, eine negative Reaktion des anderen kann die Stimmung schnell in Resignation umschlagen lassen: »Siehst du, ich habe es wirklich im Guten versucht, aber es hat einfach keinen Zweck!«

Es bedeutet, wie schon gesagt, immer eine »riskante Vorleistung« (Luhmann, 1989, S. 23), »dem anderen eine gute Absicht zu unterstellen«.[79] Vertrauen als Vorschuss zu geben, heißt nicht, blind zu vertrauen und naiv in jede soziale Situation zu gehen. Die Bereitschaft, der oder dem anderen eine positive Absicht zu unterstellen, kann sich darin zeigen, dass man sich bemüht, seine Position nachzuvollziehen. Verbunden damit kann die Asymmetrie der Mittel (also eine Eskalation nicht mit einer stärkeren Gegeneskalation zu beantworten) helfen, das Klima des Misstrauens weiter zu entschärfen.

---

78 Ich gestehe, dass mir selbst immer wieder solche Gedanken in den Sinn kommen – jenseits der Theorie ist das doch eine »praktische« Idee. Doch sie bleibt gefährlich, weil sie Eskalation fördert ...

79 Ein Satz für das Konfliktnotizbuch: Vielfach wurde mir in Gesprächen rückgemeldet, dass dieser Satz, wenn er einmal im Gespräch gefallen war, immer wieder in den Gedanken der Ratsuchenden auftauchte: »Das Risiko eingehen, dem anderen eine gute Absicht zu unterstellen ...«

18.5 Sprachliche Sorgfalt

Manchmal ist es sinnvoll, davon auszugehen, dass es eigentlich der erklärungsbedürftige Sonderfall ist, dass Menschen sich verstehen. Missverständnisse müssten eigentlich der Normalfall sein. Das ist natürlich etwas überspitzt gesagt, aber auch nicht ganz von der Hand zu weisen – ganz besonders unter den einschränkenden Bedingungen des Konflikts. Hier dürfte die Zahl und Dramatik der Missverständnisse deutlich zunehmen, nicht zuletzt, weil man schnell und manchmal, ohne genau zu verstehen, eine Prüfschleife durchläuft, ob das, was der andere gesagt hat (oder auch nur die ersten drei Worte), einen Angriff auf das eigene Selbstwertgefühl bedeutet, ob man es so stehen lassen kann oder sofort mit einer Richtigstellung oder gar einem Gegenangriff beantworten muss. Vielfach empfiehlt es sich daher gerade für Konfliktparteien, sich mit Formen von Kommunikation zu befassen, die das Risiko, dass das Gegenüber sich persönlich angegriffen fühlt, reduzieren, beispielsweise mit gewaltfreier Kommunikation (Rosenberg, 2001; Omer u. von Schlippe, 2004).

Im Kern geht es auch hier um Bewusstheit, gerade im Konflikt. Menschen können im Kontakt mit anderen auf verschiedene Weise mit Sprache umgehen.[80] Jemand kann die Sprache einsetzen, um die eigene Grenze zu markieren, um deutlich zu machen, wo er oder sie steht und was er oder sie wichtig findet (siehe Abbildung 25). Die Form, in der dies konstruktiv geschieht, ist meist die klassische Ich-Botschaft (»Das wird mir jetzt zu viel! Ich brauche eine Pause!«). Im Gegensatz kann die Sprache nämlich über »Du-Botschaften!« in den Raum des anderen eindringen und ihn entwerten (»Du bist so falsch!«), und ihm beispielsweise Motive unterstellen (siehe Kapitel 9.1). Vom anderen wird das so erlebt, als ob man sozusagen in ihm herumspaziert – und das hat keiner gern.

---

80 Ich meine dabei jetzt den persönlichen Nahraum, natürlich dient Sprache vielfach auch nur zur Beschreibung von Sachverhalten – diese Momente sind hier nicht gemeint.

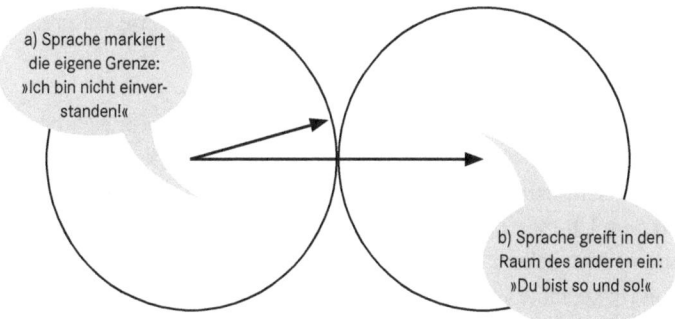

Abbildung 25: Formen der Verwendung von Sprache im Kontakt
(Quelle: eigene)

18.6 Symbolische Gesten und gute Momente

Von der Wirkung freundlicher Gesten und kleiner Kreditangebote war im Zusammenhang mit dem feindseligen Wahrnehmungsfehler bereits die Rede (Kapitel 9). Es mag in einer eskalierten Situation schwerfallen, einen solchen Schritt zu machen. Manchmal hilft es, sich klarzumachen, dass es in der Regel der psychologisch stärkere Konfliktpartner ist, der solche Gesten ausübt – keinesfalls sollten sie nämlich den Charakter eines Besänftigungsversuchs haben. Dadurch, dass sie unabhängig von dem Verhalten des anderen gegeben werden, haben sie eine besondere Kraft (Fisher et al., 2019). Es kann sich dabei einfach um freundliche Worte handeln, einen Händedruck mit einem Lächeln, einen Ausdruck des Bedauerns (siehe Kapitel 18) oder auch um kleine Geschenke wie die vom Bahnhof mitgebrachte Zeitschrift über ein Thema, von dem man weiß, dass es den anderen interessiert. Eine solche Geste kann helfen, emotional aufgeladene Situationen zu entschärfen, kann die Bereitschaft ausdrücken, die Beziehung zu verbessern oder auch nur die Souveränität demonstrieren, dass man nicht bereit ist, sich vom Konflikt vollständig beherrschen zu lassen. Man sollte sich darauf einstellen, dass der andere die Geste zurückweisen wird, denn er oder sie ist ja nicht automatisch in einem deeskalativen Modus. Je souveräner man auf diese Zurückweisung reagiert, desto besser ist die deeskalierende Wirkung. Die Bedeutung von Bewusstheit kann in diesem Zusammenhang vielleicht die folgende kleine Geschichte verdeutlichen:

Eine Gruppe von fünf erwachsenen Geschwistern hatte sich heillos zerstritten. Vor allem zwischen Rolf, einem der Brüder, und Simone, seiner Schwester, ging »gar nichts mehr«. Sie hatten über das Institut, an dem ich tätig bin,[81] Zugang zu einer Reihe von Texten zu Konfliktthematiken bekommen. Wie ich später hörte, hatten sie auf Anregung von Heike, einer anderen Schwester, begonnen, diese gemeinsam in Tagesworkshops durchzuarbeiten. Sie lasen gemeinsam Abschnitte und diskutierten, inwieweit die dort dargestellten Mechanismen auf ihre Lebenssituation passten. Heike berichtete später von einer Szene, in der Simone ihrem Bruder angeboten hatte, mal wieder auf dessen Kind aufzupassen, damit er mal wieder mit seiner Frau ins Kino gehen könnte. Rolf hatte das als »billigen Trick« zurückgewiesen und Simone damit sehr gekränkt. Als sie beim gemeinsamen Lesen nun auf das Thema des »feindseligen Wahrnehmungsfehlers« stießen, wurde Rolf plötzlich bewusst, dass er diesem Mechanismus aufgesessen war: »Hey, das ist ja genau das, was da zwischen uns passiert ist!« Er entschuldigte sich bei Simone und damit war der Startpunkt für eine Verbesserung der Beziehungen gelegt.

Doch es müssen nicht unbedingt solche Aktionen sein. Soziale Beziehungen, in denen sich Menschen miteinander wohlfühlen, bestehen darin, dass in ihnen immer wieder »gute Momente« geschehen – und das gilt auch umgekehrt. Die holländische Therapeutin Maria Aarts hat viel mit Eltern und ihren auffälligen Kindern gearbeitet und sie genau darin unterstützt, immer wieder solche guten Momente im Tag einzustreuen, in denen sich beide Seiten miteinander wohlfühlen können: »Ein guter Moment macht einen besseren Tag, ein besserer Tag macht eine bessere Woche, eine bessere Woche trägt dazu bei, ein besseres Leben zu gestalten« (Maria Aarts in Hawellek, 2014, S. 43). Möglichkeiten für solche Momente bieten sich auch dann, wenn man im Konflikt miteinander liegt – vielleicht nicht ganz so selbstverständlich.

---

81 www.wifu.de

Symbolische Gesten und gute Momente

Ah, du wolltest mal wieder die Konjunktur ankurbeln!

Abbildung 26: Freundliche Gesten – und gute Momente? (Zeichnung: Björn von Schlippe)

Eine Variante der freundlichen Gesten kann auch darin bestehen, dem anderen immer wieder einmal deutlich zu machen, dass man an einer Verbesserung der Beziehung interessiert ist (nur sofern das tatsächlich der Fall sein sollte, versteht sich). Eine Aussage wie:»Wie auch immer wir derzeit zueinander stehen, ich habe ein Interesse an einer guten Beziehung zu dir!« ist eine solche Geste, mit der man weder eine Niederlage einräumt, noch einen Eskalationsschritt weiter geht. Doch auch hier sollte man darauf gefasst sein, dass die Antwort lautet: »Ich aber nicht!« – und dann freundlich und entspannt bleiben und sich nicht von der Reaktion des anderen zu einer Tonartänderung verleiten lassen: »Ich habe nicht in der Hand, ob du mir glaubst, aber ich meine es wirklich so!«; »Wie auch immer, ich wollte dich das nur wissen lassen!« Deeskalation kann einen »langen Atem« erfordern,[82] entsprechend sollten derartige Gesten mehrfach gegeben

---

[82] Und es sollte auch anerkannt werden, dass Deeskalation von demjenigen, der sich um sie bemüht, sehr viel abfordert. Daher braucht es sicher auch mehr als nur eine Erlaubnis zur Selbstfürsorge, eher eine Ermutigung, mit sich selbst freundlich umzugehen und vielleicht auch ein Netzwerk von Men-

werden. Es braucht seine Zeit, bis der feindselige Wahrnehmungsfehler beim anderen nicht mehr greift. Alle Aktivitäten, durch die man signalisiert, dass man an einer Verbesserung der Beziehung interessiert ist, können potenziell helfen, Teufelskreise der Eskalation zu durchbrechen. Und wie bei allem, was man tut: Eine Garantie dafür, dass es klappt, gibt es nicht.

18.7 Bedauern

Eine Geste, die eine besondere Bedeutung gewinnen kann, besteht, wie schon in Kapitel 15 kurz angedeutet, darin, Bedauern über eigene Handlungen oder Äußerungen auszudrücken. Ähnlich wie bei Verwendung des Wortes »teilweise« gibt man keine Positionen auf, wenn man ausdrückt, dass einzelne Verhaltensweisen einem selbst leidtun, zu denen man sich im Zuge der Eskalation hat hinreißen lassen. Es ist in dem Zusammenhang wichtig, sprachlich genau zu sein und eine »Ent-schuldigung« vom Ausdruck des Bedauerns zu unterscheiden. Die Intention wird ähnlich sein, man möchte dem anderen einen Schritt entgegenkommen. Doch die Bitte um Entschuldigung kann vom anderen als Zumutung empfunden werden (»Erst hat sie mich so gekränkt und jetzt soll ich das auch noch entschuldigen!«). Da kann es schnell passieren, dass die Bitte abgelehnt oder entwertet wird. Manchmal ist die Entschuldigung auf der Seite desjenigen, der die Bitte geäußert hat, auch mit dem Anspruch verbunden, dass es nun aber auch gut sein solle: »Was willst du denn noch, ich hab' mich doch entschuldigt!«

So ist es meist, gerade wenn es um eine konstruktive Geste geht, angebracht, das eigene Bedauern als solches zu äußern und zu einer damit verbundenen möglichen Schuld zu stehen. Das setzt den anderen nicht unter Zugzwang, denn er oder sie kann es leicht zurückweisen. Auch wenn er oder sie sagen sollte: »Das nehme ich dir nicht ab!«, bleibt der Satz »Es tut mir leid!« so ausgesprochen stehen: »Ich

---

schen zu suchen, von denen man freundlich unterstützt wird (möglicherweise muss man diesen dann auch deutlich machen, dass es wenig hilfreich wäre, wenn sie ihrerseits die Empörung noch verstärken würden).

habe nicht in der Hand, ob du mir glaubst, aber es tut mir wirklich leid!« (an dieser Stelle dann bitte keine Diskussion beginnen).

Die explizite Bitte um Entschuldigung sollte für Momente reserviert bleiben, in denen es darum geht, dass man die volle Verantwortung für einen Fehler übernimmt, den man begangen hat und der für jemand anderen einen emotionalen oder physischen Schaden bedeutet (Ury, 2000, S. 165 f.). In einer solchen Situation wäre Bedauern möglicherweise ein zu schwaches Signal. Zugleich gibt man sich mit der Bitte um Verzeihung ganz in die Hand des anderen. Auch wenn die Bitte um Entschuldigung dann abgelehnt wird, bedeutet das nicht, dass der Konflikt wieder angefacht wird, sondern es wird deutlich, wie tief die Verletzung den anderen getroffen hat – die Zurückweisung wird dann akzeptiert oder mit der Frage nach einer möglichen Wiedergutmachung verbunden. Über diese kann es zur Versöhnung kommen, sodass eine Chance gegeben ist, dass die Bitterkeit verschwindet. Aber das dürfte dann das Ergebnis eines ganzen Prozesses sein und die Bedeutung einer Geste übersteigen.

19 Positionen und Interessen: »Wofür ist Ihnen das wichtig?«

Wann immer es um einen professionellen Blick auf Konflikte geht, kommt man nicht um das Harvard-Modell herum (Fisher et al., 2019; Ponschab, 2015, 2018; Ury, 2000). Dieses von den seinerzeit an der Harvard Law School tätigen Professoren Roger Fisher, William Ury und Bruce Patton erarbeitete komplexe Konzept der sachbezogenen Verhandlungsführung kann und soll – wie zu Beginn des dritten Teils angemerkt – hier nicht ausführlich vorgestellt werden. Doch die Kernidee ist hilfreich und verdient Erwähnung, weil es auch hier um Bewusstheit geht: Die Überlegung, zwischen den oft gleich zu Beginn einer Auseinandersetzung geäußerten *Positionen* und den dahinter liegenden *Interessen* zu unterscheiden, kann dazu beitragen, aus der Eskalation wieder zur Sache zurückzukommen.

Die Autoren gehen davon aus, dass eine Verhandlung um konflikthafte Themen umso erfolgreicher ist, je mehr darauf geachtet wird, dass über den Konflikt nicht die Beziehung der Parteien zueinander dauerhaft beschädigt oder gar zerstört wird. In vielen Fällen hat man, auch wenn ein Konflikt ausgestanden ist, noch weiterhin miteinander Kontakt und da wäre es gut, wenn die alten Streitigkeiten nicht ständig wieder hochkommen.

Ein Weg, um dies zu erreichen, besteht darin, dass die Konfliktpartner einander nicht als Gegner sehen, die jeweils versuchen, ihre Maximalposition gegen den anderen durchzusetzen, sondern als Problemlöser, die Ergebnisse anstreben, die die Interessen von jedem berücksichtigen. Dazu kann es hilfreich sein, sich eben nicht von vornherein auf eine Lösungsoption festzulegen (»Ich werde von meiner Forderung niemals abrücken!«). Je mehr sich stattdessen beide Seiten über die hinter dieser Position stehenden Interessen klar werden, desto mehr steigt die Chance, dass beide zum einen erfahren, was dem anderen wirklich wichtig ist (manchmal stehen hinter Sachforderungen beispielsweise Interessen, die eher mit Anerkennung, Wertschätzung oder Dank zu tun haben). Das wiederum erhöht zum anderen die Wahrscheinlichkeit, dass sie sich gemeinsam als Problemlöser auf die Suche danach machen, wie es gelingen kann, die Interessen beider Seiten zu berücksichtigen. Die wichtigste Frage, die man hier sich selbst und auch dem anderen stellen kann, um die Interessen nachzuvollziehen, die sich hinter geäußerten Wünschen, Positionen, Forderungen verstecken, ist: »Wofür ist Ihnen das wichtig?« (ausführlich siehe von Hertel, 2013, S. 108 ff.). Ein schönes Beispiel wurde mir von einem Studenten an unserer Universität erzählt:

Er hatte sich zunehmend darüber geärgert, dass seine Mitbewohnerin in der WG immer wieder ihr Frühstücksgeschirr schmutzig in die Spüle stellte. Seine Forderung, das Geschirr doch bitte jeweils gleich nach der Benutzung in die Spülmaschine einzusortieren, wies sie kategorisch zurück. Es dauerte einige Zeit, bis die beiden jeweils die Interessen des anderen verstanden: Ihn störte es, dass er, wenn das Geschirr in der Spüle stand, den Wasserkessel nicht mehr darunterstellen konnte, um sich Tee zu kochen. Ihr war wichtig, nicht sofort nach Aufstehen und Frühstück mit Hausarbeit konfrontiert zu sein. Die Klärung führte dazu, dass sie gemeinsam eine separate Schüssel kauften, die neben den Waschtisch gestellt wurde. Sie legte dort das Geschirr ab, er hatte genug Platz für den Wasserkessel.

Es ist eine interessante Paradoxie: Je mehr man auf der Sachseite der Positionen beharrt, desto heftiger wird gekämpft, je deutlicher hingegen beide Seiten über die oft mit vielen Gefühlen verbundenen Interessen sprechen, desto entspannter kann man sich der Sachseite widmen. Vor allem, wenn *Grundbedürfnisse* infrage stehen (siehe Kapitel 8), ist man verwundbar. Gleichzeitig wird es nicht als sinnvoll angesehen, zu schnell auf der Ebene von Positionen Zugeständnisse zu machen, ehe die Interessen deutlich geworden sind – der Wunsch, den anderen zu besänftigen, führt meist nicht weiter (Fisher et al., 2019, S. 239). Das bereits in Kapitel 17 angesprochene Beispiel des Camp-David-Prozesses zeigt sehr markant, wie eine Einigung auf der Ebene der Interessen und der damit verbundenen Grundbedürfnisse möglich wurde, die es nicht gegeben hätte, wenn man auf der Ebene der Positionen geblieben wäre:

Israel hatte im Sechs-Tage-Krieg 1967 den Sinai besetzt und war entschlossen, die Halbinsel unter seiner Kontrolle zu behalten. Die Ägypter dagegen beharrten darauf, dass diese Teil ihres Staatsgebietes sei und es keinen Frieden geben werde, wenn dieser Zustand nicht wiederhergestellt werde. Die Frage nach den Interessen zeigte, dass es Israel vor allem um Sicherheit ging: Eine feindliche Armee könnte nämlich innerhalb von wenigen Stunden israelisches Kernland erreichen, wenn die Israelis das Gebiet nicht mehr unter Kontrolle hätten. Ägypten ging es dagegen um die Integrität des eigenen Staatsgebietes und darum, im eigenen Land die Hoheitsrechte wahrzunehmen. Neben vielen anderen Themen (z. B. die Siedlungen), sah der Kern des Plans, auf den sich die Staatschefs schließlich einigten, vor, dass Israel den Sinai zurückgab, dass dieser aber zu weiten Teilen entmilitarisiert würde: »Die ägyptische Flagge sollte über der gesamten Halbinsel wehen, doch ägyptische Panzer blieben der israelischen Grenze fern« *(Fisher et al., 2019, S. 77; siehe auch Wright, 2016).*

20 Die Balkonperspektive und der blinde Fleck

> »Alles, was wir sehen, könnte auch anders sein. Alles, was wir überhaupt beschreiben können, könnte auch anders sein« (Wittgenstein, 1968, Tractatus 5.634).
>
> »Sich beobachten heißt, sich verändern« (Alain, 1994).

20.1 Selbstbeobachtung

Ein Geschehen – und sich selbst – aus einer »Balkonperspektive« zu betrachten (ein Begriff aus dem Harvard-Modell), eröffnet neue Möglichkeiten. Eine andere Sicht auf die Dinge eröffnet die Chance der »Möglichkeit des Andersseins« (Watzlawick, 1977), denn aus einer anderen Perspektive sehen die Dinge anders aus. Konfliktparteien beobachten einander sehr genau und sie beobachten auch sich selbst – man spricht hier auch von »mitlaufender Selbstreferenz«: Ein (psychisches oder soziales) System beobachtet sich selbst dabei, wie es mit der Umwelt in Beziehung ist.

Es liegt in der Natur der Dinge, dass jede Beobachtung den Teil, den sie fokussiert, scharf stellt, wobei zugleich andere Aspekte unscharf werden: Wann immer man etwas erkennt, erkennt man etwas anderes nicht. Und »wenn man beobachtet, kann man nicht gleichzeitig beobachten, wie man beobachtet« (von Schlippe u. Schweitzer, 2019, S. 110). Jede Beobachtung hat also ihren eigenen blinden Fleck. Die Einnahme einer Balkonperspektive ist der explizite Versuch, mit einer anderen Optik auf die Dinge zu schauen – mit der Möglichkeit, eigenen blinden Flecken auf die Spur zu kommen, indem man die eigene Beobachtung, das eigene Denken beobachtet. So kann man sich im Sinne des anfänglichen Wittgenstein-Zitats fragen, wie die Welt neben der eingefahrenen Sicht auch noch gesehen werden könnte. Verschiedentlich wurde in diesem Buch bereits thematisiert, wie festgefahren die wechselseitigen empörten Beschreibungen in Konflikten sein können und wie sehr sich die Beteiligten manchmal gegen die Möglichkeit sperren, die Dinge anders zu sehen (»*Sie kennen ihn nicht, er ist so!*«). Allein die Einnahme eines anderen Blickwinkels kann hier interessant sein, wie im folgenden Beispiel.

Setzen Sie sich auf einen Stuhl, der Ihnen gegenübersteht, und stellen Sie sich vor, dass Sie auf diesem neuen Stuhl als der- oder diejenige sitzen, die Sie einmal sein werden, wenn Sie ins Rentenalter eintreten oder wenn Sie neunzig Jahre alt sein werden oder Ähnliches. Sie können sich auch vorstellen, als eine ganz andere Person dort zu sitzen, vielleicht als Ihr Vater oder Ihre Mutter, ein weiser Eremit oder sogar als der Konfliktpartner. Was sagt Ihnen diese Person über die gegenwärtige Eskalation? Wie beschreibt sie Ihr eigenes Verhalten, wie das der anderen Konfliktpartei, welche Empfehlung gibt sie Ihnen (genauer: geben Sie sich selbst aus dieser anderen Perspektive heraus)?

Das Interessante ist, dass diese kleine Übung auch dann hilfreich sein kann, wenn kein anderer Mensch dabei live als Unterstützer anwesend ist (sie ähnelt der in Kapitel 18.1 vorgestellten Aufforderung, »aus sich herauszutreten« und sich neben sich zu stellen, um wieder handlungsfähiger zu werden).

20.2 Das Karussell der Erwartungen

Mit dem Karussell der Erwartungen[83] (bitte nicht mit dem »Karussell der Empörung« verwechseln) wird es möglich, auf ähnliche Weise mit komplexeren Kontexten umzugehen und für sich allein oder mit Unterstützung durch eine Kollegin oder einen Coach nach neuen Perspektiven zu suchen und blinde Flecke zu erhellen. Die

---

83 Entstanden ist diese kleine Methode im Kontext der Supervision familientherapeutischer Arbeit. Hier sehen sich die professionellen Beraterinnen und Therapeuten schnell einer Fülle von unterschiedlichen Erwartungen ausgesetzt, die den Charakter von Aufträgen haben. Ursprünglich habe ich das Konzept daher als Auftragskarussell bezeichnet. Doch Erwartungskarussell passt besser, da es nicht immer nur um berufliche Kontexte und explizite Beauftragungen geht.

Grundform ist einfach: Man nimmt sich etwas Zeit und setzt sich in die Mitte eines Raums. Dann überlegt man sich, welche Personen zu einem bestimmten Thema bedeutsam sind – in einem Konflikt sind das meist nicht nur die Kontrahenten, sondern oft auch andere Dritte. Und schließlich überlegt man sich, welche »inneren Figuren« hier eine Rolle spielen könnten. Für jede der äußeren und inneren Figuren legt man einen Zettel mit dem entsprechenden Namen um sich herum (= das »Karussell«), sucht sich dann die zwei bis vier am stärksten belastenden Figuren heraus und identifiziert sich mit ihnen (man setzt sich auf deren Platz) und versucht, die wichtigste Erwartung des Betreffenden beziehungsweise der betreffenden inneren Figur zu formulieren. Danach setzt man sich wieder auf den eigenen Platz in der Mitte und sucht nach einer prägnanten Antwort (ausführlich siehe von Schlippe, 2014b; von Schlippe u. Jansen, 2020). Die Möglichkeiten, sich auf diese Weise »am eigenen Schopf« aus dem Sumpf zu ziehen, sind natürlich begrenzt, auch wenn es sich lohnen mag, es einmal zu versuchen.

Ich selbst erinnere mich an eine Situation, in der mir jemand von einer sehr entwertenden Äußerung berichtete, die ein Dritter über mich gemacht hatte. Da dieser Dritte eine Person war, mit der ich beruflich auf verschiedenen Ebenen zu tun hatte, fühlte ich mich sehr bedroht und nahm dieses Gefühl »mit nach Hause«. Da es nicht von selbst wieder verschwand, versuchte ich es mit dem Karussell. Schnell lagen mehrere Zettel um mich herum, einige davon trugen die Namen von Personen aus meiner Vergangenheit, auch eine Reihe strenger innerer Stimmen war dabei. Allein das half mir schon zu verstehen, warum mich diese Bemerkung so gepackt hatte. Die frappierendste Erfahrung allerdings war für mich, mich auf den Platz der betreffenden Person zu setzen und mir Zeit zu lassen, mich mit ihr zu identifizieren und nachzuspüren, wie sie sich wohl mir gegenüber erlebte (wohlgemerkt: Ich hatte ja gar keinen direkten Kontakt zu ihr gehabt, mir war die Äußerung berichtet worden). Ganz anders als erwartet, empfand ich nun keine kalte Überheblichkeit (wie vermutet), sondern etwas, das mir aus der Perspektive meines eigenen Platzes überhaupt nicht zugänglich gewesen war: Ich erlebte auf dem Stuhl des anderen ein starkes Angstgefühl, es dauerte einige Zeit, bis ich meine Überraschung verarbeiten konnte. Offenbar hatte ich einen Weg gefunden, etwas mehr von der Konkurrenzbeziehung zwischen uns zu verstehen. Ob der Betreffende tatsächlich Angst hatte, habe ich nie erfahren. Aber mein eigenes Gefühl von Bedrohtheit war verschwunden und ich fühlte mich der Person gegenüber wieder handlungsfähig.

20.3 Reflektierendes Team

Eine Form, das Prinzip der »Beobachtung der eigenen Beobachtung« und der Beleuchtung möglicher blinder Flecke professionell in der Beratungssituation zu nutzen, wurde bereits mehrfach im Verlauf des Buchs angesprochen. Es ist eine Kultur der systemischen Praxis, die seit den Arbeiten von Tom Andersen unter der Bezeichnung »Reflektierendes Team« bekannt geworden ist (Andersen, 1990). Die Form ist einfach (jedoch nicht unbedingt leicht in der Umsetzung): Der Gesprächsraum wird unterteilt in zwei Bereiche, in dem Beratungsraum sitzen Berater und der oder die Ratsuchenden, in einem anderen Bereich des Raums, aber offen sichtbar, sitzt ein Team (meist zwei bis drei Personen), das das Gespräch verfolgt (auch hier passt die Metapher des Balkons, von dem aus das Gespräch aus einer anderen Perspektive beobachtet wird). Zwei- bis dreimal gibt es eine Unterbrechung, dann spricht das Beobachterteam miteinander über das Gespräch, während die Ratsuchenden zuhören. Die Beobachter, das ist wichtig, wenden sich dabei nicht direkt an die Ratsuchenden. Diese Form soll jenen nämlich die Möglichkeit geben, sich selbst in der Reflexion des Teams auf eine andere Weise als gewohnt zu reflektieren, wie es Abbildung 27 verdeutlichen soll: Im entspannten Zuhören sieht man sozusagen sich selbst im Spiegel der Gedanken und Überlegungen des Teams, ohne gleich das Gesagte kommentieren oder richtigstellen zu müssen. Es ist ein wenig so, als würde man an einer geöffneten Tür vorbeigehen und den eigenen Namen hören: Es ist viel spannender, stehenzubleiben und zu lauschen, als reinzugehen: »Hier bin ich …«. Die im Beobachtungsraum geäußerten Überlegungen können leichter aufgegriffen oder auch einfacher fallengelassen werden, als wenn die Betroffenen direkt angesprochen werden würden (ausführlich beschrieben in Andersen, 1990; Caby, 2014; Hargens u. von Schlippe, 2002).

Abbildung 27: Balkonperspektive: Die Betroffenen denken über sich selbst nach, während sie der Reflexion zuhören. (Zeichnung: Björn von Schlippe)

20.4 Reflektierende Positionen

Wenn man nun das Prinzip der Beobachtung und des Perspektivenwechsels ernstnimmt, dann liegt der Schlüssel für dieses Vorgehen nicht darin, dass da Experten im Raum sitzen und ihre professionellen Überlegungen einbringen. Die eigentliche Kraft liegt in der veränderten Perspektive, nicht bei den klugen Leuten und dem, was sie als Profis sagen. Daher kann man in ähnlicher Weise auch die Ratsuchenden einladen, zu sich selbst eine Beobachterposition einzunehmen; wir sprechen dann von »reflektierenden Positionen« (Drews et al., 2021; von Schlippe, 2009).

Das Gespräch wird – in Absprache mit den Beteiligten – meist ein- bis zweimal unterbrochen. Die Beteiligten setzen sich auf einen anderen Stuhl und nehmen die Balkonperspektive ein (siehe Kapitel 6.2), um auf das Gespräch zu schauen. Die Beraterin achtet hier darauf, dass die Betroffenen in der Metaperspektive bleiben, also nicht den Streit einfach fortsetzen. Das kann durch eine kleine Herausforderung unterstrichen werden: »Ich bin mir nicht sicher, ob ich Sie jetzt überfordere. Es wäre eine Möglichkeit, dass wir uns einmal dorthin setzen und von dort aus ein ›Gespräch über unser Gespräch‹ führen. Das würde aber bedeuten, dass wir alle über uns so sprechen, als hätten wir als Beobachter dabeigesessen und dem Gespräch zugeschaut. Trauen Sie sich das zu?« Wenn man dann im »Beobachtungsraum« (= andere Stühle) sitzt, gelten andere Regeln. Es wird darüber gesprochen, wie das Gespräch läuft (in Anlehnung an von Schlippe, 2009):

- Wofür könnten wir diese neue Art des Gesprächs jetzt nutzen?
- Wenn Sie sich vorstellen, Sie hätten das Gespräch bislang als »Beobachter« verfolgt, wie fühlen Sie sich in dieser Position? Sind Sie genervt, angeregt, erfreut oder erschüttert?
- Haben Sie den Eindruck, dass die da, wie sie miteinander umgehen, vorankommen?
- Welche Assoziationen kommen Ihnen in den Sinn, wenn Sie an den Gesprächsverlauf denken? Wo sind Sie neugierig, wo stutzen Sie?
- Entsprechendes kann auch von der Beraterin selbst kommen: »Ich habe mich an der Stelle gewundert, als … Ist es Ihnen da ähnlich gegangen?«
- Wenn der eine oder andere das Gespräch nutzt, um den Konflikt fortzusetzen, kann er oder sie freundlich eingeladen werden, die Balkonperspektive beizubehalten und die Ebenen zu trennen. Wenn das schwierig wird, übernimmt die Beraterin die Verantwortung: »Ich habe da offenbar einen Fehler gemacht, es war mir nicht klar, wie stark Sie in den Konflikt involviert sind … Vielleicht habe ich Sie ja überschätzt …« (meist ist es den Angesprochenen klar, dass sie sich nicht an die Regeln gehalten haben).

Beispiel:

Das erste Gespräch mit den beiden bereits in Kapitel 9 erwähnten Brüdern aus einem Familienunternehmen war von Anfang an sehr spannungsvoll verlaufen *(ausführlich siehe von Schlippe u. Quistorp, 2020)*, sodass meine Kollegin und ich vorgeschlagen hatten, zunächst Einzelgespräche zu führen. Als wir anschließend zu viert in den Beratungsraum zurückgingen, schlugen wir vor, dass wir uns zunächst gemeinsam an eine andere Stelle setzten und von dort, aus der »neutralen Beobachterposition«, auf den Tisch schauten, um den herum wir im Gespräch gesessen haben. Trauen beide sich das zu? Ein klares »Ja« kommt als Antwort. Die Reflexion zwischen den Brüdern, der Beraterin und dem Berater erfolgt nun auf Augenhöhe als Beobachter. Die Gesprächsqualität verändert sich deutlich, die Spannung sinkt, es kommen interessante Kommentare zum Verlauf, zu kritischen Punkten und Klippen im Gespräch. So antwortet Michael etwa auf die Frage: »Was würden Sie als Berater dem Michael dort raten, den Sie ja besonders gut kennen?«, wie folgt: »Tja, dem würde ich raten, dass er vielleicht aufhört, den Bruder immer ändern zu wollen – und ihn mehr akzeptiert wie er ist, eben mit all seinen Schwächen!« Manfred würde, wenn er sein eigener Berater wäre, ihm vorschlagen, seinen Bruder zum Vorsitzenden des Beirats zu machen. Indem sie sich in der reflektierenden Position beobachteten, gewannen sie Zugang zu einer größeren Bandbreite von Möglichkeiten.

Die im zweiten Teil dieses Kapitels vorgestellten Vorgehensweisen haben ganz klar eine methodische Seite, doch wesentlich ist aus meiner Sicht die Möglichkeit der Bewusstheit, die sich aus dem entspannten Spiel der Perspektiven heraus ergibt. Es überrascht mich immer wieder, wie auch in heftigen und angespannten Situationen sich die Atmosphäre durch die Einnahme einer Beobachterposition in der Balkonperspektive verändert. Mittlerweile führe ich die Möglichkeit des »Balkons« meist schon im Erstgespräch ein, das grüne Sofa in meinem Arbeitszimmer ist dann meist der Ort, an den wir dann für ein solches Reflexionsgespräch gehen. Wenn ich für einen Beratungstermin an einen anderen Ort gehe, bitte ich jeweils darum, mindestens drei Stühle mehr als Teilnehmer in den Raum zu stellen, sodass wir eine Ecke zum Beobachtungsraum machen können.

21 Das »dritte Element«

> »Der Löwe wird sich zusammen mit dem Lamm hinlegen, wenn es nur stark genug regnet« (Bateson, 1981, S. 112).

21.1 Eine Person oder ein Prinzip als »das Dritte«

Konflikte sind selten eine Sache zwischen zwei Personen/Parteien allein. Meist sind in irgendeiner Form Dritte involviert. Diese können zum einen den Konflikt verschärfen; so mag ein Rechtsanwalt an einer Eskalation ein eigenes Interesse haben, ein Schwiegervater oder eine Schwiegermutter mischen sich möglicherweise mit irritierenden Bemerkungen in eine Ehebeziehung ein, Freunde geben Ratschläge, die die Eskalation verstärken (»Das darfst du dir nicht gefallen lassen!«) usw. Es kann daher eine gute Spur sein, im Konflikt über mögliche Einflüsse solcher dritter Personen nachzudenken.

Interessanter ist aber, dass ein »drittes Element« – und das muss gar nicht unbedingt eine Person oder eine Gruppe sein – auch für die *Begrenzung* einer symmetrischen Eskalation (siehe Kapitel 1) sorgen kann, also einen sich immer weiter steigernden Streit unterbinden oder unterbrechen.

Der amerikanische Mediator William Ury schildert eine kleine Szene, in der es zu einem schnell eskalierenden Streit kam, als ein Autofahrer, der sehr schnell auf eine Gruppe zugefahren war und erst im letzten Moment bremste, mit höchster Empörung darauf reagierte, dass einer aus der Gruppe erschrocken und wütend mit der Faust auf seine Motorhaube geschlagen hatte. Ein lautstarker Streit entwickelte sich, andere kamen hinzu, der Fahrer war ein Farbiger, die anderen Weiße, so bekam die Auseinandersetzung schnell auch noch einen rassistischen Einschlag. Plötzlich bemerkten die Streitenden einen älteren Mann hinter sich, der mit beruhigenden Gesten die Hände immer wieder langsam auf und ab führte: »Okay, now, cool it!« Der Fahrer begab sich zu seinem

Auto und fuhr ohne ein weiteres Wort los, die Menge zerstreute sich. Ury sagt dazu: »He was an archetypical ›third side‹«, also so etwas wie die Grundform eines positiv wirkenden Dritten *(Ury, 2000, S. 4)*.

Gregory Bateson hatte schon früh (Bateson, 1981, S. 110 ff.) über dieses »Dritte« geschrieben. Ein einschränkender Faktor kann dafür sorgen, dass eine sich aufschaukelnde Eskalationsspirale unterbunden wird – ob ein Starkregen tatsächlich dafür sorgt, dass Löwe und Lamm friedlich beieinanderliegen, darf zwar bezweifelt werden. Dass eine äußere Bedrohung aber ein Drittes darstellen kann, durch das manche Streitigkeit umschlagen kann, wird derjenige wissen, der schon einmal eine Auseinandersetzung zwischen zwei Personen stoppen wollte und erlebte, wie schnell diese sich gegen ihn verbünden können: »Misch dich da nicht ein!«

Manchmal genügt sogar die schlichte physische Anwesenheit eines Zeugen, der einfach nur »da« ist. So wird im systemischen Elterncoaching ratsuchenden Eltern, die sich wegen der Gewalttätigkeit ihres jugendlichen Kindes schämen, empfohlen, die Geheimhaltung aufzugeben und »wenigstens eine Person außerhalb der Familie zu finden […], die als Zeuge fungieren kann und dem Angreifer und dem Opfer sagt, dass sie die Tatsachen kennt und mit den Eltern zusammenarbeitet, damit die Gewalt beendet wird« (Omer u. von Schlippe, 2004, S. 134). Es ist schwer, massiv entwertend oder gewalttätig zu handeln, wenn da jemand ist, selbst wenn er nur zusieht oder zuhört. In der Beratung der beiden Brüder (die einander als psychisch krank und als Verbrecher bezeichnet hatten, siehe Kapitel 9 und 10) war die Mutter lange Zeit ein solches drittes Element gewesen:

Der Vater war früh und überraschend gestorben, als die Brüder 26 beziehungsweise 24 Jahre alt waren. Noch auf dem Sterbebett hatte er zu seiner Frau gesagt: »Pass auf, dass die Jungs sich nicht streiten!« Einvernehmlich hatte der eine Bruder (beide hatten 50 % Anteile) die Geschäftsführung übernommen, der andere Bruder war nicht operativ tätig. Die Mutter sei eine eher stille Person gewesen, sie war Mitglied im Beirat, dort hatte sie aber nur selten überhaupt etwas gesagt. Irgendwie, so sagten die Brüder später, hatte die Mutter allein mit ihrer

Präsenz gewirkt, in ihrer Stille. Doch entspann sich bereits auf ihrer Beerdigung ein erster heftiger und unversöhnlicher Streit zwischen den Brüdern, eigentlich war es um eine Lappalie gegangen, wie beide sagen. Etwa ein halbes Jahr später brach dann ein massiver Konflikt über die Einflussmöglichkeiten des nicht operativ tätigen Bruders im Unternehmen aus *(gekürzt aus von Schlippe, 2014c, S. 74 ff.)*. Das Beispiel erinnert an die Szene aus Thomas Manns Buddenbrooks, wo der Streit zwischen Thomas und seinem Bruder Christian ebenfalls in der Sterbesituation eskaliert. Die verzweifelte Schwester, die darauf verweist, dass die tote Mutter im Nebenzimmer liege, schafft es nicht, in die Rolle der Symmetriebegrenzerin zu gelangen, die die Mutter zu ihren Lebzeiten innehatte.

Das Dritte muss, wie schon gesagt, nicht unbedingt eine lebende Person sein. Wie Bateson sagt, geht es nur um etwas, das die Eskalation zwischen Personen oder Gruppen eindämmt, indem sich beide Seiten entweder zu Loyalität oder zu Opposition gegenüber dem Dritten vereinigen (Bateson, 1981, S. 112). Mögliche Aspekte:
- Von lebenden Personen in der Position eines solchen Dritten war in den Beispielen schon die Rede. Mit Bezug auf das soeben erwähnte höhere Prinzip können sogar Verstorbene eine solche Funktion erfüllen. Der Respekt oder die Verbundenheit mit dieser Person kann die Symmetrie begrenzen: »Komm, lass uns das beenden! Das hätte Papa nicht gewollt!«
- Der Blick auf eine gemeinsame Geschichte und gemeinsam geteilte Werte, auf die man sich beruft, oder der Blick nach vorn, auf das, was man gemeinsam erreichen möchte.
- Es kann auch etwas ganz Abstraktes sein, das als größer erlebt wird als die Kontrahenten selbst. So können etwa beide Seiten den Zufall als höheres Prinzip anerkennen und eine Eskalation wird verhindert, wenn im Streitfall jeweils eine Münze geworfen wird. Religiöse Menschen unterstellen sich bewusst Gott als größerer Macht, Paarkonflikte können dadurch abgemildert werden, dass um der gemeinsamen Liebe willen einer zurücksteckt, und vieles andere mehr.
- Auf einer höheren Abstraktionsebene ist sicher die Einführung von Institutionen, vom Rechtssystem bis zur UNO zu nennen.

Es sind Versuche, Strukturen zu schaffen, die die zerstörerische Wirkung ungebremst eskalierender Konflikte dadurch bannen, dass ein »Drittes« entwickelt wird, unter das sich schlussendlich die Parteien beugen (müssen) – wer den Streit danach noch fortsetzt, hat dafür jede Legitimation verloren.[84]

Wenn ein solches symmetriebegrenzendes drittes Element wegfällt, vielleicht sogar plötzlich, kann es geschehen, dass die Eskalation mit aller Wucht aufbricht. Solche systemirritierenden Zäsuren fand Großmann in seiner Studie als recht typisch für eskalierende Konflikte in Familienunternehmen: Im Moment einer solchen Zäsur, wie etwa bei dem Tod eines nahen Angehörigen, bricht eine vielleicht schon über Jahre latent mitgeführte Konfliktdynamik plötzlich auf und es »wird sichtbar, wie sich durch Wegfall bestimmter hemmender Faktoren die Verhaltensweisen der beteiligten Personen analog zu einem Wettrüsten hochschaukeln können. In diesem Sinne kann durch den Verlust dieser einschränkenden Faktoren der Weg in Richtung Spaltung bis hin zum Zusammenbruch des Systems bereitet sein« (Großmann, 2014, S. 124 ff.).

21.2 Die Bedeutung einer großen Geste

Ein Aspekt, der hier zumindest kurz gestreift werden soll, ist eine Möglichkeit, die eine Person, die eine breite Legitimationsbasis und entsprechende Autorität besitzt, nutzen kann, um einen entscheidenden Schritt zur Verbesserung der Lage zu machen. Interessanterweise muss dies nicht einmal eine dritte Person sein – es kann auch einer der Gegner sein, der sich zu einem Schritt aufschwingt, der ein drittes Element in den Prozess einführt. Es sind

---

84 Gerade nach dem zerstörerischen Zweiten Weltkrieg wurde intensiv an einer Sicherheitsarchitektur gearbeitet, die auf diesen Prinzipien beruhte und starke Institutionen aufbaute. Die Leichtfertigkeit, mit der diese derzeit von verschiedenen Seiten infrage gestellt werden (vom Brexit bis zum Angriff auf die Ukraine, in der der Sicherheitsrat der UN wieder zeigte, dass die Mechanismen nicht funktionieren, wenn ein Mitglied dieses Rates sich dieser Institution selbst unterordnen soll), ist ein bedenkliches Zeichen, denn »programs and institutions are the backbones of the third side« (Ury, 2000, S. 212).

oft Gesten, die historische Bedeutung haben, aber es ist auch denkbar, dass sie in kleineren Kontexten bedeutsam werden können. Ein Beispiel:

1962, also 17 Jahre nach dem Ende des Zweiten Weltkriegs, besuchte der französische Präsident de Gaulle Deutschland. In einer aufsehenerregenden Rede an die deutsche Jugend sagte er hier unter anderem auf Deutsch (!): »Ich beglückwünsche Sie ferner, junge Deutsche zu sein, das heißt Kinder eines großen Volkes. Jawohl! Eines großen Volkes, das manchmal im Laufe seiner Geschichte große Fehler begangen hat. Ein Volk, das aber auch der Welt geistige, wissenschaftliche, künstlerische, philosophische Wellen gespendet hat, das die Welt um unzählige Erzeugnisse seiner Erfindungskraft, seiner Technik und seiner Arbeit bereichert hat; ein Volk, das in seinem friedlichen Werk, wie auch in den Leiden des Krieges, wahre Schätze an Mut, Disziplin und Organisation entfaltet hat. Das französische Volk weiß das voll zu würdigen, da es auch weiß, was es heißt, unternehmens- und schaffensfreudig zu sein, zu geben und zu leiden« (de Gaulle, 1962). Die Rede war ein wichtiger Schritt in den Aussöhnungsbemühungen der beiden Staaten, die über Jahrhunderte eine bittere »Erbfeindschaft« gelebt hatten.

Man kann sich vorstellen, welche Wirkung eine derart große Geste haben kann. Möglicherweise ist eine solche Handlung in einem akuten Konflikt ja unmöglich, möglicherweise braucht es Zeit, bis eine solche Geste Wirksamkeit entfalten kann. Aber gerade in jahrzehntealten Konflikten kann ein mutiger Schritt in etwas Drittes hineinführen. Der berühmte Salzmarsch von Mahatma Gandhi etwa war ein solcher Schritt, das Dritte, was ihm Legitimierung gab, unter das er und seine Anhänger sich selbst stellten, war das Prinzip der Gewaltlosigkeit (Sharp, 1960). Dieses war am Ende stärker als die militärische Macht – allerdings hatte er auch den Zeitpunkt richtig eingeschätzt, in einem heißen Krieg wäre diese Geste sicher nicht erfolgreich gewesen. Der ägyptische Staatschef Sadat war ein »Meister der kühnen Geste« (Wright, 2016, S. 41) – sein Angebot, nach Israel zu kommen und vor dem israelischen Parlament zu sprechen, leitete den Camp-David-Prozess ein (siehe Kapitel 17). Auch hier war es nicht die Handlung einer Person gegenüber dem verfeindeten

Staat, sondern die Bereitschaft einer Konfliktpartei, sich auf etwas Drittes, hier die Vision eines echten Friedens, hin zu beziehen und entsprechend zu handeln, die die Veränderung bewirkte.

Es sind viele Konfliktherde auf der Welt denkbar, die sich mit solchen Gesten deutlich entschärfen lassen könnten (und wie etwa Camp David deutlich macht, sind sie, wenn sie gezeigt werden, möglicherweise erst der Anfangs- und nicht der Endpunkt eines langwierigen und schwierigen Prozesses). Sadat war überzeugt, dass 70 % des Konflikts zwischen Israel und den Arabern psychologischer Natur seien (Wright, 2016, S. 36). In anderen Konflikten dürfte es ähnlich sein. Doch selten haben Führungspersönlichkeiten die Größe, einen mutigen Schritt in ein ungewöhnliches Drittes hinein zu machen.

Vierter Teil: Zehn Empfehlungen für den Umgang mit Konflikten

»*Es mag also durchaus sein, dass wir in einem bestimmten Sinne ›Kreaturen der Geschichte‹ sind, in einem anderen Sinne sind wir jedoch autonome Akteure*« *(Bruner, 1997, S. 118).*

Abschließen möchte ich dieses Buch mit einer Liste von zehn Empfehlungen, mit denen das Konfliktnotizbuch dann zur persönlichen Weiterführung freigegeben ist. Ich habe sie vor einigen Jahren an der Universität Witten/Herdecke gemeinsam mit Torsten Groth[85] erstellt, angeregt durch die Arbeiten von Fritz Simon, Fritz Glasl, Haim Omer, Wolfgang Loth und anderen. Hier sind sie:
1. Denken Sie daran: Für einen Konflikt braucht es immer zwei sich gegenseitig feindlich gesinnte Parteien! Einen Feind kann man nur haben, wenn man ein eindeutiges Feindbild hat. Der andere ist immer (auch) ein Spiegelbild Ihrer Sicht auf ihn.
2. Bedenken Sie, dass ein einmal entstandener Konflikt zum »Parasiten« werden kann, der die Kommunikationsdynamik und die Wahrnehmungsformen zunehmend bestimmt. Achten Sie auf die Einladungen des Parasiten und darauf, wie Sie diesen widerstehen können. Tun Sie im Zweifel erst einmal gar nichts, zählen

---

85 Er hat mir freundlicherweise gestattet, diese gemeinsam aktualisierte Liste hier zu verwenden.

Sie bis hundert (oder tausend) – oder tun Sie »etwas anderes«, jedenfalls etwas anderes, als Ihnen Ihre Emotionen nahelegen.
3. Achten Sie auf Ihre Sprache, reden Sie in deeskalativer Weise, also ohne in den »inneren Bereich« des Gegenübers einzudringen, und natürlich auch, ohne Ihre Positionen aufzugeben (z. B. Ich-Botschaften, Bedürfnisse und Wünsche formulieren statt anzuklagen oder ultimative Forderungen zu stellen).
4. Suchen Sie nach Möglichkeiten, Gesten der Wertschätzung oder Ihrer Versöhnungsbereitschaft auszudrücken, und zwar so, dass diese nicht in das Konfliktgeschehen einbezogen sind (rechnen Sie mit einem möglichen feindseligen Wahrnehmungsmuster, mit dem Ihr Gegenüber zunächst auch auf positive Angebote reagiert).
5. Es kann sein, dass es gut ist, den anderen gewinnen zu lassen, um selbst zu gewinnen (z. B. wenn es um die Wahrung der Beziehung geht, ist die Beziehung das größere Dritte, unter das Sie sich gemeinsam stellen). Prüfen Sie also, ob es nicht etwas Drittes gibt, das langfristig von größerer Relevanz ist als der kurzfristige Kampf.
6. Prüfen Sie, ob es ein Konflikt ist, den Sie überhaupt gewinnen können. Es ist ohnehin in vielen nahen Beziehungen fraglich, ob es sinnvoll ist, Machtkämpfe zu führen, aber wenn, dann sollten Sie auf jeden Fall sicher sein zu gewinnen! Im Zweifel überschätzen Sie lieber die Stärke Ihres Gegners! Wenn der weitere Verlauf der Eskalation nicht vorhersehbar ist, steigen Sie aus! Dies gilt vor allem, wenn Ihnen bewusst wird, dass Sie schon bereit sind, den anderen oder sogar sich selbst zu vernichten, um zu gewinnen.
7. Schätzen Sie den Schweregrad des Konflikts ein. Gibt es eine Chance, dass das Konfliktsystem aus sich heraus eine Lösung findet, braucht es vielleicht einen Dritten als Vermittler oder ist gar die »UNO« nötig, um eine im freien Fall befindliche Eskalation zu unterbinden?
8. Wenn Sie einen Vermittler suchen, sollte dieser nicht nur von Ihnen, sondern auch von der Gegenpartei als neutral (in Bezug auf das Konfliktthema) angesehen werden. Wenn Sie selbst dieser Dritte sind, prüfen Sie, ob beide Parteien Ihnen die Rolle einer höheren Macht (Richter, Entscheider, Prozessgestalter) zuweisen.

Sorgen Sie für ein Ende destruktiver Abläufe und für einen Rahmen, in dem konstruktive Ereignisse möglich sind. Wahren Sie Ihre Neutralität und geben Sie den Konfliktparteien die Verantwortung für die Fortführung des Prozesses.
9. Bringen Sie eigene Lösungsmöglichkeiten in Form von Fragen ein, ohne sich in diese zu verlieben.
10. Machen Sie sich bewusst, dass Lösungen von Konflikten in der Regel nicht logisch und konsistent sind. Halten Sie Ambiguität aus! Suchen Sie nicht nach der perfekten Lösung.

Auch wenn uns Konflikte mit der großen Bandbreite von Empfindungen und psychologischen Mechanismen konfrontieren, die wir als Menschen im Laufe unserer Entwicklungsgeschichte erworben haben, so sind wir doch keine Automaten, die dazu verurteilt sind, sich zwangsläufig so zu verhalten, wie die Logik des Konflikts es diktiert. Wir sind auch in der Lage, als bewusste Akteure zu handeln. Dazu allerdings müssen wir uns mit dem Geschehen, das uns umgibt, wach und selbstreflexiv auseinandersetzen. Ich hoffe, dass die Lektüre dieses Buches mit dazu beitragen kann, sensibler und konstruktiver mit Konflikten umzugehen. Letztlich tut man sich als Betroffener damit ja auch selbst etwas Gutes, die viele Empörungsenergie, die im Karussellfahren steckt, kann vielleicht an anderer Stelle viel sinnvoller wirken.

Literatur

Alain. (1994). Sich beobachten heißt sich verändern. Frankfurt a. M.: Insel.
Ameln, F. v. (2004). Konstruktivismus: Die Grundlagen systemischer Therapie, Beratung und Bildungsarbeit. Tübingen: Francke.
Anders, G. (1988). Der Blick vom Turm. Fabeln (3. Aufl.). München: Beck.
Andersen, T. (1990). Das reflektierende Team. Dortmund: Modernes Lernen.
Anter, A. (2012). Theorien der Macht. Zur Einführung. Hamburg: Junius.
Ashby, W. R. (1991). Requisite variety and its implications for the control of complex systems. In G. J. Klir (Ed.), Facets of Systems Science (pp. 405–417). New Yoek: Springer Science and Business Media.
Assmann, J. (1988). Kollektives Gedächtnis und kulturelle Identität. In J. Assmann, T. Hölscher (Hrsg.), Kultur und Gedächtnis (S. 9–19). Frankfurt a. M.: Suhrkamp.
Baecker, D. (1999). Organisation als System. Frankfurt a. M.: Suhrkamp.
Ballreich, R., Ciompi, L., Glasl, F., Schlippe, A. v. (Hrsg.). (2022/im Druck). Die Macht der Emotionen. Stuttgart: Concadora.
Ballreich, R., Glasl, F. (2011). Konfliktmanagement und Mediation in Organisationen. Stuttgart: Concadora.
Bandler, R., Grinder, J., Satir, V. (1976). Mit Familien reden: Gesprächsmuster und therapeutische Veränderung. München: Pfeiffer.
Bateman, A., Fonagy, P. (2015). Handbuch Mentalisieren. Gießen: Psychosozial.
Bateson, G. (1981). Ökologie des Geistes. Frankfurt a. M.: Suhrkamp.
Bateson, G. (1984). Geist und Natur. Eine notwendige Einheit. (3. Aufl.). Frankfurt a. M.: Suhrkamp.
Bauer, J. (2008). Das System der Spiegelneuronen. Neurobiologisches Korrelat für intuitives Verstehen und Empathie. In K. H. Brisch, T. Hellbrügge (Hrsg.), Der Säugling. Bindung, Neurobiologie und Gene (S. 117–123). Stuttgart: Klett-Cotta.
Bierhoff, H. W. (1992). Prozedurale Gerechtigkeit: Das Wie und Warum der Fairneß. Zeitschrift für Sozialpsychologie, 23, 163–178.
Bischof, N. (2008). Psychologie. Ein Grundkurs für Anspruchsvolle. Stuttgart: Kohlhammer.
Bleakney, L. A., Welzer, H. (2009). Strukturwandel des Familiengedächtnisses. Familiendynamik, 34(1), 18–25.
Bonacker, T. (2008). Die Konflikttheorie der autopoietischen Systemtheorie. In Sozialwissenschaftliche Konflikttheorien. Eine Einführung (4. Aufl., S. 267–291). Wiesbaden: VS Verlag für Sozialwissenschaften.

Bonacker, T., Imbusch, P. (2004). Sozialwissenschaftliche Konfliktforschung. In G. Sommer, A. Fuchs (Hrsg.), Krieg und Frieden. Handbuch der Konflikt- und Friedenspsychologie (S. 195–207). Weinheim: Beltz PVU.

Boothe, B. (2009). Die Geburt der Psyche im elterlichen Erzählen. Familiendynamik, 34(1), 30–43.

Boszormenyi-Nagy, I., Spark, G. (1981). Unsichtbare Bindungen. Die Dynamik familiärer Systeme. Stuttgart: Klett-Cotta.

Bregman, R. (2020). Im Grunde gut: eine neue Geschichte der Menschheit. Hamburg: Rowohlt.

Brosnan, S. F., de Waal, F. B. M. (2003). Monkeys reject unequal pay. Nature, 425(6955), 297–299. https://doi.org/10.1038/nature01963

Bruner, J. (1997). Sinn, Kultur und Ich-Identität. Heidelberg: Carl Auer Systeme.

Bruner, J. (1998). Vergangenheit und Gegenwart als narrative Konstruktionen. In J. Straub (Hrsg.), Erzählung, Identität und historisches Bewusstsein (S. 46–80). Frankfurt a. M.: Suhrkamp.

Bruner, J. (1999). Self-making and world-making. Wie das Selbst und seine Welt autobiographisch hergestellt werden. Journal für Psychologie, 1(1), 11–12.

Caby, F. (2014). Reflektierendes Team. In T. Levold, M. Wirsching (Hrsg.), Systemische Therapie und Beratung – das große Lehrbuch (S. 250–255). Heidelberg: Carl Auer Systeme.

Catherall, D. R. (2022). Emotionale Sicherheit. Affektive Kommunikation in Paarbeziehungen und Paartherapie. Heidelberg: Carl Auer Systeme.

Ciompi, L. (1988). Außenwelt-Innenwelt. Die Entstehung von Zeit, Raum und psychischen Strukturen. Göttingen: Vandenhoeck & Ruprecht.

Ciompi, L. (2004). Ein blinder Fleck bei Niklas Luhmann? Soziale Wirkungen von Emotionen aus Sicht der fraktalen Affektlogik. Soziale Systeme, 10(1), 21–49. https://doi.org/doi:10.1515/sosys-2004-0103

Ciompi, L. (2005). Die emotionalen Grundlagen des Denkens. Göttingen: Vandenhoeck & Ruprecht.

Ciompi, L. (2021). Ciompi reflektiert. Göttingen: Vandenhoeck & Ruprecht.

Ciompi, L. (2022/im Druck). Einführung in das Konzept der Affektlogik. In R. Ballreich, L. Ciompi, F. Glasl, A. v. Schlippe (Hrsg.), Die Macht der Emotionen. Stuttgart: Concadora.

Ciompi, L., Endert, E. (2011). Gefühle machen Geschichte. Die Wirkung kollektiver Emotionen – von Hitler bis Obama. Göttingen: Vandenhoeck & Ruprecht.

Clark, C. (2013). Die Schlafwandler: Wie Europa in den Ersten Weltkrieg zog. München: DVA.

Daft, R. L., Lengel, R. H. (1983). Information richness. A new approach to managerial behavior and organization design. Texas A and M Univ College Station Coll of Business Administration.

de Waal, F. B. M. (2017). Der Affe in uns. Warum wir sind, wie wir sind. (5. Aufl.). München: dtv.

Dobbs, M. (2008). One Minute to Midnight: Kennedy, Khrushchev and Castro on the Brink of Nuclear War. London: Random House.

Dodge, K. A. (2006). Translational science in action: Hostile attributional style and the development of aggressive behavior problems. Development and Psychopathology, 18(03), 791–814. https://doi.org/10.1017/S0954579406060391

Drews, A., Born, M., Schlippe, A. v. (2021). Reflektierende Positionen im Therapieprozess. In B. Strauß, Galliker. Mark, M. Linden, J. Schweitzer (Hrsg.), Ideengeschichte der Psychotherapie. Theorien, Konzepte, Methoden (S. 328–334). Stuttgart: Kohlhammer.

Eidelson, R. J., Eidelson, J. I. (2003). Dangerous ideas: Five beliefs that propel groups toward conflict. American Psychologist, 58, 182–192.

Elovainio, M., Kivimäki, M., Vahtera, J. (2002). Organizational justice: evidence of a new psychosocial predictor of health. American Journal of Public Health, 92(1), 105–108.

Festinger, L. (1954). A theory of social comparison processes. Human Relations, 7, 117–140.

Fischer, C. (2019). Der Ziegenfall – rechtstheoretische Betrachtungen zu »Gerechtigkeit in der Mediation.« In C. Fischer (Hrsg.), Kommunikation im Konflikt (1. Aufl. S. 129–145). München: Beck.

Fischer, H. R. (2021). Sprache, Grammatik und Lebensform. Wittgensteins Beitrag zur Philosophie der Psychologie (3. überarb. Aufl.). Darmstadt: Wiss. Buchgesellschaft.

Fischer, H. R., Schlippe, A. v., Borst, U. (2015). Wie mit Erwartungen und Aufträgen umgehen? Vom Umgang mit dem Ungefähren … In H. R. Fischer, U. Borst, A. v. Schlippe (Hrsg.), Was tun? Fragen und Antworten aus der systemischen Praxis (S. 60–67). Stuttgart: Klett-Cotta.

Fisher, R., Ury, W. L., Patton, B. (2011). Getting to yes: Negotiating agreement without giving in. London: Penguin.

Fisher, R., Ury, W., Patton, B. (2019). Das Harvard-Konzept (2. Aufl.). München: Deutsche Verlags Anstalt.

Försterling, F. (1994). Attributionstheorie in der Klinischen Psychologie. Gemeinsamkeiten mit Kognitiven und Verhaltenstherapien. In F. Försterling, J. Stiensmeier-Pelster (Hrsg.), Attributionstheorien (S. 235–254). Göttingen: Hogrefe.

Förstl, H. (2012). Theory of mind: Neurobiologie und Psychologie sozialen Verhaltens (2. Aufl.). Berlin/Heidelberg: Springer.

Fries, A., Grawe, K. (2006). Inkonsistenz und psychische Gesundheit: Eine Metaanalyse. Zeitschrift für Psychiatrie, Psychologie und Psychotherapie, 54(2), 133–148. https://doi.org/10.1024/1661-4747.54.2.133

Frisch, M. (1964). Tagebuch 1946–1949. Frankfurt a. M.: Suhrkamp.

Fuchs, P. (1993). Moderne Kommunikation: zur Theorie des operativen Displacements. Frankfurt a. M.: Suhrkamp.

Gareis, S. B., Kulessa, M., Hasse, R., Glasl, F., Brzoska, M. (2014). Sanktionen gegen Russland – ein kluges politisches Instrument? S&F Sicherheit und Frieden, 32(4), 265–273.

de Gaulle, C. (1962). Charles de Gaulles Rede an die deutsche Jugend in Ludwigsburg am 9. September 1962. https://degaulle.lpb-bw.de/rede-wortlaut (Zugriff am 9.5.2022).

Gehmann, U. (2022). Management und Mythos. Organisationsberatung, Supervision, Coaching, 29(2), 179–191.

Glasl, F. (2013). Konfliktmanagement: Ein Handbuch zur Diagnose und Behandlung von Konflikten für Organisationen und ihre Berater (11. Aufl.). Stuttgart/Bern: Haupt.

Glasl, F. (2014a). Der heimliche Krieg. Wie können wir mit der Dynamik kalter Konflikte konstruktiv umgehen? Konfliktdynamik, 3(2), 101–109.

Glasl, F. (2014b). Eskalationsdynamik – zur Logik von Affektsteigerungen. Konfliktdynamik, 3(3), 190–199.

Glasl, F., Weeks, D. (2008). Die Kernkompetenzen für Mediation und Konfliktmanagement. Stuttgart: Concadora.

Gottman, J. M. (1994). What predicts divorce? The relationship between marital processes and marital outcomes. Hillsdale: Lawrence Erlbaum.

Gottman, J. M. (1995). Why marriages succeed and fail. New York: Fireside.

Gottman, J. M. (2002). Die sieben Geheimnisse der glücklichen Ehe. München: von Schröder.

Gottman, J. M., Levenson, R. W. (2000). The timing of divorce: Predicting when a couple will divorce over a 14-year period. Journal of Marriage and Family, 62(3), 737–745. https://doi.org/10.1111/j.1741-3737.2000.00737.x

Grabbe, M., Jürgens, G., Schlippe, A. v. (1998). »Als würden wir gemeinsam einen Teppich weben …«. Reflektierendes Team in einer systemtherapeutischen Lehrpraxis. In J. Hargens, A. v. Schlippe (Hrsg.), Das Spiel der Ideen. Reflektierendes Team und systemische Praxis (S. 151–177). Dortmund: Modernes Lernen.

Grizelj, M. (2012). Medien. In O. Jahraus, A. Nassehi, M. Grizelj, I. Saake, C. Kirchmeier, J. Müller (Hrsg.), Luhmann Handbuch. Leben, Werk, Wirkung (S. 99–101). Stuttgart: Metzler.

Großmann, S. (2014). Konflikte und Krisen in Familienunternehmen. Göttingen: Vandenhoeck & Ruprecht.

Groth, T. (2017). 66 Gebote systemischen Denkens und Handelns in Management und Beratung. Heidelberg: Carl Auer Systeme.

Hahn, A. (1983). Konsensfiktionen in kleinen Gruppen. Dargestellt am Beispiel von jungen Ehen. In F. Neidhardt (Hrsg.), Gruppensoziologie. Perspektiven und Materialien. Sonderheft 25 der Kölner Zeitschrift für Soziologie und Sozialpsychologie (S. 210–232). Opladen: Westdeutscher Verlag.

Hargens, J., Schlippe, A. v. (Hrsg.). (2002). Das Spiel der Ideen. Reflektierendes Team und systemische Praxis (2. Aufl.). Dortmund: Borgmann.

Harvey, M., & Evans, R. E. (1994). Family business and multiple levels of conflict. Family Business Review, 7(4), 331–348. https://doi.org/10.1111/j.1741-6248.1994.00331.x

Hawellek, C. (2014). Einladung zum Perspektivwechsel. Familiendynamik, 39(1), 38–49.

Heisenberg, W. (1955). Das Naturbild der heutigen Physik. Hamburg: Rowohlt.
Hertel, A. v. (2013). Professionelle Konfliktlösung. Führen mit Mediationskompetenz (2. Aufl.). Frankfurt a. M.: Campus.
Hische, M. C., Keller, P. M. (2016). Die Emotion Scham im Konflikt. Konfliktdynamik, 5(3), 200–211.
Hochschild, A. (2017). Fremd in ihrem Land. Frankfurt a. M.: Campus.
Hofstetter Rogger, Y. (2015). Was ist Mediation? Eine Einführung. Kontext, 46(4), 318–336.
Hülsbeck, M., Schlippe, A. v. (2018). Die Rolle psychologischer Kontrakte für die Entstehung von Konflikten. Konfliktdynamik, 7(2), 92–101.
Imber-Black, E. (1999). Die Macht des Schweigens. Geheimnisse in der Familie. Stuttgart: Klett-Cotta.
Jakob, P., Borcsa, M., Olthof, J., Schlippe, A. v. (Hrsg.). (2022). Narrative Praxis. Ein Handbuch für Beratung, Therapie und Coaching. Göttingen: Vandenhoeck & Ruprecht.
Jänicke, W. (2002). Emotionskonzepte und therapeutischer Umgang in der Systemischen Therapie. Psychotherapie im Dialog, 3(2), 127–133.
Janis, I. (1991). Groupthink. In A first look at communication theory (S. 235–246). New York: McGrawHill.
Janis, I. (2011). Groupthink: The desperate drive for consensus at any cost. In J. Shafritz, J. Ott, J. Yong (Eds.), Classics of organization theory (pp. 189–196). Wadsworth: Cengage Learning.
Jansen, T., Schlippe, A. v., Vogd, W. (2015). Kontexturanalyse – ein Vorschlag für rekonstruktive Sozialforschung in organisationalen Zusammenhängen. Forum Qualitative Sozialforschung, 16(1).
Jansen, T., Vogd, W. (2013). Polykontexturale Verhältnisse – disjunkte Rationalitäten am Beispiel von Organisationen. Zeitschrift für theoretische Soziologie, 2(1), 82–97.
Jehn, K. A. (1997). A qualitative analysis of conflict types and dimensions in organizational groups. Administrative Science Quarterly, 42(3), 530–557.
Jonas, E., Schulz-Hardt, S., Frey, D. (2001). Konfirmatorische Informationssuche bei simultaner vs sequentieller Informationsvorgabe. Zeitschrift für experimentelle Psychologie 48(3), 239–247. https://doi.org/10.1026/0949-3946.48.1.239
Kalisch, D. E. (2007). Empörung. Psychologische Grundlagen ihrer gezielten Veränderung. Frankfurt a. M.: Dr. Kovac.
Kaye, K. (1996). When the family business is a sickness. Family Business Review, 9(4), 347–368. https://doi.org/10.1111/j.1741-6248.1996.00347.x
Kellermanns, F., Schlippe, A. v., Mähler, G., Mähler, H.-G. (2018). Konflikte in Familie und Unternehmen erkennen, managen und vermeiden. In A. Koeberle-Schmid, H.-J. Fahrion, P. Witt (Hrsg.), Family Business Governance (S. 389–409; 3., völlig neu bearb. Aufl.). Berlin: Erich Schmidt.
Keltner, D. (2016). Das Macht-Paradox: wie wir Einfluss gewinnen – oder verlieren. Frankfurt a. M.: Campus.

Kleve, H. (2017). Reziprozität ermöglichen. Vernetzung aus systemtheoretischer Perspektive. Kontext, 48(4), 353–367.

Kleve, H. (2020). Die Unternehmerfamilie. Wie Wachstum, Sozialisation und Beratung gelingen. Heidelberg: Carl Auer Systeme.

Knapp, P. (Hrsg.). (2012). Konfliktlösungstools. Klärende und deeskalierende Methoden für die Mediations- und Konfliktmanagementpraxis. Bonn: ManagerSeminare.

Kochinka, A. (2015). Emotionstheorien: Begriffliche Arbeit am Gefühl. Bielefeld: transcript. https://doi.org/doi:10.1515/9783839402351

Korschunow, I. (1981). Wenn ein Unugunu kommt. Hamburg: Rowohlt.

Krabbe, H. (2015). Mediation bei hochstrittigen Arbeitskonflikten. Konfliktdynamik, 4(2), 120–127.

Krastev, I., Holmes, S. (2019). Das Licht, das erlosch. Eine Abrechnung. Berlin: Ullstein.

Krause, D. (2005). Luhmann-Lexikon. Stuttgart: Lucius & Lucius.

Kriz, J. (2004). Personzentrierte Systemtheorie. Grundfragen und Kernaspekte. In A. v. Schlippe, W. Kriz (Hrsg.), Personzentrierung und Systemtheorie (S. 13–67). Göttingen: Vandenhoeck & Ruprecht.

Kriz, J. (2006). Die Selbstorganisation von Bedeutungsfeldern. In T. Meynhardt, E. J. Brunner (Hrsg.), Selbstorganisation managen. Beiträge zur Synergetik der Organisation (S. 31–46). Münster: Waxmann.

Kriz, J. (2017a). Hermann Hakens Synergetik als Grundmodell für das Verständnis des Menschen in der Welt. In J. Kriz, W. Tschacher (Hrsg.), Synergetik als Ordner (S. 85–94). Lengerich: Pabst.

Kriz, J. (2017b). Subjekt und Lebenswelt. Personzentrierte Systemtheorie für Psychotherapie, Beratung und Coaching. Göttingen: Vandenhoeck & Ruprecht.

Kriz, J., Lück, H., Heidbrink, H. (1987). Wissenschafts- und Erkenntnistheorie. Opladen: Leske & Budrich.

Kummer, F. v., Schlippe, A. v. (2022). Stichwort Konfliktpsychologie: Sunk Cost Fallacy. Besser ein Ende mit Schrecken, als …. Familienunternehmen und Strategie, 12(1), 37.

Laing, R., Philipson, H., Lee, A. (1973). Interpersonelle Wahrnehmung. Frankfurt a. M.: Suhrkamp.

LeDoux, J. (1998). Das Netz der Gefühle. München: Hanser.

Lerner, M. J. (1980). The belief in a just world: A fundamental delusion. New York: Plenum Press.

Lindemann, G. (2006). Die Emergenzfunktion und die konstitutive Funktion des Dritten. Zeitschrift für Soziologie, 35(2), 82–101.

Lindemann, H., Mayer, C.-H., Osterfeld, I. (2018). Systemisch-lösungsorientierte Mediation und Konfliktklärung. Göttingen: Vandenhoeck & Ruprecht.

Luhmann, N. (1981). Die Unwahrscheinlichkeit der Kommunikation BT. In N. Luhmann (Hrsg.), Soziologische Aufklärung 3: Soziales System, Gesellschaft, Organisation (S. 25–34). Wiesbaden: VS Verlag für Sozialwissenschaften. https://doi.org/10.1007/978-3-663-01340-2_2

Luhmann, N. (1984). Soziale Systeme. Frankfurt a. M.: Suhrkamp.
Luhmann, N. (1989). Vertrauen. Ein Mechanismus der Reduktion sozialer Komplexität. Stuttgart: Lucius & Lucius.
Luhmann, N. (1996). Widerspruch und Konflikt. In T. Bonacker (Hrsg.), Konflikttheorien. Eine sozialwissenschaftliche Einführung (S. 477–494). Opladen: Leske & Budrich.
Luhmann, N. (2000). Organisation und Entscheidung. Opladen: Westdeutscher Verlag.
Luhmann, N. (2004). Einführung in die Systemtheorie (2. Aufl.). Heidelberg: Carl Auer Systeme.
Luhmann, N. (2005). Sozialsystem Familie. In N. Luhmann (Hrsg.), Soziologische Aufklärung 5. Konstruktivistische Perspektiven (3. Aufl., S. 189–209). Wiesbaden: VS Verlag für Sozialwissenschaften.
Luhmann, N. (2008). Die Form Person. In Soziologische Aufklärung. Bd. 6. Die Soziologie und der Mensch (3. Aufl., S. 137–148). Wiesbaden: VS Verlag für Sozialwissenschaften.
Luhmann, N. (2009). Interaktion, Organisation, Gesellschaft. In N. Luhmann (Hrsg.), Soziologische Aufklärung. Bd. 3. Aufsätze zur Theorie der Gesellschaft (6. Aufl.., S. 9–24). Wiesbaden: VS Verlag für Sozialwissenschaften.
Luhmann, N. (2012). Macht (4. Aufl.). Konstanz: UVK.
Maes, J., Schmitt, M. (2004). Gerechtigkeit und Gerechtigkeitspsychologie. In G. Sommer, A. Fuchs (Hrsg.), Krieg und Frieden. Handbuch der Konflikt- und Friedenspsychologie (S. 182–194). Weinheim: Beltz PVU.
Marks, S. (2013). Scham – grundlegende Überlegungen. Familiendynamik, 38(2), 152–160.
Marks, S. (2022). Scham – die tabuisierte Emotion. In B. Jaquet, C. Ziepert, M. Ohler (Hrsg.), Vom Träumen und Aufwachen. Drei Jahrzehnte nach dem Mauerfall (S. 65–85). Heidelberg: Carl Auer Systeme.
Mattes, P., Musfeld, T. (Hrsg.). (2005). Psychologische Konstruktionen. Diskurse, Narrationen, Performanz. Göttingen: Vandenhoeck & Ruprecht.
McCann, C. (2021). Apeirogon (7. Aufl.). Hamburg: Rowohlt.
Mead, G. H. (1973). Geist, Identität und Gesellschaft (Original 1934). Frankfurt a. M.: Suhrkamp.
Metzmacher, B., Ross, J., Schlippe, A. v., Schmauch, R. (1982). Ein familientherapeutisches Konzept von Veränderung. Integrative Therapie, 8(2), 173–192.
Meuwly, N., Wilhelm, P., Eicher, V., Perrez, M. (2011). Welchen Einfluss hat die Aufteilung von Hausarbeit und Kinderbetreuung auf Partnerschaftskonflikte und Partnerschaftszufriedenheit bei berufstätigen Paaren? Zeitschrift für Familienforschung, 23(1), 37–56.
Mintzberg, H. (2017). Developing theory about the development of theory. In S. W. Floyd, B. Woolridge (Eds.), Handbook of middle management strategy process research (pp. 177–196). Cheltenham: Edward Elgar Publishing.
Molter, H., Grabbe, M. (2014). Virginia Satir. Das bleibt! Familiendynamik, 39(4), 284–294.

Montada, L. (2000). Gerechtigkeit und Rechtsgefühl in der Mediation. In A. Dieter, L. Montada, A. Schulze (Hrsg.), Gerechtigkeit im Konfliktmanagement und in der Mediation (S. 37–62). Frankfurt a. M.: Campus.

Montada, L. (2003). Justice, equity, and fairness in human relations. In Th. J. Millon, M. Lerner (Eds.), Handbook of Psychology, Vol. 5 (pp. 537–568). Hoboken: Wiley-Blackwell.

Montada, L. (2014). Gerechtigkeit – ein Kernproblem in Konflikten. Konfliktdynamik, 3(1), 26–34.

Montada, L., Kals, E. (2007). Mediation (2. Aufl.). Weinheim: Beltz.

Moore, C. W. (2003). The mediation process. Practical strategies for resolving conflict. (3rd ed.). San Francisco: Jossey Bass.

Nagel, L. (2021). Kybernetik, Kommunikation und Konflikt: Gregory Bateson und (s)eine kybernetische Konflikttheorie. Heidelberg: Carl Auer Systeme.

Nassehi, A. (2012). Paradoxie. In O. Jahraus, A. Nassehi, M. Grizelj, I. Saake, C. Kirchmeier, J. Müller (Hrsg.), Luhmann Handbuch. Leben, Werk, Wirkung (S. 110–111). Stuttgart: J. B. Metzler.

Nassehi, A. (2017). Die letzte Stunde der Wahrheit. Kritik der komplexitätsvergessenen Vernunft. Hamburg: Murmann.

Neumann, P. (2022). Alexander Kluge: »Sieger ist nicht, wer die Schlachten gewinnt«. Zeit Online. https://www.zeit.de/kultur/literatur/2022-03/alexander-kluge-krieg-ukraine-europa-frieden (Zugriff am 6.5.2022).

Nickerson, R. S. (1998). Confirmation bias: A ubiquitous phenomenon in many guises. Review of General Psychology, 2(2), 175–220. https://doi.org/10.1037/1089-2680.2.2.175

Omer, H., Alon, N., Schlippe, A. v. (2007). Feindbilder. Psychologie der Dämonisierung. Göttingen: Vandenhoeck & Ruprecht.

Omer, H., Schlippe, A. v. (2004). Autorität durch Beziehung. Die Praxis des gewaltlosen Widerstands in der Erziehung. Göttingen: Vandenhoeck & Ruprecht.

Omer, H., Schlippe, A. v. (2010). Stärke statt Macht. Neue Autorität in Familie, Schule und Gemeinde. Göttingen: Vandenhoeck & Ruprecht.

Ortmann, G. (2003). Regel und Ausnahme. Paradoxien sozialer Ordnung. Frankfurt a. M.: Suhrkamp.

Ortmann, G. (2011). Kunst des Entscheidens. Weilerswist: Velbrück.

Papousek, M. (2001). Intuitive elterliche Kompetenzen. Frühe Kindheit, 4, 4–10.

Pfab, W. (2020). Konfliktkommunikation am Arbeitsplatz. Grundlagen und Anregungen zur Konfliktbewältigung. Wiesbaden: Springer.

Plate, M. (2013). Grundlagen der Kommunikation. Vandenhoeck & Ruprecht.

Plogstedt, S. (2008). Abenteuer Erben. 25 Familienkonflikte. Stuttgart: Reclam.

Ponschab, R. (2014). Die Erde ist eine Scheibe und andere Wahrheiten. Zeitschrift für Konfliktmanagement, 17(4), 125–128.

Ponschab, R. (2015). Mediation nach dem Harvard-Verhandlungs-Konzept. Konfliktdynamik, 4(4), 264–273. https://doi.org/10.5771/2193-0147-2015-4-264

Ponschab, R. (2018). Was macht man gegen Macht? Konfliktdynamik, 7(4), 256–263. https://doi.org/10.21706/kd-7-4-256

Pörksen, B. (2015). Schlüsselwerke des Konstruktivismus (2. Aufl.). Wiesbaden: Springer VS.

Pörksen, B. (2019). Wahrheit und Skandal. Konfliktdynamik, 8(1), 12–15. https://doi.org/10.5771/2193-0147-2019-1-12

Raisch, M. (2022). Emotionen in der systemischen Therapie. Göttingen: Vandenhoeck & Ruprecht.

Redlich, A., Rogmann, J. J. (2014). Konfliktmoderation mit Gruppen. Gruppendynamik und Organisationsberatung, 45(2), 151–173.

Redlich, A., Schroeter, K. (2015). Varianten der Mediation. Konfliktdynamik, 4(4), 260–263.

Riedl, R. (1981). Die Folgen des Ursachendenkens. In P. Watzlawick (Hrsg.), Die erfundene Wirklichkeit (S. 67–90). München: Piper.

Robinson, S. L., Rousseau, D. M. (1994). Violating the psychological contract: Not the exception but the norm. Journal of Organizational Behavior, 15, 249–259.

Roehling, M. (1997). The origins and early development of the psychological contract construct. Journal of Management History, 3(2), 204–217. https://doi.org/10.1108/13552529710171993

Rogers, C. R. (1983). Die klientenzentrierte Gesprächspsychotherapie (20. Aufl.). München: Fischer.

Rosenberg, M. (2001). Gewaltfreie Kommunikation. Paderborn: Junfermann.

Rost, W. (1990). Emotionen. Elixiere des Lebens. Berlin: Springer.

Roth, G. (2001). Fühlen, Denken, Handeln. Wie das Gehirn unser Verhalten steuert. Frankfurt a. M.: Suhrkamp.

Rotthaus, W. (2010). Wozu erziehen? Entwurf einer systemischen Erziehung. Heidelberg: Carl Auer Systeme.

Rousseau, D. M. (1995). Psychological Contracts in Organizations: Understanding written and unwritten agreements. Thousand Oaks: SAGE Publications.

Sandel, M. (2009). Gerechtigkeit. Wie wir das Richtige tun. Berlin: Ullstein.

Satir, V. (2010). Kommunikation, Selbstwert, Kongruenz (8. Aufl.). Stuttgart: Klett-Cotta.

Schlippe, A. v. (2009). Der Blick aus dem Adlerhorst. Reflektierende Positionen in der Teamentwicklung. In H. Neumann-Wirsig (Hrsg.), Supervisions-Tools (S. 181–187). Manager Magazin Edition. Bonn: managerSeminare Verlags GmbH.

Schlippe, A. v. (2014a). Bevor das Kind in den Brunnen fällt! Konfliktmanagement als Kernaufgabe in Familienunternehmen (Lehrfilm). Stuttgart: Concadora.

Schlippe, A. v. (2014b). Das Auftragskarussell – Ein Instrument der Klärung eigener Erwartungserwartungen. In T. Levold. M. Wirsching (Hrsg.), Systemische Therapie und Beratung – das große Lehrbuch (S. 223–227). Heidelberg: Carl Auer Systeme.

Schlippe, A. v. (2014c). Das kommt in den besten Familien vor. Systemische Konfliktberatung in Familien und Familienunternehmen. Stuttgart: Concadora.

Schlippe, A. v. (2014d). Vertrauen. Familienunternehmen und Strategie, 4(3), 199–201.

Schlippe, A. v. (2018a). Ein Businessplan für das Juwel: ›Schräge kommunikative Anschlüsse«. Familiendynamik, 43(3), 248–251.

Schlippe, A. v. (2018b). Übung zur Musterunterbrechung bei Konflikten: Kleine Kreditangebote. Systhema, 32(1), 67–68.

Schlippe, A. v. (2019a). Die Selbstorganisation eskalierender Konflikte – Reiseberichte aus Dämonistan. In C. Fischer (Hrsg.), Kommunikation und Konflikt (S. 43–59). München: Beck.

Schlippe, A. v. (2019b). Skizze einer Systemtheorie der Neuen Autorität – Was können wir von Unternehmerfamilien lernen? In H. Körner, B., Lemme, M., Ofner, St., v. d. Recke, T., Seefeldt, C., Thelen (Hrsg.), Neue Autorität. Das Handbuch. Konzeptionelle Grundlagen, aktuelle Arbeitsfelder und neue Anwendungsgebiete (S. 86–102). Göttingen: Vandenhoeck & Ruprecht.

Schlippe, A. v. (2020). Über die Verwandlung der Empörung: Über die Verwandlung der Empörung. Familiendynamik, 45(1), 87.

Schlippe, A. v. (2022a). Das Testament schafft Fakten. Erben, Vererbung und Gerechtigkeit. Familiendynamik, 47(1), 4–11.

Schlippe, A. v. (2022b). Erzählen schafft Erinnerung. Die Verkörperung und transgenerationale Bedeutung von Geschichten in Familien. In P. Jakob, M. Borcsa, J. Olthof, A. v. Schlippe (Hrsg.), Narrative Praxis. Ein Handbuch für Beratung, Therapie und Coaching (S. 120–134). Göttingen: Vandenhoeck & Ruprecht.

Schlippe, A. v. (2022c/im Druck). Reise in ein wohlbekanntes fremdes Land. Konflikte und Konflikteskalation. In R. Ballreich, L. Ciompi, F. Glasl, A. v. Schlippe (Hrsg.), Die Macht der Emotionen. Stuttgart: Concadora.

Schlippe, A. v., Frank, H. (2013). The theory of social systems as a framework for understanding family businesses. Family Relations, 62(3), 384–398.

Schlippe, A. v., Frank, H. (2017). Conflict in family business in the light of systems theory. In F. Kellermanns, F. Hoy (Eds.), The Routledge Companion to Family Business (pp. 367–384). New York: Routledge.

Schlippe, A. v., Groth, T., Rüsen, T. (2017). Die beiden Seiten der Unternehmerfamilie. Familienstrategie über Generationen. Auf dem Weg zu einer Theorie der Unternehmerfamilie. Göttingen: Vandenhoeck & Ruprecht.

Schlippe, A. v., Hülsbeck, M. (2016). Psychologische Kontrakte in Familienunternehmen. Familienunternehmen und Strategie, 6(4), 122–127.

Schlippe, A. v., Jansen, T. (2020). Das Erwartungskarussell als Instrument zur Klärung komplexer Situationen im Coaching – vorgestellt am Beispiel der Nachfolge in Familienunternehmen. Konfliktdynamik, 9(2), 128–134. https://doi.org/10.5771/2193-0147-2020-2-128

Schlippe, A. v., Kriz, J. (1993). Skulpturarbeit und zirkuläres Fragen. Eine integrative Perspektive auf zwei systemtherapeutische Techniken aus der Sicht der personzentrierten Systemtheorie. Integrative Therapie, 19(4), 222–241.

Schlippe, A. v., Kummer, F. v. (2021). Stichwort Konfliktpsychologie: Der fundamentale und der feindselige Attributionsfehler. Familienunternehmen und Strategie, 11(5), 202–203.

Schlippe, A. v., Quistorp, S. (2020). Der Preis der Gerechtigkeit. Ein Dilemma in Unternehmerfamilien. Kontext, 51(3), 281–289.

Schlippe, A. v., Rüsen, T. (2020). Konflikte und Konfliktdynamiken in Unternehmerfamilien. Empfehlungen zum Umgang mit familieninternen Auseinandersetzungen. Universität Witten: WIFU (Praxisleitfaden).

Schlippe, A. v., Schweitzer, J. (2009). Systemische Interventionen. Göttingen: Vandenhoeck & Ruprecht.

Schlippe, A. v., Schweitzer, J. (2012). Lehrbuch der systemischen Therapie und Beratung I: Die Grundlagen. Göttingen: Vandenhoeck & Ruprecht.

Schlippe, A. v., Schweitzer, J. (2019). Gewusst wie, gewusst warum. Die Logik systemischer Interventionen. Göttingen: Vandenhoeck & Ruprecht.

Schulz-v. Thun, F. (1981). Miteinander Reden 1: Störungen und Klärungen. Hamburg: Rowohlt.

Schulz-v. Thun, F. (2014). Miteinander reden: 3. Das »Innere Team« und situationsgerechte Kommunikation. Hamburg: Rowohlt.

Schützeichel, R. (2004). Soziologische Kommunikationstheorien. Konstanz: UVK.

Selvini-Palazzoli, M., Boscolo, L., Cecchin, G., Prata, G. (1977). Paradoxon und Gegenparadoxon. Stuttgart: Klett-Cotta.

Sharp, G. (1960). Gandhi wields the weapon of moral power. Ahmedabab: Navajian.

Siegrist, J. (2018). Verletzte Tauschgerechtigkeit, Konflikt und Krankheit. Konfliktdynamik, 7(2), 112–121. https://doi.org/10.21706/kd-7-2-112

Simon, F. B. (2001). Tödliche Konflikte. Zur Selbstorganisation privater und öffentlicher Kriege. Heidelberg: Carl Auer Systeme.

Simon, F. B. (2004). Zur Systemtheorie der Emotionen. Soziale Systeme, 10(1), 111–139.

Simon, F. B. (2012). Einführung in die Systemtheorie des Konflikts (2. Aufl.). Heidelberg: Carl Auer Systeme.

Spencer Brown, G. (1994). Laws of form. Ashland/Ohio: Cognizer.

Sprenger, R. (2012). Radikal führen. Frankfurt a. M.: Campus.

Stern, D. (1998). Die Mutterschaftskonstellation. Stuttgart: Klett-Cotta.

Stern, D. (2011). Ausdrucksformen der Vitalität. Die Erforschung dynamischen Erlebens in der Psychotherapie, Entwicklungspsychologie und den Künsten. Frankfurt a. M.: Brandes & Apsel.

Stern, D. (2016). Tagebuch eines Babys: was ein Kind sieht, spürt, fühlt und denkt (25. Aufl.). München: Piper.

Stierlin, H. (1979). Status der Gegenseitigkeit: die fünfte Perspektive des Heidelberger familiendynamischen Konzepts. Familiendynamik, 4(2), 106–116.

Stierlin, H. (2005). Gerechtigkeit in nahen Beziehungen. Heidelberg: Carl Auer Systeme.

Straub, J. (2019). Das erzählte Selbst. Konturen einer interdisziplinären Theorie narrativer Identität. Gießen: Psychosozial.

Then-Bergh, C., Schlippe, A. v. (2020). Neue Medien und die Eskalation von Konflikten. Konfliktdynamik, 9(4), 277–285.

Thiele, A. (2018). Argumentieren unter Stress. Wie man unfaire Angriffe erfolgreich abwehrt (18. Aufl.). München: dtv.

Thomas, W. I., Thomas, D. S. (1928). The child in America: Behavior problems and programs. New York: Knopf.

Tomasello, M. (2014). Die Ursprünge der menschlichen Kommunikation (3. Aufl.). Frankfurt a. M.: Suhrkamp.

Tomasello, M. (2020). Mensch werden. Eine Theorie der Ontogenese. Frankfurt a. M.: Suhrkamp.

Ury, W. (2000). The third side: Why we fight and how we can stop. London: Penguin.

Varela, F. (1981). Der kreative Zirkel. Skizzen zur Naturgeschichte der Rückbezüglichkeit. In P. Watzlawick (Hrsg.), Die erfundene Wirklichkeit. Wie wissen wir, was wir zu wissen glauben? (S. 294–309). München: Piper.

Vogd, W. (2013). Polykontexturalität: Die Erforschung komplexer systemischer Zusammenhänge in Theorie und Praxis. Familiendynamik, 38(1), 32–41.

Vogd, W. (2015). In Geschichten gefangen – Therapie als Erzählung und die Befreiung vom sinnlosen Sinn. Reflexionen zum kulturpolitischen Dilemma therapeutischer Berufe. Verhaltenstherapie & Psychosoziale Praxis, 47(1), 63–76.

Watzlawick, P. (1977). Die Möglichkeit des Andersseins. Bern: Huber.

Watzlawick, P., Beavin, J., Jackson, D. (1969). Menschliche Kommunikation. Bern: Huber.

Weick, K. E., Sutcliffe, K. M. (2017). Das Unerwartete managen: wie Unternehmen aus Extremsituationen lernen. Stuttgart: Schäffer-Poeschel.

Weinblatt, U. (2013). Die Regulierung des Schamgefühls bei intensiven Eltern-Kind-Konflikten: Praktiken des gewaltlosen Widerstands, die die Öffentlichkeit einbeziehen. Familiendynamik, 38(1), 62–71.

Weinblatt, U. (2016). Die Nähe ist ganz nah! Scham und Verletzungen in Beziehungen überwinden. Göttingen: Vandenhoeck & Ruprecht.

Weizsäcker, C. F. v. (1977). Der Garten des Menschlichen. München: Hanser.

Welzer, H. (2005). Das kommunikative Gedächtnis. Eine Theorie der Erinnerung. München: Beck.

Wempe, C. (2022). Redet ihr noch oder habt ihr schon geerbt? Familienpsychologische Überlegungen zum Thema Erbe. Familiendynamik, 47(1), 12–21.

Wendt, B. J. (2017). Von der Erbfeindschaft zur Partnerschaft. Die deutsch-französischen Beziehungen von Bismarck bis Adenauer. In U. Lappenküper (Hrsg.), Otto von Birmarck und das »lange 19. Jahrhundert« (S. 558–581). Paderborn: Brill Schöningh.

Wetzel, D. (2022). Kontexte des Familiengedächtnisses – Aspekte, Funktionen und Formen des Erinnerns und des Vergessens. In P. Jakob, M. Borcsa, J. Olt-

hof, A. v. Schlippe (Hrsg.), Narrative Praxis. Ein Handbuch für Beratung, Therapie und Coaching (S. 105–119). Göttingen: Vandenhoeck & Ruprecht.
Wetzel, R., Dievernich, F. (2014). Der Gott des Gemetzels. Wie Organisationen und Familien auf modernen Gleichheitsdruck reagieren. Kontext, 45(2), 126–154.
Willemse, J., von Ameln, F. (2018). Die Interpunktion von Interaktion und Kommunikation. In Willemse, J., von Ameln, F. (Hrsg.), Theorie und Praxis des systemischen Ansatzes: Die Systemtheorie Watzlawicks und Luhmanns verständlich erklärt (S. 115–128). Berlin/Heidelberg: Springer.
Willi, J. (1976). Die Zweierbeziehung. Hamburg: Rowohlt.
Wittgenstein, L. (1968). Tractatus logico-philosophicus (5. Aufl.). Frankfurt a. M.: Suhrkamp.
Wittgenstein, L. (2015). Bemerkungen über die Grundlagen der Mathematik (Werkausgabe Band 6). Frankfurt a. M.: Suhrkamp.
Wright, L. (2016). Dreizehn Tage im September: Das diplomatische Meisterstück von Camp David. Wiesbaden: Konrad Theiss.
Zhao, H., Wayne, S., Glibkowski, B., Bravo, J. (2007). The impact of psychological contract breach on work-related outcomes: A meta-analysis. Personnel Psychology, 60, 647–680.

Stichwortverzeichnis

A
Achtsamkeit 155
Affekte (*siehe auch* Emotionen, Gefühle) **55–57**, 67f., 121
Affektlogik 66, 68, 140, 231
Andersartigkeit, Überzeugung der 145–147
Apeirogon 147, 236
Attribution 122f.
Attributionsfehler, *siehe* Wahrnehmungsfehler
Auftragskarussell 214, 238

B
Bedauern 181, 205, 208f.
Bedeutungsfeld 29, 71, 235
Bewusstheit 16f., 165, 184, 190, 194, **196**, 200, 204f., 210, 219
Beziehungskonflikt (*siehe auch* relationship conflict) 113
Beziehungslauer 50
Beziehungsvertrag, impliziter 107
Bindungskommunikation, Bindungslogik 81f.
Bitterkeit 209
blinder Fleck 44, 216, 231

C
Camp David 191, 225, 242
Challenger-Katastrophe 130
Clinch, maligner 110, 144
Combatants for Peace 146
Consciousness raising 22, 194

D
dämonisierte Zonen 136f., 146
Dämonisierung **132**, 134, 137, **203**, 237
Demoralisierung, demoralisiert 168f.
Demütigung 115f., 160, 163, 173
drittes Element 220f., 223
Duell, Logik des 144

E
Eigenwelten 7, **66–69**, 89, 139, 148
Emotionen (*siehe auch* Affekte, Gefühle) 21, **55–57**, 66, 68, 136, 150, 179, 228, 230f., 238–240
Empathiemauer 104
Endsieg 139
Entautomatisierung 194, 197
Entschuldigung 80, 110, 208f.
Entdämonisierung 32
Entscheidungskommunikation, Entscheidungslogik 81f.
Erbe, Erben, Erbfall 63, 99f., 103, 237, 239, 241
Erbfeindschaft 93, 224, 241
Erkenntnistheorie 33, 142, 235
Erlebensdruck der Kausalität 84
Erwartungs-Erwartungen 38, **45–53**, 89, 99, 101, 112
Erwartungskarussell 214, 239
Erwartungsstrukturen 43, **45–53**, 67, 89, 93, 99, 104, 121, 166f., 195
Eskalationsstufen 113, 133, 171, 179
expressive Ordnung 58

F
Familiengeheimnisse 100
Familienkonto 100
Familienunternehmen 60, 103, 133, 173, 218, 223, 233, 235, 238f.
Ferien vom Krieg 145

G

Gedächtnis, soziales, Familien- 57, 68f., 110, 118, 145, 158f., 161, 230, 241
Gedankenlesen 93, 154f.
Gefühle (*siehe auch* Affekte, Emotionen) 34, 44, **53–57**, **67–69**, 101, 107, 112f., 115, 117, 136, 139, 145, 160, 181, 201, 211, 231, 235
Gefühlsbildung 44
Generalisierung 43, 155
Gerechtigkeit 54, **59–69**, 230, 232, 236–240
Gerechtigkeitsdilemmata 99
Gerechtigkeitskonto 62
Gerechtigkeitspsychologie 60, 236
Geschichten 60, 63, 65f., 71, 80, 90, 106, 111f., 117, **133–136**, 146f., **158–163**, 172, 191, 206, 222, 224, 227, 231, 236, 239, 241
Gesichtsverlust 113, 144, 150
Gewalt 25, 27, 116, 124, 140, 143, 147, 168, 186, 221
Gewaltlosigkeit 224
Groupthink 130f., 144, 234
Grundbedürfnisse 68, 114, 211f.
Grundgefühle 68
Gruppendruck 130
Gruppendynamik 130f., 238
Gruppenkonflikt 144, 148

H

Harvard-Konzept 183, 232
Hass 136, 144, 170, 191
Heuristik 119f.
Hilfsmotoren 111–113

I

Iatmul 30
Information 44, 55f., 72, 94, 119, 129, 148, 161, 194, 231
Informationssuche, konfirmatorische 129f., 234
Inkongruenz 110
Intentionalität, gemeinsam geteilte 48, 56
Interaktionismus, symbolischer 43
Interpunktion 30, 91, 93–95, 241

K

Kategorisierung 45
Kausalität 84–88, 91, 96, 160
Klatschbewegungen 29
Knöpfe, eigene 156
Kollateralschaden 136, 174
Komplementarität, komplementäre Dynamik 30–32
Konflikt, Definition 36f.
Konfliktnotizbuch 15, 83, 88, 101, 118, 127, 138, 140, 142, 149, 151, 153, 201–203, 227
Konsensfiktion 43, 63, 99, 233
Kontaktabbruch 144
Kontenführung, innere 62
Kontext 36, 48, 53, 55, 60f., **71–85**, 98, 101, 104, 109f., 125, 134, 143, 159, 184, 187, 191, 195f., 214, 224, 234, 239, 241
Kontextmarkierung 73f., 76, 81, 83
Kontingenz, doppelte 40–43, 98
Kontrakte, psychologische 101, 103f., 107, 234, 239
Kosten, versenkte 150, 235
Kosten, versunkene 150f.
Kreditangebote, kleine 127f., 169, 205, 239
Krieg 16, 32, 94, 118, 123, 141, 159, 165f., 170, 182, 190f., 212, 224, 231, 233, 236, 240
Kubakrise 94

L

Linse 130

M

Macht 28, 35, 87, 95, 140–144, 158, 165, 169, 222, 224, 228, 230f., 234, 236f., 239
Mentalisieren 47, 230
Metakognition 48

Metaperspektive 49f., 217
Missverständnisse 113, 128, 177, 181, 204
Mitteilung 55f., 110, 178
Momente, gute 180, 205–207
Motivunterstellungen 93, 120f., 123, 133, 179, 186
Musterbildung 28

N

Narrationen, *siehe* Geschichten
narrative Einbettung 160
Narzissmus 143
Neurolinguistisches Programmieren (NLP) 154
Nullsummenspiel 118

O

One-Party-Mediation 127
Opening Gambit 107
Ordnung 38–40, 44, 59, 119, 160, 237

P

Paradoxie 53, 77, 95f., 105, 211, 237
paraphrasieren 156
Parasit, parasitäres Sozialsystem 32, 164, 166, 174, 197, 202, 227
Parents Circle 147
Parlament, inneres 131
Pause 29, 197, 200f., 204
Performanz, symbolische 159
Perspektivübernahme 48
Perspektivwechsel 233
Plot 160
Polykontexturalität 74–76, 78, 80f., 120, 133, 241

R

Rabattmarken 31
reflektierende Positionen 97, 156, 217, 219, 232, 238
Reflektierendes Team 156, 216f., 230f., 233
Reflexion, Selbstreflexion 67, 179, 216, 219, 241
Reiter, apokalyptische 170, 175, 177

relationship conflict 25, 113
Resonanz 67, 109f., 199
Rhetorik 146, 170

S

Sachkonflikt (*siehe auch* task conflict, process conflict) 57, 113
Schamlogik 115
Scham-Wutspirale 116
Schismogenese 30
Schleifen, geeichte 153, 156
Schmetterlingseffekt 195
schwarzes Schaf 100
Schweinebucht-Desaster 130
Selbstarbeit 190, 194f.
Selbstbeobachtung 213
Selbstfürsorge 207
Selbstreferenz, Selbstreferenzialität 67, 213
Selektion 55f.
Self-Care 198
Sinnattraktor 129
Soziale Systeme, Theorie der 35, 37, 44, 76f., 79f.
Spiegelneurone 56f., 230
Symmetrie, symmetrische Dynamik 30–32, 222
Systembegriff 76–78

T

Teiläquivalenz 155
Theory of Mind 47, 232
Thomas-Theorem 143
Tiefengeschichte 104–109

U

Überraschung 215
überstabil 28
Ukraine 123, 137, 223
Undurchschaubarkeit 39, 44
Universalaussagen 113
Unsicherheit 42f., 88

V

Vergleichsprozesse, soziale 100
Verlangsamung 155 f., 198
Verratensein, Verrat 106, 163
Verrechnung, personenbezogene
Verrechnungshilfe 101
versöhnliche Gesten 126
Versöhnung 162, 170, 209
Versprechen, implizite 101–103
Verstehen 19, 39, 55 f., 67, 69, 71, 73, 184 f., 230
Vertrag, persönlicher 62
Vertrauen 13, 42, 128, 148 f., 203, 235, 238
Vorhersagbarkeit 43

W

Wahrnehmungsfehler 12, **122–124**, 179, **203–208**, 239
Werte 48, 67, 186, 222
Wertschätzung, Gesten der 126, 228
Wiedergutmachung 170, 209
Wutlogik 69, 115

Z

Zeuge 221
Ziegenfall 65, 232
Zurechnung, personenbezogene 83, 120–122, 179, 186